中国金融四十人论坛
CHINA FINANCE 40 FORUM

致力于夯实中国金融学术基础,探究金融界前沿课题,引领金融理念突破与创新,推动中国金融改革与实践。

中国金融四十人论坛书系
CHINA FINANCE 40 FORUM BOOKS

# 中国金融改革报告 2015
## China Financial Reform Report

中国经济发展与改革中的利率市场化

中国金融四十人论坛
上海新金融研究院 ◎ 著

中国金融出版社

责任编辑:张　铁

责任校对:张志文

责任印制:陈晓川

**图书在版编目(CIP)数据**

中国金融改革报告 2015——中国经济发展与改革中的利率市场化(Zhongguo Jinrong Gaige Baogao 2015:Zhongguo Jingji Fazhan yu Gaigezhong de Lilü Shichanghua)/中国金融四十人论坛,上海新金融研究院著.—北京:中国金融出版社,2015.12

(中国金融四十人论坛书系)

ISBN 978 – 7 – 5049 – 8175 – 2

Ⅰ.①中… Ⅱ.①中…②上… Ⅲ.①金融改革—研究报告—中国—2015②利率市场化—研究—中国　Ⅳ.①F832.1

中国版本图书馆 CIP 数据核字(2015)第 252558 号

出版 中国金融出版社
发行

社址　北京市丰台区益泽路 2 号
市场开发部　(010)63266347,63805472,63439533(传真)
网上书店　http://www.chinafph.com
　　　　　(010)63286832,63365686(传真)
读者服务部　(010)66070833,62568380
邮编　100071
经销　新华书店
印刷　北京市松源印刷有限公司
尺寸　170 毫米×230 毫米
印张　15.5
字数　201 千
版次　2015 年 12 月第 1 版
印次　2015 年 12 月第 1 次印刷
定价　48.00 元
ISBN 978 – 7 – 5049 – 8175 – 2/F.7735
如出现印装错误本社负责调换　联系电话 (010)63263947

"中国金融四十人论坛书系"专注于宏观经济和金融领域,着力金融政策研究,力图引领金融理念突破与创新,打造高端、权威、兼具学术品质与政策价值的智库书系品牌。

中国金融四十人论坛是一家非官方、非营利性的独立智库,专注于经济金融领域的政策研究。论坛由40位40岁上下的金融精锐组成,即"40×40俱乐部"。本智库的宗旨是:以前瞻视野和探索精神,致力于夯实中国金融学术基础,研究金融领域前沿课题,推动中国金融业改革与发展。

自2009年以来,"中国金融四十人论坛书系"已出版40余本专著、文集。凭借深入、严谨、前沿的研究成果,该书系已经在金融业内积累了良好口碑,并形成了广泛的影响力。

# 中国金融四十人论坛书系编委会

主　　任：陈　元　全国政协副主席
　　　　　谢　平　中国金融四十人论坛高级研究员
　　　　　钱颖一　清华大学经济管理学院院长
主　　编：（按姓氏拼音排序）
　　　　　管　涛　中国金融四十人论坛高级研究员
　　　　　黄益平　北京大学国家发展研究院副院长
　　　　　潘功胜　中国人民银行副行长
　　　　　阎庆民　天津市副市长
　　　　　袁　力　国家开发银行副行长
　　　　　钟　伟　北京师范大学金融研究中心主任
执行主编：王海明　中国金融四十人论坛秘书长
编　　委：廉　薇　马冬冬

# 课题组人员名单

**课题负责人：** 潘功胜

**课题组成员：** 陆　磊　刘向耘　牛慕鸿　李宏瑾
　　　　　　　莫万贵　张怀清　马志扬　陈　俊
　　　　　　　姚景超　王进会　郭　琪　张朝洋

# 目 录

绪 论 ………………………………………………………………… 1

## 第一章 放松利率管制的中国之路 ………………………………… 7

第一节 放松利率管制的路径选择：理论基础及国际经验 ……… 7

第二节 中国放松利率管制的过程 …………………………………… 22

第三节 中国放松利率管制的特点 …………………………………… 31

## 第二章 中国利率体系的特点 ………………………………………… 41

第一节 渐进式改革过程中的利率双轨制特征 …………………… 42

第二节 中国的利率体系现状 ………………………………………… 50

第三节 中国的利率传导机制 ………………………………………… 59

第四节 中国利率体系特点概要 ……………………………………… 78

## 第三章 利率市场化改革中的中央银行利率调控 ………………… 81

第一节 中国利率调控的历史回顾 …………………………………… 82

第二节 强化中央银行利率调控机制建设的紧迫性 ……………… 88

第三节 中央银行利率调控的国际经验 ……………………………… 93

第四节 健全中央银行政策利率调控的基本路径 ………………… 111

# 第四章 利率市场化与经济金融发展的关系 ………………… 119

第一节 不同经济发展阶段对利率体制的影响 ………………… 119

第二节 中国经济发展阶段与利率市场化改革 ………………… 125

第三节 金融创新、金融结构转型与利率市场化改革 ………… 134

第四节 "三期叠加"背景下利率市场化面临的挑战 ………… 144

# 第五章 利率市场化改革与相关配套制度建设 ……………… 155

第一节 增强微观主体预算约束与利率市场化改革 …………… 156

第二节 利率市场化与银行竞争程度、破产倒闭制度 ………… 166

第三节 金融市场发展与利率市场化改革 ……………………… 179

第四节 利率市场化与金融监管体制改革 ……………………… 186

第五节 利率、汇率改革与资本项目开放的关系 ……………… 192

# 第六章 对利率市场化改革的总体评价与政策建议 ………… 215

第一节 对中国利率市场化改革的总结 ………………………… 215

第二节 对中国利率市场化改革的总体评价 …………………… 218

第三节 加快推进利率市场化改革的政策建议 ………………… 228

**参考文献** …………………………………………………………… 233

# 绪　论

## 一

中国的利率市场化改革作为金融改革的核心内容之一，一直是理论研究和政策研究的重点关注对象，多年来，关于中国利率市场化的讨论和分析可说是汗牛充栋。

对中国利率市场化的讨论和研究大致可分为以下几个阶段：一是改革前期，大量文献研究中国利率市场化的必要性、前提条件和路径选择；二是在加入世贸组织前后，不少研究者基于加入世贸组织可能带来的冲击、当时我国银行业经营状况不良的情况，进一步论证利率市场化的必要性、前提条件和路径选择，同时也有相当一部分文献分析利率市场化的风险；三是在国际金融危机爆发之前及之后一段时期内，在中国经济发展不平衡问题逐渐突出的情况下，关于中国利率管制与低利率政策引起结构失衡的说法较多，放开利率管制的呼声也较高；四是近几年来，由于金融改革开放进一步推进，利率市场化改革进入存贷款利率逐步放开的核心期，关于利率市场化改革推进的步骤、与金融开放的关系，以及存贷款利率市场化对银行业、金融业、经济发展、中小企业融资等方面的影响都成为讨论的热点，同时，中央银行的利率调控机制建设也成为一个重要研究问题。

从现有研究来看，关于中国利率市场化改革的必要性、前提条件、路径选择、风险和影响等方面的研究，达成的共识较多，很多研究是相互印证和补充的。但对于中国利率市场化改革的评价则分歧较大。一种观点认为，中国利率市场化改革滞后。如尼古拉斯·拉迪（2008，2013）认为，很长一段时间，当局控制了利率，一方面导致实际存款利率过低，尤其是2004年以后，低利率政策限制了居民收入和消费的增长，使得经济增长失衡；另一方面导致了过量的银行信贷需求，为了应付这种需求，中央银行不得不依靠数量控制手段进行调控。但同时也有观点认为这一说法值得商榷，很多证据表明中国的消费率存在低估，中国的利率政策促进了银行业的发展与稳定，也是有利于居民的（易纲，2013）。还有观点认为，海内外都认为中国经济改革和发展是成功的，如果说经济上是非常成功的，金融是完全"滞后"的、不成功的，这本身在逻辑上就是说不通的（夏斌，2011）。中国过去的金融体系改革基本没有拖经济增长的后腿。①

此外，对于如何进一步推进利率市场化改革也存在一定分歧，这主要集中在如何进一步放开利率管制、扩大市场定价范围上。这方面的观点可大致分为三类：一是间接推进，即通过改善外部条件来推进利率市场化。包括发展直接融资，通过银行体系外的压力和竞争，促使银行实现利率市场化目标；发展货币市场，建立金融体系的核心市场以形成基准的短期利率；发展影子银行体系，通过各种融资途径形成市场化的利率（李扬，2010；王国刚，2014）。二是直接推进，即逐步放开银行存款利率上限和贷款利率下限管制。这种观点不认同通过间接途径推动利率市场化改革。认为在银行利率管制的条件下，通过发展银行外部金融市场的方法来倒逼银行业利率市场化改革，会增加银行业的风险，美国20世纪80年代的银行业危机就是例证。主张在维持通胀预期平衡的情况下，采取渐进方式、

---

① 资料来源：德怀特·H. 波金斯、托马斯·G. 罗斯基：《预测2025年之前中国经济增长》——转引自夏斌、陈道富《中国金融战略2020》，北京，人民出版社，2011。

与综合化经营协调推进，并辅以货币信贷调控方式的改进（鲁政委，2010）。IMF亚太部经济学家Tarhan Feyzioǧlu等（2009）认为"中国应放开存款利率上限"，并建议"在放开小额短期存款利率之前，先放开大额长期存款利率"。马骏（2010）认为，短期内可从存款利率入手，按照从长期到短期的原则逐步放开存款利率上限的管制，如两年以上的存款利率在目前基础上上浮20%，三个月到一年期上浮10%，活期暂时不动，因为活期占存款的50%，影响比较大，如果动的话容易出现不太容易预期的变化。中长期要看利差的情况和银行、企业的反应，然后再考虑下一步。三是综合推进。如李若愚（2013）认为，未来利率市场化改革的推进思路包括以下方面：一是审慎推进人民币存款利率市场化，用5年时间实现完全放开；二是构建完善的基准利率体系；三是确立中央银行政策目标利率，构建利率调控的基本框架；四是同步完善配套措施。

因此，如何认识中国的利率市场化改革，未来如何进一步推进和完善利率市场化改革，仍是需要进一步研究的问题。其中，如何认识和评价中国的利率市场化改革是关键问题，这不仅仅只是对过去改革的评价，还会影响到对未来改革措施与步骤的看法及取向。

应该认识到，中国的利率市场化改革是在中国经济体制改革不断推进和中国经济金融日益发展壮大和开放的背景下展开的。利率市场化既是建设社会主义市场经济体制的重要组成部分，也是中国经济改革和发展成就的重要表现。三十多年来，中国的改革和发展走出了一条独具特色的中国之路，利率市场化改革也不例外。与西方发达国家在较成熟的市场化的经济金融体系基础上推进利率市场化不同，中国是在以前实行计划经济的背景下以及经济金融发展水平较为低下的基础上推进利率市场化改革的，改革是在发展的过程中推进的。与前苏联和东欧国家推行的"市场化+私有化+民主化"的"休克疗法"不同，中国采取了渐进式的改革方针。改革由易到难、由增量到存量、由局部到整体，由浅入深，不断完善。利率市场化改革作为整体改革的重要组成部分,其推进过程是与其他改革通盘考虑的,是与其他改革配套推进的。同时,利率市场化改革本身作为一个子系统,其各个组成部分的改革之间也具有渐进性和配套性特点。因此,对中国利率市场化改革的分析和判断,既要从改革全局去看、从中国经济金融发展的背景去看,也要根据中国改革和发展的进程动态地去看。本课题拟从历史的角度,全面分析中国利率市场化的背景及演进逻辑,以便各界更好地认识中国的利率市场化改革。

## 二

鉴于各国利率市场化改革经验教训、理论认识和经济金融发展的实际情况,中国的利率市场化改革以稳步推进为原则,采取了先放开货币市场利率和债券市场利率,再逐步推进存、贷款利率市场化改革的总体思路。存、贷款利率市场化按照"先外币、后本币;先贷款、后存款;先长期、大额,后短期、小额"的顺序进行。人民银行采取逐步放松利率管制的方式推进利率市场化改革,与此同时,发展和完善市场利率体系,加强利率调控机制建设,利率市场化改革逐步推进。

在金融机构多元化发展、银行经营自主权扩大、银行间市场建设取得长足进步的情况下,1996年至1999年,我国银行间市场基本实现了利率市场化。进入新世纪后,以公司治理为核心的国有商业银行改革和国有企业改革为推进存贷款利率市场化奠定了良好的微观基础,加入世贸组织和中国进入新一轮经济上升周期为利率市场化改革创造了较好的宏观环境,2004年10月我国实现了"贷款利率管下限、存款利率管上限"的阶段性改革目标。之后,人民银行着力引导金融机构加强定价机制建设,培养定价能力。随着2005年以来银行间债券市场的发展,从2007年1月起人民银行开始建立并大力培育银行间同业拆放利率(Shibor),不断改善利率市场化的基础条件。

近几年来，随着银行理财、信托和互联网金融等金融创新和金融脱媒的迅猛发展，以及经济增长和经济结构的阶段性转换，中国经济和金融市场面貌已经发生了根本性的变化。提高利率市场化程度不仅是决策者的目标，更成为市场主体的内在要求和实际行动。顺应市场发展的内在要求，2012年后存贷款利率市场化改革进一步推进，贷款利率下限逐步扩大直至下限管制完全取消，存款利率上限管制有所放松且浮动区间逐步扩大。

根据中国经济和金融发展转型的需要，中共十八届三中全会作出了全面深化改革的决定，将过去一直奉行的"稳步推进利率市场化"原则，进一步明确为"加快推进利率市场化"的改革要求。人民银行积极推进利率市场化改革，于2015年10月24日放开存款利率，不再对商业银行和农村合作金融机构等设置存款利率上限，至此，利率管制基本取消。不过，利率市场化是一项复杂的系统工程，存款利率放开并不意味着利率市场化改革的最终完成。利率市场化改革包括逐步放宽利率管制、培育基准利率体系、形成市场化利率调控和传导机制、建立和完善存款保险制度以及发展利率风险管理工具等内容。为此，《金融业发展和改革"十二五"规划》在将利率市场化改革列为金融改革攻坚首项内容的同时，进一步明确中国利率市场化改革的原则为"放得开、形得成、调得了"，这也是当前和今后利率市场化改革的主要政策思路。

本课题拟按照"放得开、形得成、调得了"的要求，系统梳理我国利率市场化取得的成就与存在的差距，分析利率市场化改革的主要障碍和制约因素，提出相应的政策建议。针对主要障碍和制约因素有重点地取得突破，是加快利率市场化改革的关键。但无论是"放得开"还是"形得成"，抑或是"调得了"，都与市场条件及经济金融环境相关。正如前文所指出的，中国的利率市场化改革是在中国经济体制改革不断推进和中国经济金融日益发展壮大和开放的背景下展开的，无论是对过去利率市场化改革的分析评价,还是对未来改革路径和政策安排的考虑,都不能离开中国经济金融发展和改革的背景。因此,本课题在以"放得开、形得成、调得了"作为写作主线的同时,还结合中国经济金融发展和改革的背景,系统梳理中国利率市场化改革的特点和现状,并分别从经济金融发展与利率市场化的配套制度建设等方面,探讨中国利率市场化改革的经验教训及当前面临的挑战,从而更全面地提出下一步利率市场化改革的政策建议。

本课题的主体内容分为六章:第一章,对照"放得开"的要求,回顾我国放松利率管制的过程,并结合国际经验,说明我国放开利率管制的逻辑、路径及特点;第二章,按"形得成"的标准,总结我国在放开利率管制的同时,加强市场利率形成机制建设的情况,说明利率"双轨制"的特点及表现、利率体系现状,并分析利率之间的传导关系;第三章,则按是否"调得了",对我国的利率调控进行了梳理,分析了当前强化中央银行利率调控机制建设的紧迫性、环境与条件,并总结了主要国家中央银行利率调控的经验,在此基础上,提出了未来一个时期健全中央银行政策利率调控的基本路径;第四章,从国际经验及国内具体情况两个方面,分析了不同经济金融发展阶段对利率市场化改革的促进或制约作用;第五章,从我国经济体制改革的系统性和配套性特点出发,考虑利率市场化改革与几项重要配套制度改革的关系,包括增强微观主体预算约束与利率市场化改革的关系、银行竞争程度和破产倒闭制度与利率市场化改革的关系、金融市场发展与利率市场化改革的关系、利率市场化与金融监管体制改革的关系、利率市场化改革与汇率形成机制改革及资本项目开放的关系;第六章,是对过去利率市场化改革的总结及对未来改革的展望。

需要说明的是,本课题报告完成于2015年上半年,当时存款利率上限尚未放开。在本课题报告即将付印之时,恰逢存款利率上限取消,我国利率市场化改革达到一个新的里程碑。因此,本课题报告可以说是对我国利率管制基本放开之前利率市场化改革的阶段性总结和分析。放开存款利率上限并不意味着利率市场化改革已完成，而是一个新阶段的开始，我国的利率市场化改革仍将进一步推进，有关总结和理论分析也将继续深入。希望本课题报告对于今后我国利率市场化改革的实践和研究具有借鉴作用。

# 第一章　放松利率管制的中国之路

放松利率管制是利率市场化的核心内容，无论是中国还是外国，放松利率管制的措施都是利率市场化改革的重要标志。但各国放松利率管制的方式和路径各不相同，有的在短期内全面放开管制，有的则按一定的次序逐步放开。中国采取逐步放松利率管制的方式，在渐次放开货币市场利率、债券市场利率、外币存贷款利率后，2013年7月全面放开贷款利率管制，2015年10月又放开了存款利率上限。至此，利率管制基本取消，利率市场化改革取得了重要里程碑式进展。本章拟对中国放松利率管制的历程进行系统的梳理和总结，以全面理解中国放松利率管制的原则、思路、步骤和节奏。

## 第一节　放松利率管制的路径选择：理论基础及国际经验

### 一、理论分析：利率的管与放

从一个较长的时间维度看，世界上主要国家的利率管理体制大体上都经历了"自由—管制—再自由"的过程。这种变化体现了经济理论思潮发展变化的影响。20世纪30年代以前,自由放任的主张占据经济学的主导地位,大部分国家对利率并不管制。如美国在1913年联邦储备体系建立前,实行的是自由银行制度;从联邦储备体系建立直至大萧条前,政府和联邦储备银行也并未对金融机构和金融市场实行有力的干预,包括银行存贷款利率在内的各种利率均由市场供求关系决定。1929—1933年的"大萧条"改变了自由市场经济理念的主导地位,凯恩斯主义成为经济学主流,各国开始重视政府在经济活动中的作用,利率管制成为政府干预经济的重要内容。如美国在1933年通过了Q条例,规定银行对活期存款不得公开支付利息,并规定了储蓄存款和定期存款的利率上限;德国从1932年开始实施利率管制,一直延续到第二次世界大战结束后相当长一段时间;法国在第二次世界大战期间就存在对存贷款利率的限制,战后为迅速恢复经济,加强了信贷管制,由国家信贷委员会规定银行存贷款的最高利率,并将其限制在较低水平,以满足经济发展所需的大量资金需求;日本1947年将存款利率、短期贷款利率、长期贷款优惠利率以及债券发行利率等都纳入政府管制范围。然而,进入20世纪70年代后,西方各国相继陷入"滞胀",凯恩斯主义经济理论和政策面临挑战,以新古典经济学为代表的自由主义学派占据主流,一些主要国家开始放松对经济的管制,其中利率市场化成为主要内容。

从金融理论看,罗纳德·麦金农和爱德华·肖提出的"金融深化论"为利率市场化奠定了理论基础。麦金农和肖认为,发展中国家普遍存在通过控制利率和信贷配给抑制金融发展的现象,利率管制下的低利率水平导致储蓄水平低下和投资需求强烈,并迫使政府进行行政性信贷配置。这种现象减少了资金积累,导致资金配置不合理,影响了储蓄向投资的转化,阻碍了经济的增长,并导致金融抑制与经济落后的恶性循环。在发展中国家,货币与实物资本在很大范围内是一种互补关系,而非传统理论所认为的"替代关系",实际利率在一定程度上与储蓄及投资为正向关系。因此,发展中国家必须减少对金融体系和金融市场的过分行政干预,放开利率控制,实现利率市场化,使其充分反映资金的实际供求情况,促进利率提高至均衡水平,使金融体系可以真正发挥中介作用,进而实现金融体系和经济发展间的良性循环。"金融深化论"引起了学者和政策当局的广泛关注,很多关于发展中国家的实证研究证明了其观点的正确性,因而其政策主张得到了发展中国家较普遍的赞同。

然而以利率市场化为主要内容的金融自由化也给一些国家带来了相当严重的经济危机和金融危机。赫尔曼、穆尔多克、斯蒂格利茨提出的"金融约束理论"认为,在信息不完全的情况下,金融领域存在"道德风险"、"逆向选择"等问题,完全市场化的金融政策往往会导致市场失灵,很难达到预期的效果。如果对银行行为缺乏足够的审慎监管,市场化可能会使金融脆弱扩大到社会所能承受的范围之外,所引发的危机将导致经济衰退。因此,对市场基础较薄弱的发展中国家来说,由政府维持一种垄断性的金融制度安排即"金融约束"比竞争性的制度安排即"金融自由化"更有利于金融深化和经济增长。通过政府的金融约束政策,一方面,可以保持一个正的、但低于均衡利率的存款利率水平,压低银行的筹资成本,为银行经营提供有效激励,使银行具备长期经营的动力;另一方面,可以通过限制贷款利率来降低借款人的违约风险,降低企业融资成本,刺激企业贷款需求的增长,从而促进经济增长。

虽然赫尔曼、穆尔多克和斯蒂格利茨认为"金融约束"对发展中国家是合理的政策,但这是基于发展中国家的现实条件得出的结论,并没有因此而拒绝自由化方向的发展。赫尔曼、穆尔多克和斯蒂格利茨进一步指出:金融约束不是静态的政策工具。它是随着经济不断成熟而进行调整的一系列政策。因此,金融约束理论提供的政策选择不是自由放任和金融约束的静态对比,而是一个规制金融市场发展顺序的动态过程。"提出这些观点并不是为了宣称存在唯一最优的金融约束水平，可以不考虑各国金融发展所处的阶段，而由所有国家的政府不折不扣地加以推行。相反，金融约束应该是一种动态的政策制度，应随着经济的发展和向更自由、更具竞争性的金融市场这一大方向的迈进而进行调整。它不是自由放任和政府干预之间静态的政策权衡，与此相关的问题是金融市场发展的合理顺序。金融约束的最优水平——用干预的强度和广度衡量——将随金融深化程度的加深而下降。"

从这两种理论的比较看，"金融深化论"指出了利率市场化的必要性，但没有考虑到发展中国家客观条件对利率市场化的不利影响及推进利率市场化过程中的风险。金融约束理论对金融自由化实现环境和适当方式作了深刻的分析，更符合发展中国家的实际情况。事实上，"金融深化论"的提出者罗纳德·麦金农在其1991年出版的《经济自由化的顺序——向市场经济转型中的金融控制》中，也对市场经济落后、金融发展脆弱的发展中国家给出了金融自由化的顺序。

实际上，由于金融领域存在的信息不对称及金融行为的特殊性等，即使在发达国家，对于是否应完全放任金融自由化也存在争论。本轮金融危机爆发后，部分经济学家对于利率市场化改革的方向也进行了反思，哈佛大学的毕海德教授等人提出，有必要对活期存款利率设置上限，以减少金融机构过度竞争，确保金融稳定。这似乎说明某种程度的"金融约束"对发达国家也是必要的。斯蒂格利茨认为："即使运行良好的市场经济体系，本身既不稳定，也并不有效"，"历史上唯一一个没有反复发生金融危机的现代资本主义时期，是1929—1933年大萧条之后主要国家实行强力的金融管制的短时期。有趣的是，那也是经济增长和增长的成果被广泛共享的时期。"[①] 当然，对斯蒂格利茨的观点，也存在否定意见。

---

① 转引自韦森：《探寻人类社会经济增长的内在机理与未来道路》，载《经济学季刊》，2013（4）。

归结起来，不同的理论对于利率是管还是放以及如何放的阐述，反映了对于金融资源配置过程中如何发挥市场或政府作用的不同看法。政府与市场的关系是经济金融研究中永恒的主题，随着经济金融的发展变化，人们的认识一直都在不断深化和完善，当然不同学者的政策主张永远都存在差别。可以确定的是，在任何资源的配置过程中，既不能完全放任于市场，也不可完全依赖于政府；但市场与政府的边界，往往需要因事、因时、因势而定。因此，放松利率管制是必需的，但如何放松及在多大程度上放松，则没有绝对的真理。

## 二、国际经验：急进或渐进

从各国利率市场化的过程看，利率市场化改革的路径可分为两种：一是短期放开所有利率管制；二是渐进式地逐步放开利率管制。

（一）短期放开所有利率管制的模式

从发展中国家看，拉美国家是这一模式的典型代表。阿根廷在1975年取消了除储蓄存款利率上限外的所有利率管制，1977年6月又放开了储蓄存款利率上限。智利从1974年5月开始利率市场化，当年11月就取消了所有存款利率限制，次年4月又取消了其他的所有利率管制。但由于这些国家金融系统本身就存在缺陷，金融机构的法人治理结构也不完善，加之金融监管不足，导致银行业的道德风险行为泛滥，名义利率与通胀率攀升，实际利率巨幅波动，银行贷款质量下降，严重扰乱了正常的金融秩序。在此情况下，这些国家不得不重新进行利率管制，阿根廷对利率重新设置了上限，智利也通过公布指导性利率的形式，暂时废止了利率市场化。

前苏联和一些东欧国家在西方"休克疗法"政策的指导下，也采取了短期放开所有利率管制的模式。如俄罗斯自1993年启动利率市场化改革，

1995年结束，历时两年。尽管激进式改革使利率传导机制得以改善，但由于过于急迫，其他方面的条件跟不上，因此对金融体系稳定造成了不利影响。

从发达国家看，德国、英国等欧洲国家也属于在短期内放开利率管制的类型。联邦德国于1965年3月解除2年半以上定期存款利率管制，1966年7月对超过100万马克期限在3个半月以上的大额存款利率取消限制，1967年2月政府提出废除利率限制的方案，当年4月全面放开利率管制。但德国在取消利率管制的同时，仍保留了对金融机构存贷款利率的指导，这一规定一直执行到1973年10月。

1971年9月，英格兰银行一次性废止了银行间存贷款利率协定，改为由银行自主决定利率。但由于高通胀、经济衰退和英镑贬值等压力，1973年9月英国规定银行不得对1万英镑以下存款支付高于9.5%的利率，这种限制一直持续到1975年2月。此外，英格兰银行每周公布最低贷款利率，作为控制短期利率的工具，直到1981年8月才取消，完全实现利率自由化。

(二) 逐步放开各种利率管制的模式

在发达经济体中，美国、日本、法国、澳大利亚都是渐进式推进利率市场化的典型。其中，美国的利率市场化改革大致遵循了从长期、大额到短期、小额的顺序。1970年，美国就开始逐步放松大额可转让存单和定期存款的利率管制。1980年，美国颁布《存款类金融机构解除管制法案》，正式推进利率市场化，到1986年，美国基本实现利率市场化。日本则按照先国债、后其他品种；先银行同业、后银行客户；先长期、大额，后短期、小额的基本顺序推进改革。1975—1978年，日本的国债发行和交易利率实现了市场化。1978年4月，日本银行允许银行拆借利率弹性化，当年6月允许银行间票据买卖利率自由化。同时，日本通过降低定期存款利率管制的最低限额、增加市场化的定期存款品种及其期限结构等方式，推进存款利率市场化,到 1991 年 4 月,定期存款利率基本市场化。1994 年 10 月,又实现了活期存款利率的市场化。同时,贷款利率则采用与存款利率联动的方式实现市场化。法国自 1965 年 4 月起取消 6 年以上定期存款利率上限;1976 年 7 月取消对 2 年期 25 万法郎以上的存款利率限制;1969 年、1976 年、1979 年 3 次修改对存款利率的限制,除对 6 个月内定期存款和 1 年内 50 万法郎以下定期存款利率规定上限外,其他存款利率已全部放开;1984 年,法国颁布新的《银行法》,对活期存款不计息,允许银行发行自主定价的大额存单,利率自由化全面推开。澳大利亚对利率自由化十分慎重,曾展开激烈争论,最终,改革派占了上风,从 20 世纪 70 年代初开始进行利率自由化改革,于 1973 年取消了对银行大额存款的利率控制。但澳大利亚在放开利率管制上仍十分谨慎。1979 年,澳大利亚成立坎贝尔委员会,调查金融管制的效率,提出改革建议。从 1981 年起,在全面性的金融改革中,利率自由化逐步推进。1981—1985 年,澳大利亚相继取消对金融机构存贷款利率、存款期限和借贷数量的限制,1979 年和 1982 年先后在短期和长期国债发行市场实行了招标制。

　　大多数发展中国家或地区根据自身的具体情况采取了渐次放开利率管制的策略。1981 年,韩国按照先放开银行对客户的存贷款利率、再放开银行间市场利率的方式推进利率市场化,到 1988 年基本完成,但由于经济金融出现不利状况,通胀高企、利率飙升,韩国不得不在 1989 年重新通过窗口指导对利率进行管制。1991 年,韩国再次开始利率市场化,强调在不同金融产品和部门中,对存贷款利率的放开要找好平衡点,按照先贷款、后存款,先长期大额、后短期小额的顺序放开存、贷款利率,到 1997 年,除活期存款利率外,其他存款均实现了利率市场化。泰国在 1989—1992 年,按照"先存款、后贷款"的顺序放开利率管制,顺利实现利率市场化,但由于贷款利率放开后,主要客户的议价能力较强,利率下降较快,为避免主要客户和非主要客户的贷款利率间出现过高差距,1993 年

10月,泰国要求商业银行必须公布"最低零售利率",重新对贷款利率加以一定程度的管制。印度早在1985年就允许银行对期限在15天到1年期的存款以8%为上限自由设定利率,但这一措施仅实行1个月就夭折。1992年印度利率市场化改革重新启动,1994年放开了20万卢比以上的贷款利率,直到2010年7月才放开20万卢比以下的小额贷款和卢比出口信贷贷款利率,实现贷款利率的全面市场化;1992年允许46天以上的存款利率在13%以内浮动,1995年、1996年和1997年分别放开2年期以上、1年至2年期、1年期以下定期存款利率的管制,直到2011年10月25日,才放开储蓄存款利率,完全实现市场化。1975年以前,中国台湾地区"中央银行"对商业银行存贷款利率进行管制。1975年,台湾地区金融当局允许贷款利率浮动并逐步扩大浮动范围。1980年,台湾地区公布"银行利率调整要点",正式开始利率市场化。主要包括:各货币市场工具利率由市场自由决定;存款利率仍由金融当局规定最高上限,各银行在上限以下自主确定具体存款利率;贷款利率上下限则由主要银行组成的"利率审议小组"议定,报"中央银行"审批后执行。1984—1986年,通过进一步扩大银行利率浮动幅度,简化存款种类等途径逐步扩大市场化定价的范围,并于1989年顺利实现了利率市场化。

## 三、利率市场化道路选择的关键:市场驱动或政府主导

尽管放开利率管制措施的决定都是由政府作出的,但政府是如何作出的决策却有很大不同:政府可能是根据客观现实、顺应时势作出的选择,也可能是基于某种思想或理念作出的决定。不同国家的情况存在较为明显的差别。

(一)发达国家的利率市场化大多是市场驱动的结果

发达国家的利率市场化尽管受到新自由主义经济思想的影响,但主要

是经济金融发展自然演进的结果，是市场作出的选择，或市场推动政府作出的选择。

从美国的情况看，20世纪60年代中后期，随着通胀率不断提高，僵化的Q条例导致负利率时常发生。Q条例的约束和分业经营的限制，使银行处于不公平的竞争地位，证券市场不断发展、金融国际化和投资多样化，导致大批资金流入非银行金融机构，"金融脱媒"现象严重。此外，欧洲美元市场的发展还导致美元存款大规模外流。为了应对存款流失，美国存款类金融机构创新了大量金融产品，如可转让支付命令账户（NOW）、电话系统（TTS）、自动转账服务（ATS）和股金提款户（CUSDA）等。这些新型金融产品具有集储蓄和投资于一体的特点，突破了Q条例规定的利率上限，受管制的金融机构利用各种方式和手段逃避管制，废除利率管制的呼声越来越高，利率市场化成为大势所趋。

日本的利率市场化则是国内外环境倒逼的结果。20世纪70年代，日本政府为了应对滞胀和为财政赤字融资，被迫放开国债利率，以增加国债的容量和流动性。同时，由于实际利率较低，其他融资渠道的发展使得银行存款大量分流，脱媒形势倒逼银行也转而支持利率市场化。另一方面，当时欧美各国积极放松利率管制，利率水平上升，而日本严格的利率管制使其国内利率相比于国外较低，资金出现流出趋势，日本大量购入美元债券。再加上国外对日本的投资有限，日本资本项目出现巨额逆差，日元汇率被压低，日元低估和美元高估导致了美国对日贸易的巨额逆差。最终，迫于现实情况及美国等国施压，日本实行了金融自由化，开放金融市场，实现利率、汇率自由化。

虽然德国和英国属于在短期内放开利率管制的国家，但这两个国家的利率市场化同样也是市场推动的结果。德国的利率市场化也是由国内外双重因素推动的。1958年，德国恢复了马克的自由兑换，第二年又实行了资本账户的自由化。资金的自由流动使得国外的利率变动对国内的影响增强。德国国内的民众和企业为寻求高利息，纷纷将存款转向欧洲货币市场，导致大范围的存款流出。在国内，银行为防止存款外流纷纷绕开利率管制，使用全能银行的优势，用其他优惠条件争取存款，形成事实上的高利率状态，使利率管制形同虚设。例如，银行利用兼营证券业务的便利，对客户以低价卖出证券，然后附带条件以高价买进，以此为客户提供较高的利息收益。在内外形势的相互影响下，要求解除利率控制的呼声越来越高，利率市场化成为必然选择。

英国作为一个老牌资本主义国家和金融业一直非常发达的国家，即便在利率管制时期，其利率市场化程度也相对较高，利率管制表现为银行间的利率协定。20世纪60年代、70年代，英国实际利率因通货膨胀加剧而处于"负利率"状态，控制利率水平的货币政策操作达到预期目标的难度加大，货币当局开始转向以货币供应量作为中介目标。但与此同时，利率管制也削弱了银行的竞争力，银行存款流失。60年代末，英国放开了进入伦敦金融城的限制，外国银行迅速渗透到英国银行体系，加剧了银行业竞争。随着国际资本流动日益频繁和欧洲美元市场不断扩大，资本外流加剧。1967年11月，英镑发生危机出现贬值。在此背景下，英格兰银行提出了金融改革方案，其中一项重要内容就是由银行自行决定利率。

总体而言，发达国家的利率市场化是金融创新、证券市场发展和金融开放下的必然结果。利率市场化大多由银行等金融机构通过金融创新想方设法绕过利率控制的自发行为开始，它们发展到一定程度后得到政府的认可，而利率市场化的合法化又加速了利率市场化的进程。

(二) 发展中国家激进式的利率市场化主要由政府主导

发展中国家在推行利率市场化之前一般都存在金融抑制现象，包括压低存贷款利率、信贷配给、抑制直接融资市场发展、保持银行在融资渠道中的主导地位。大部分发展中国家在推行利率市场化时，国内金融市场的成熟程度远低于发达国家，货币化程度很低。尽管利率市场化大多是在经济金融情况恶化的背景下做出的一种政策选择，但更多是受金融自由化思想影响，以及发达国家的示范效应引起的。

20 世纪 70 年代，智利、阿根廷、乌拉圭等国的军事政权上台后，采取了自由主义的经济政策，希望能以经济自由化来解决经济危机。如智利军政府实行市场经济、自由企业和私人所有制的经济政策；阿根廷的经济改革措施包括：减少并最终取消国家对价格、汇率、利率、租金、工资等相对价格方面的干预和控制。在三国政府稳定经济和自由化的庞大计划中，金融改革计划尤其引人注目，其实施后的效果也影响深远，其中包括：取消对利率和资金流动的控制，取消指导性信贷计划，国有银行私有化，减少本国银行和外国银行登记注册的各种障碍等。

尽管拉美的经济自由化政策效果并不理想，但新自由主义仍然在一段时期内主导了发展中国家的发展理念和策略，形成了"华盛顿共识"型的政策。所谓"华盛顿共识"，是主张发展中经济体推行"私有化"、"市场化"和"自由化"，以克服政府失灵，提高经济效率。正是在"华盛顿共识"的影响下以及一些西方专家的具体指导下，前苏联及一些东欧国家采取了激进式的改革策略即"休克疗法"，试图一夜间将发达国家的整套核心制度移植到本国、全面取代各国现存的经济制度。

以俄罗斯为例，苏联解体前后，计划经济的弊端逐步显现，经济形势严重恶化，经济增长几乎停滞，通货膨胀则达到失控的境地。1992 年年初，叶利钦政府实行激进式的"休克疗法"，一次性全面放开价格，国有企业私有化，并一次性放开商业银行利率。因此，激进式的利率市场化主要是政府作出的主观决策。

## 四、利率市场化道路选择的核心：收益与风险的权衡

从理论上分析，利率市场化有利有弊。利率市场化的好处在于：能有效地动员储蓄，使企业、居民面临的融资约束得到有效缓解，提高资金的配置效率，并使收入分配更加合理。而利率市场化的弊端则在于，利率市场化使利率波动频繁、金融机构的利率风险加大、企业的融资成本加大并影响经济金融稳定。各国如何确定利率市场化的道路，取决于各国政府和货币当局对利率市场化利弊的看法。有些国家更看重利率市场化对于效率改善的作用，而有些国家则更担心利率市场化的风险，这影响了各国利率市场化改革的方式和路径。

从各国利率市场化的结果看，利率市场化、特别是存贷款利率的市场化是一柄"双刃剑"，它既可以促进金融资源配置效率的提高，又会导致极大的金融风险，特别是不少国家在利率市场化过程中和完成后都出现过银行业大面积亏损和银行大量倒闭的现象。根据世界银行的调查，44个实行利率市场化的国家中，有近半数国家在利率市场化进程中发生了金融危机。美国在1975年有14家银行倒闭，1982年增加到42家，1987年达到184家，从1987年到1991年，平均每年倒闭200家。阿根廷在利率市场化进程中（1980—1983年）大约有15%的金融机构遭到破产清算。智利的银行体系也发生了大量的倒闭事件，1981年有8家金融机构遭受破产清算，其总资产占金融系统资产总额的35%；玻利维亚在1987—1988年，12家私人商业银行中有2家被清算，另有7家发生巨额亏损；1988年，未收回款项占银行净值的92%。哥伦比亚1985年银行系统全部亏损金额高达银行资本加储备的140%。1982—1987年，哥伦比亚中央银行对总资产占全部金融资产24%的6家银行进行了干预，其中有5家银行在1985年的亏损额就等于它们资本加储备的202%（见表1-1）。

表1-1　　　　　　　　　利率市场化与银行危机

| 国家 | 利率市场化改革年份 | 银行危机年份 |
| --- | --- | --- |
| 美国 | 1970—1986 | 1980—1992 |
| 日本 | 1977—1994 | 1992—1994 |
| 德国 | 1962—1976 | 1974—1976 |
| 阿根廷 | 1975—1977 | 1980—1982 |
| 智利 | 1974—1975 | 1981—1987 |
| 墨西哥 | 1988—1989 | 1994—1997 |
| 韩国 | 1981—1997 | 1985—1988 |
| 泰国 | 1985—1992 | 1983—1987，1997—2002 |

资料来源：宏源证券报告《禀赋与路径：利率市场化国际经验》，2013-09。

此外，一些国家在利率市场化过程中还出现了市场利率剧烈波动、汇率不同程度地上升、信贷投放大量增加、货币供应量快速增长、资产泡沫加大等现象，对经济运行产生了一定的不利影响，或引起较剧烈的经济波动。因此，在利率市场化过程中如何避免其对宏观经济运行造成不利冲击，也是需要考虑的重要问题（见表1-2）。

综上所述，利率市场化尽管有利于促进资源的有效配置，但也是一项风险十分巨大的改革。在放开利率管制的初期，一旦利率水平上升过快、过高，利率水平波动加大，一方面会使企业不堪重负，危及经济增长；另一方面，利率市场化使得企业、居民面临的融资约束得到缓解，其对债务的依赖程度有可能提高，而银行的冒险行为也随之增大，从而加大金融的脆弱性；与此同时，长期处于保护状态的商业银行完全暴露在市场风险之中，如果银行缺乏应对能力，就会导致银行危机。因此，在推进利率市场化改革时必须对宏观收益和风险进行仔细权衡，考虑本国的实际情况，如经济金融发展的水平、金融管制的程度以及经济发展的优先领域和调控能力等等，全面考虑利率市场化的影响，选择合适的方式和路径，将利率市场化的风险尽可能降到最小。

# 第一章 放松利率管制的中国之路

表1-2 主要国家和地区利率市场化的宏观经济金融影响

| 主要国家和地区及利率市场化期间 | GDP | CPI | 市场利率 | 存贷利差 | 对金融机构影响 | 信贷供给 | 资产价格 | 汇率 |
|---|---|---|---|---|---|---|---|---|
| 美国 1970—1986年 | GDP波动加大 | 1973—1975年、1979—1983年两次通胀 | 放松初期，存贷利率齐升；在1981年达到15.91%和18.87%的高峰，随后回落并趋于稳定（有石油危机的因素） | 1986—1990年存贷款平均利差比1980—1985年减少54个基点 | 20世纪80年代储贷危机，大量长期贷款不能消化吸存成本 | 1980—1986年贷款平均增速货币供应量平均增速比1980—1990年分别提高1.05个和1.89个百分点 | 纽交所综合指数从1980年的800多点上升到1990年超过1900点 | |
| 日本 1977—1994年 | 1975年开始逐步走出石油危机后，缓低谷，经济逐步回升 | 1973—1977年出现高通胀，此后逐步回落 | 相对稳定，波动不大 | 1994年平均存贷利差比1984年的时候减少82个基点 | 1992—1994年日本银行倒闭事件不断 | 1984—1990年 $M_2$ 平均增速比1984—1994年高出3.4个百分点 | 日经225指数1989年创下高点，房地产市场膨胀 | 1984—1990年日元对美元汇率升值87.3% |
| 韩国 1981—1997年 | 韩国20世纪80年代末期和90年代，企业经营效益较差，经济增长速度放慢，社会矛盾加大 | 波动不大，物价平稳 | 改革以后，存贷利率均上升，从1988年底到1989年6月，公司债券利率由4.4%上升到16.3%；非银行间活期利率由11.6%上升到17.5% | 从改革初期20世纪80年代的4个百分点左右下降到80年代后期的不足3个百分点 | | 1990—1996年 $M_2$ 增速比1990—2000年高出2.7个百分点 | KOSPI指数从1990年近700点上升到1994年超过1000点后逐步下滑 | 第一次利率改革时期韩元对美元升值21.7%；第二次利率改革，汇率总体上出现贬值趋势 |
| 拉美国家 1970—1980年 | 拉美整个地区在1960—1973年为5.9%，而1973—1981年下滑到4.5% | | 市场利率先升后降，1990年为3.70% | 改革初期有所上升，改革后期下降 | 拉美银行危机，阿根廷1980—1983年大约15%的金融机构破产清算 | | 20世纪70、80年代的拉美国家价格水平年上涨率在2位数以上，发展速度很快 | 20世纪70年代初80年代末拉美国家货币危机，货币贬值，资本外逃，甚至引发经济危机 |

资料来源：根据相关资料整理。

# 第二节 中国放松利率管制的过程

目前一般认为，中国的利率市场化改革是从1996年放开银行间同业拆借利率开始的。事实上，随着改革开放后商品经济的发展以及国家逐步重视用经济办法管理经济，资金配置中市场调节的因素也逐步引入并增强，利率市场化的探索早在改革开放初期就已开始了。回顾我国利率市场化的过程，大体可分为以下几个阶段。

## 一、利率市场化的萌芽时期

从1978年开始，我国对利率进行了调整，连续提高了人民币存贷款利率，逐步改变了存贷款利率水平长期偏低的状况；增加了储蓄种类和利率档次，扩大了存款计息范围，如对企业存款、工会会费、党费、团费等恢复计息；逐步统一了计息标准、理顺了利率体系。与此同时，加强了利率管理。1981年，根据国务院批转的《关于调整银行存款、贷款利率的报告》，中国人民银行下发了《转发〈国务院批转人民银行关于调整银行存款、贷款利率的报告〉的通知》，其中就利率管理体制作了如下规定：利率由人民银行集中统一管理，非金融部门一律不得自定利率；除了国务院批准的拨改贷利率以及由人民银行授权的外，各专业银行和其他金融机构一律执行经国务院批准的统一利率，不得自定利率；中国人民银行可以在国务院批准的利率幅度内，确定不同的利率档次。这一规定成为以后时期利率管理的基本原则。也正是在这一基础上，利率决定中市场的因素逐步引入。

（一）贷款利率

早在 1982 年 2 月，人民银行在下发的《关于贯彻〈国务院批转人民银行关于调整银行存款、贷款利率的报告的通知〉的几项具体规定》的文件中，规定对信托投资公司吸收信托资金、办理贷款和投资的利率，可以按照银行调整后的利率上下浮动，浮动幅度由各省、自治区、直辖市分行在总行规定的 20% 幅度内自行核定，委托投资贷款利率由受托银行同委托单位在国家规定的利率范围内商量确定。

1983 年，国务院在《批转〈中国人民银行关于国营企业流动资金改由人民银行统一管理的报告〉的通知》中，允许人民银行在基准贷款利率基础上，进行上下各 20% 的利率浮动。自此，银行贷款利率的管制开始松动。1987 年 1 月，人民银行下发《关于下放贷款利率浮动权的通知》规定，为适应经济体制改革的需要，更好地发挥利率的经济杠杆作用，人民银行决定将贷款利率 20% 浮动权授予各专业银行；各专业银行可根据国家的经济政策，在国家规定的流动资金贷款利率基础上向上浮动，浮动幅度不能超过 20%；优惠利率除粮食贷款、民政部门办的福利工厂的贷款暂不作变动外，其他可由专业银行根据具体情况灵活掌握。

1988 年，人民银行扩大了各金融机构浮动贷款利率的权限，贷款利率上浮幅度由 20% 扩大到 30%，同时允许上浮利率的贷款项目，也由原来局限于流动资金贷款项目扩大到包括固定资产贷款在内的几乎全部贷款项目。

但在改革初期，各种金融乱象出现以及人们认识上的摇摆都不可避免。这使得在利率管理上"收与放"经常反复。1990 年，人民银行总行收回了原来由各人民银行分行掌握的对专业银行和其他金融机构贷款利率的浮动权，要求各银行、城市信用社和其他非银行金融机构必须严格按照人民银行总行规定的存贷款利率执行。

## (二) 存款利率

根据1985年中央一号文件中"放活农村金融,提高资金融通效益"的精神,1986年5月,人民银行下发《关于加强储蓄存款利率管理的通知》,其中规定,设在农村的信用社(不包括设在城市、城镇、城关及大工矿区的信用社)可以根据当地资金供求情况由当地农业银行报人民银行省分行批准后实行浮动利率。1987年4月,人民银行在下发的《关于储蓄存款利率规定的通知》中又进一步规定,设在农村的信用社的储蓄利率,可在低于市场利率高于国家规定的基准利率的幅度内浮动,浮动幅度在20%以内的报当地农业银行批准,20%以上的报人民银行省分行批准。

值得注意的是,1987年6月5日,人民银行下发了《关于在温州市进行利率改革试点工作的通知》,规定温州市的利率改革试点由人民银行浙江省分行直接领导,温州市分行具体组织实施。温州利率改革试点的基本内容:根据国家统一规定的各项存贷款利率,给当地人民银行一定的利率浮动权。

## (三) 银行间拆借利率

1981年,人民银行在下发的《信贷差额包干办法》中,首次提出可发展同业拆借。但直到1984年我国初步形成了以中央银行为主体、专业银行为主导、其他金融机构并存的金融体系后,形成了专业银行之间、专业银行与其他金融机构之间的资金往来相互计息、有借有还的资金运行体制后,同业拆借市场才真正开始起步。首先是专业银行之间可以相互拆借资金、调剂资金余缺,随着各类金融机构的发展,同业拆借的范围逐步扩大。1986年,人民银行首次对同业拆借任务、期限、利率、范围以及运作方式作出了明确规定,明确资金拆借期限和利率由借贷双方协商决定。

但同业拆借市场在发展初期也存在很多不规范现象。根据当时的发展情况,1990年出台了《同业拆借管理试行办法》,对同业市场的动作做了比较全面系统地规定。其中规定了同业拆借利率的管理体制及期限:同业拆借资金的期限和利率上限由中国人民银行根据资金供求情况确定和调整，同业拆借的利率最高不得高于人民银行对专业银行日拆借贷款利率的30%，拆借双方可在规定的限度之内，协商确定拆借资金的具体期限和利率；拆借期限一般为1个月，其他金融机构对专业银行拆出资金，期限最长不得超过4个月。同时规定在利息或服务费之外，不得以任何形式收取"回扣"和"好处费"。

1993年，针对经济中严重的"热胀"现象，出台了清理违章拆借与完善同业拆借管理的有关规定，其中进一步严格了资金拆借的期限和利率。一是规定资金拆借要以日拆为主，拆借最长不得超过1个月，一般不得展期，遇特殊情况，只能一次性展期7天。二是规定资金拆借业务中不能同时加收利差和收取服务费，加收利差最高不能超过拆入利率的0.3‰（月息），收取服务费的每笔收费不得超过同期拆借利差的水平。

## 二、利率市场化的正式推进时期

渐进式改革在实践中逐步发展，也推动着改革认识的深化。1993年，在总结我国改革开放实践中的经验教训的基础上，党的十四届三中全会《关于建立社会主义市场经济体制若干问题的决定》提出了利率市场化改革的基本设想。随着各项改革的深入，利率市场化改革逐步推进。

（一）基本完成了银行间市场的利率市场化

1993年6月，人民银行在下发的《关于进一步整顿和规范同业资金拆借秩序的通知》中，提出了建立健全全国统一的资金拆借市场体系的要求。经过几年的探索后，1996年我国建成了全国统一的银行间拆借市场，取消了对同业拆借利率的上限管理，银行间同业拆借利率由拆借双方根据市场资金供求自主决定。

1996年，财政部通过证券交易所市场平台实现了国债的市场化发行；

1997年,银行间债券回购利率和现券交易价格同步放开,由交易双方协商确定;1998年和1999年又先后放开了银行间市场政策性金融债和国债的发行利率。

(二) 外币利率市场化快速推进

2000年9月,放开了外币贷款利率和大额外币存款利率,300万(含300万)美元以上大额外币存款利率由金融机构与客户协商确定。2003年7月,境内英镑、瑞士法郎、加拿大元的小额外币存款利率放开;2003年11月,小额外币存款利率下限放开。

(三) 人民币存贷款利率市场化在局部探索中前行

1994年,重新授予各国有商业银行和其他金融机构利率浮动权,但规定只能对流动资金性质的贷款利率进行浮动,幅度为下浮10%,上浮20%,要求各商业银行根据国家产业政策、企业的信用评级,按照信贷原则择优限劣,制定各行的浮动利率管理办法,报人民银行批准执行。1996年5月,为减轻企业利息支出负担,贷款利率的上浮幅度由20%缩小到10%。

1998年,针对经济下行时期中小企业贷款难较为突出的问题,为了鼓励对中小企业贷款,自1998年10月31日起金融机构对小企业的贷款利率上浮幅度由10%扩大到20%,农村信用社贷款利率上浮幅度由40%扩大到50%,大中型企业贷款利率浮动上限维持10%不变。为支持中小企业发展,1999年县以下金融机构和商业银行对中小企业的贷款利率上浮幅度扩大到30%,但对大型企业的贷款利率浮动上限保持不变。2003年8月,农村信用社改革试点地区的贷款利率浮动上限扩大到基准利率的2倍。

## 三、利率市场化的突破与巩固时期

(一) 人民币存贷款利率市场化取得阶段性成果

2002年,党的十六大报告指出,"稳步推进利率市场化改革,优化金融资源配置"。2003年召开的党的十六届三中全会《关于完善社会主义市场经济体制若干问题的决定》对利率市场化改革进行了纲领性的论述，确立了利率市场化的目标。自此，我国利率市场化改革取得重大突破。

2004年1月，商业银行、城市信用社的贷款利率浮动上限扩大为基准利率的1.7倍，农村信用社贷款利率浮动上限扩大到基准利率的2倍。2004年10月29日，经国务院批准，人民银行决定不再设定金融机构（不含城乡信用社）人民币贷款利率上限；城乡信用社仍实行上限管理，其贷款浮动上限为基准利率的2.3倍；所有金融机构的人民币贷款利率下浮幅度仍为基准利率的0.9倍。同时，存款利率实行下浮制度，但不能上浮。至此，我国金融机构人民币贷款利率已基本过渡到上限放开，实行下限管理的阶段；人民币存款利率则实现了"放开下限，管住上限"的既定目标。

（二）基本实现外币利率市场化

2004年11月，人民银行在调整境内小额外币存款利率的同时，决定放开1年期以上小额外币存款利率。

（三）加强金融机构定价机制建设

利率市场化的实质是由市场取代货币当局成为利率定价的主体，其中银行将取代货币当局成为存贷款利率定价的主体。由于利率市场化改革以前，我国一直实行利率管制，存贷款利率由中央银行统一制定，商业银行只能被动接受，存贷款利差是固定不变的，银行无需考虑存贷款的定价问题，因而各银行既缺乏利率定价的意识，也缺乏定价技术。在对利率的管制放开后，金融机构是否具有定价能力、能否合理定价就成为影响利率市场化进展与成败的关键。

我国在放开利率管制的过程中，始终重视加强金融机构的定价机制建设。在1998年扩大银行贷款利率浮动区间时，人民银行组织了专题调研，选取了具有代表性的全国性银行和区域性银行的贷款利率浮动管理办法作为模板，发送各银行参照制定各自的管理办法，并要求银行编制相关模型和软件，建立利率定价授权制度。在 2003 年银行贷款利率浮动权进一步扩大时，人民银行再次督促各银行和城乡信用社进一步完善贷款利率定价机制和技术，并针对农村信用社起点低和个体差异显著的特点，为其专门制定了菜单式的四种贷款利率浮动定价模板。在人民银行的引导下，以工商银行、农业银行、中国银行、建设银行为代表的大型银行制定了统一的利率管理办法、存贷款定价政策，管理制度比较健全，日常定价管理实行统一管理与分级授权相结合；全国股份制商业银行建立了以资产负债管理委员会、计划财务部门为核心的利率定价管理组织体系，统一制定产品定价政策，建立了分级授权体系，业务部门和分支机构在总行利率授权范围内执行利率定价政策。

（四）推进基准利率体系建设

基准利率是指在一国的利率体系中起基础性作用、作为金融市场其他产品定价参照系的利率体系。作为固定收益类金融产品和其他金融产品定价的基础，以及货币政策操作重要的参考依据，基准利率体系建设对于深化利率市场化进程、畅通货币政策传导、健全金融产品定价机制、推动金融产品创新、完善金融机构资金内部转移定价、加快汇率体制改革和人民币国际化的步伐，乃至整个金融体系的健康、稳定、有序地发展，都具有非常重要的作用（易纲，2008）。从 1996 年我国开放银行间市场拆借利率起，至 1999 年成功实现国债利率招标发行，我国银行间市场利率早已实现市场化，并且交易方式、交易品种和交易规模都取得了长足发展。但是，长久以来，我国并没有形成一个完整的货币市场基准利率体系。随着我国利率市场化的推进，市场基准利率体系的建设成为极其重要的问题。2006 年 10 月，我国货币市场基准利率——上海银行间同业拆放利率（Shanghai Inter Bank Offered Rate，Shibor）开始试运行并于 2007 年 1 月 4 日正式推出，市场基准利率体系建设和培育工作随之展开。近些年来，基准利率培育工作不断深化，Shibor 的基准地位不断提高，以 Shibor 与国债收益率曲线为核心的我国基准利率体系初具雏形。

## 四、利率市场化的攻坚阶段

在"贷款利率管下限、存款利率管上限"的利率管理体制下，利率市场定价程度和水平得到明显提高。商业银行已初步建立了市场化的激励约束机制，包括货币市场、资本市场、外汇市场、黄金市场和保险市场在内的金融市场不断完善，直接融资已经得到了一定发展，进一步推进利率市场化改革的宏观条件和微观条件已经初步具备，可以采取稳健的改革措施向前推进。与此同时，银行理财、信托和互联网金融等金融创新和金融脱媒的迅猛发展，以及经济增长和经济结构的阶段性转换，更使利率市场化成为市场主体的内在要求和实际行动。在市场和政策的双重推动下，2012年以来存贷款利率市场化改革进一步推进。党的十八届三中全会作出了全面深化改革的决定，将过去一直奉行的"稳步推进利率市场化"原则，进一步明确为"加快推进利率市场化"的改革要求。自此，存贷款利率市场化改革不断取得新突破。

（一）贷款利率管制全面放开

2012年6月7日，中国人民银行宣布，决定自次日起将金融机构贷款利率浮动区间的下限由之前基准利率的0.9倍调整为0.8倍。当年7月5日，再次宣布自次日起将金融机构贷款利率浮动区间的下限调整为基准利率的0.7倍。

2013年7月19日，中国人民银行发布《关于进一步推进利率市场化改革的通知》，决定自次日起取消金融机构除商业性个人住房贷款以外的贷款利率下限，放开票据贴现利率管制，同时对农村信用社贷款利率不再设立上限。贷款利率管制基本上全面放开。

## （二）建立金融机构市场利率定价自律机制

2013年9月24日，市场利率定价自律机制成立会议召开。市场利率定价自律机制是由金融机构组成的市场定价自律和协调机制，旨在符合国家有关利率管理规定的前提下，对金融机构自主确定的货币市场、信贷市场等金融市场利率进行自律管理，维护市场正当竞争秩序，促进市场规范健康发展。

为进一步完善金融机构市场利率定价机制，借鉴国际经验，建立了贷款基础利率集中报价和发布机制。2013年10月25日，贷款基础利率集中报价和发布机制在试运行一个月后正式运行。贷款基础利率是商业银行对其最优质客户执行的贷款利率，其他贷款利率可在此基础上加减点生成。在报价行自主报出本行贷款基础利率的基础上，指定发布人对报价进行加权平均计算，形成报价行的贷款基础利率报价平均利率并对外予以公布。贷款基础利率集中报价和发布机制作为市场利率定价自律机制的重要组成部分，是上海银行间同业拆放利率（Shibor）机制在信贷市场的进一步拓展和扩充，有利于强化金融市场基准利率体系建设，促进定价基准由中央银行确定向市场决定的平稳过渡；有利于提高金融机构信贷产品定价效率和透明度，增强自主定价能力；有利于减少非理性定价行为，维护信贷市场公平有序的定价秩序；有利于完善中央银行利率调控机制，为进一步推进利率市场化改革奠定制度基础。

## （三）存款利率上浮空间打开

2012年6月7日，中国人民银行在宣布将金融机构贷款利率浮动区间的下限扩大时，同时宣布自次日起将金融机构存款利率浮动区间的上限调整为基准利率的1.1倍，这是首次允许存款利率上浮。存款利率上限扩大得到了市场的积极反应，多家银行很快公布了调整后的存款利率，国有银行、股份制银行、城商行作出了不同的选择，存款定价差异已经显现。

### (四) 同业存单发行交易稳步推进

2013年12月8日,中国人民银行发布《同业存单管理暂行办法》并于12月9日正式实施。当年12月12—13日,中国银行、建设银行、国家开发银行等10家金融机构分别发行了首批同业存单产品,并在此后陆续开展了二级市场交易,初步建立了同业存单双边报价做市制度。同业存单以市场化方式定价,具有电子化、标准化、流动性强、透明度高等特点,可以为中长端Shibor提供更透明、市场化的报价参考,对于提高中长端Shibor的基准性、拓宽银行业存款类金融机构融资渠道、促进规范同业业务发展具有积极意义,同时可为发行面向企业及个人的大额存单积累经验,探索稳妥有序推进存款利率市场化的有效途径。

### (五) 存款利率上限放开

在存款利率上浮空间打开后,人民银行又连续几次扩大存款利率上浮幅度。2014年11月、2015年3月和5月,金融机构存款利率浮动区间的上限分别调整为基准利率的1.2倍、1.3倍和1.5倍。2015年10月23日,中国人民银行发布《关于下调金融机构人民币贷款和存款基准利率并进一步推进利率市场化改革的通知》,决定自次日起,对商业银行和农村合作金融机构等不再设置存款利率浮动上限。至此,取消了存款利率管制。

## 第三节 中国放松利率管制的特点

### 一、从表象看,放松利率管制具有典型的渐进式特征

毫无疑问,中国放开利率管制的过程具有典型的渐进式放开利率管制

的特征。一是时间较长。如果从改革初期允许利率浮动算起,放开利率管制已有30多年的时间;如果从1993年我国明确提出利率市场化改革的基本设想算起,利率市场化已有20多年时间;即使从1996年放开银行间市场同业拆借利率算起,放开利率管制也已走过19年历程。在国际上,即使与其他渐进式放开利率管制的国家相比,我国也属于历时较长的。

二是按照一定的顺序放开利率管制。渐进式利率改革一般都按一定的顺序进行,但各国选择的顺序并不相同。美国是先大额、后小额,先非银行同业、后扩展至全面放开;日本是先国债、后其他品种,先银行同业、后银行与客户,先长期利率、后短期利率,先大额交易、后小额交易;韩国是先放开非银行金融机构的利率、后放开银行利率,先放开贷款利率、后放开存款利率。我国采取了先放开货币市场利率和债券市场利率,再逐步推进存、贷款利率的市场化改革总体思路;存、贷款利率市场化按照"先外币、后本币;先贷款、后存款;先长期、大额,后短期、小额"的顺序进行(见表1-3)。

表1-3　　　　　　　　主要国家放开利率管制历程

| 国家 | 时间 |
|---|---|
| 美国 | 1970—1986年 |
| 法国 | 1965—1985年 |
| 日本 | 1977—1994年 |
| 澳大利亚 | 1973—1985年 |
| 韩国 | 1981—1997年 |
| 印度 | 1992—2011年 |

资料来源:根据相关资料整理。

## 二、从深层次看,放松利率管制过程折射出中国式改革特征

(一)改革具有渐进性与配套性

中国在经济改革之初,并没有一个整体的改革蓝图。对于中国经济体

制改革的目标模式，起初也不是十分清晰的。邓小平将中国的改革过程形象地比喻为"摸着石头过河"，既反映了中国经济体制改革在步骤和推进方式上，走的是一条循序渐进的道路，也反映了最终转向什么样的经济体制，需要在实践中逐渐摸索。

渐进式改革的路径决定了中国改革先易后难的特点。经济体制的不同组成部分之间存在一定的主次关系，每个组成部分的存在条件不尽相同，改革的成本和收益也不相同。因此，改革往往从最容易突破和成本最小的部分入手。

渐进式改革的另一个重要特征就是增量改革，即对存量部分保持以前的利益格局和配置机制不变，但对新增资源却采用新形成的市场机制进行配置。新的市场经济体制比重随着改革和发展而不断提高，最后达到以市场机制占主导地位。

然而，经济体制的各个组成部分之间存在密不可分的关系和内在的逻辑联系，改革必定是牵一发而动全身。因此，渐进式改革即使是按一定次序进行的，经济体制改革也必须是配套的，是系统性的体制转变。这意味着，一个方面的改革，往往需要其他方面的改革相配合，同时也会促进其他方面的改革。

渐进式的改革还是一个不断完善的过程。受其他方面体制条件的制约，某个方面或几个方面的改革往往不可能一下子达到理想状态，或者当时已达到所认可的理想状态，但随着深化改革和不断发展，又逐渐呈现出不理想状态。例如，我国微观单位的改革最早启动，农村实行了联产承包制，城市也进行了国企改革。但时至今日，如何完善农民的产权和经营权仍然是需要改革的重点问题，国有企业改革也始终是改革的重点和关键。因此，各方面的改革是一个动态发展、不断优化的过程。

基于以上整体改革的逻辑，利率市场化改革作为整个改革大系统中的一个子系统，是与其他改革联系起来通盘考虑的。由于利率改革牵扯到方方面面的利益，并且风险很大，因此必须是其他方面较容易推行、风险较小的改革进行到一定程度后，再进行利率改革；也必须是其他方面的改革进行了一定程度、利率市场化的条件基本具备后，才进行利率市场化改革。同时，由于利率市场化改革本身就是一个系统工程，因此，利率市场化改革本身也是按先易后难、先增量后存量的步骤逐渐展开的。例如，先放开货币市场利率和债券市场利率、外币利率这些相对影响较小的利率品种，然后再放开人民币存贷款利率；先加强金融市场的基础建设，俟条件成熟再放松利率管制。当作为利率市场化基础的其他方面的改革推进较快时，利率市场化进程也较快，而当其他方面的改革延宕时，利率市场化改革也会放缓。当然，对条件是否成熟的判断、是否推进利率市场化的决策过程，也会影响到利率市场化的进程。

（二）放开利率管制与金融发展同步进行

与发达经济体或部分新兴经济体在一个较为成熟的金融体系中放开利率管制不同，中国放开利率管制的过程是与金融体系的建立和发展同步进行的。与前苏联和东欧国家在放开利率管制后再发展金融体系不同，我国是在金融发展的过程中根据需要和客观情况来放开利率管制的。

1. 存贷款利率市场化是随着我国银行业的改革发展而推进的

计划经济时期我国基本上只有中国人民银行一家金融机构。经济领域的改革催生了金融领域的改革与发展。1979年2月，为适应农村经济体制改革，支持农村经济发展，我国恢复了中国农业银行，中国人民银行的农村金融业务全部移交中国农业银行经营。为适应对外开放和对外经济往来的要求，1979年3月，专营外汇业务的中国银行也从人民银行中分设出来，完全独立经营。1979年，中国人民建设银行也从财政部分设出来，1983年进一步明确建设银行是经济实体，是全国性的金融机构，除仍执行拨款任务之外，可大量开展一般银行业务。1984年1月，成立中国工商银行，承办人民银行原来办理的全部工商信贷业务和城镇储蓄业务，人民银行自此专门行使中央银行职能。1986年交通银行又重新组建,随后又成立了10余家股份制商业银行,建立了包括信用合作社、保险公司、信托投资公司、证券公司、企业集团财务公司、金融租赁公司、投资基金等在内的诸多非银行金融机构,同时引进大批外国金融机构。1994年,为了解决专业银行既实行企业经营又承担国家政策性任务的矛盾,先后成立了国家开发银行、中国进出口银行和中国农业发展银行三家政策性银行。自此,围绕中央银行,形成了一个由政策性银行、商业银行、非银行金融机构组成的既有分工又有竞争的金融组织体系。

在金融机构"从一到多"的裂变中,我国银行业商业化经营的理念逐步确立,因此逐步探索扩大银行利率定价自主权。而随着商业银行改革与发展的不断推进,我国银行存贷款利率市场化改革也随之向前发展。纵观我国金融发展的历程,存贷款利率市场化与商业银行的发展紧密相联:有了商业银行,才有利率的市场化;商业银行发展得好,利率市场化才能较快推进;商业银行发展得不好,风险较大,利率市场化就难以推进或者出现波折。

2. 利率市场化在金融市场"从无到有"的发展中率先取得突破

1984年后,经济体制改革的全面展开和深入进行为金融市场的产生创造了条件,各种形式的市场融资活动开始出现萌芽和迅速发展。一是商业信用的逐步扩大与规范化促进了票据承兑贴现市场的形成。1984年2月,中国人民银行逐步在全国开展票据承兑贴现业务,从而初步形成了票据承兑贴现市场。二是1985年实行"统一计划、划分资金、实贷实存、相互融通"的信贷管理体制后,专业银行之间可以相互拆借资金,调剂资金余缺。1986年后,随着各类金融机构的发展,同业拆借的范围更加扩大。到1987年底,除个别地区外,全国主要城市和地区都开放和建立了无形或有形的同业拆借市场。1990年3月,中国人民银行颁布《同业拆借管理试行办法》,规范了同业拆借业务和拆借资金比例要求。三是外汇市场伴随着经济体制改革的深化和对外开放的扩大而产生。1985年12月，深圳特区设立了全国第一个外汇调剂中心，正式开办外汇调剂业务。1988年，各省、自治区、直辖市、经济特区都设立了外汇调剂中心，外汇参与者范围进一步放宽，同时放开了外汇调剂价格，取消了调剂最高限制，允许外汇调剂价格随供求状况而浮动。1988年9月，上海市在原有外汇调剂市场的基础上实行外汇公开交易，并在随后的几年里逐步成立了多家外汇调剂公开市场。四是从1981年开始，政府开始利用国家信用发行国库券。到1984年，人们已普遍持有国库券，并已存在流通转让的要求。1991年，跨地区、有组织的规范化国债交易起步，同年，财政部和中国人民银行启动了国债回购业务试点。五是伴随着企业所有制改革的进行，资本市场和新型金融中介也逐步引入。从1984年开始，兴起了企业采取发行股票、债券方式向社会直接筹资的热潮，从而出现了发行市场。1990年12月19日上海证券交易所成立，1991年7月30日深圳证券交易所成立。这两个交易所的成立，标志着中国股票交易逐渐步入规范的发展阶段。伴随着资本市场交易机制的建立，作为资本市场主要中介机构的证券公司和证券投资基金也相继建立。

由于在以银行为主的金融结构下，金融市场的利率市场化不会对金融体系的稳定造成根本性影响，也不会对企业融资成本造成太大影响，因此我国采取了率先在金融市场推进利率市场化的策略。同时，我国在银行间市场建设过程中始终坚持制度先行的理念，为相关金融产品平稳实现利率市场化营造了有利的制度环境。

3. 利率市场化是在货币化程度加深和金融产品不断丰富的过程中推进的

随着现代金融体系架构的逐步形成，社会资金的配置格局发生了根本改变，财政在资金配置中的比重迅速下降，而金融在资金配置中占据了主导地位。与此同时，经济货币化程度迅速提高。1978—1992年，广义货币增长了约19倍,同期国内生产总值增长了约7倍;"广义货币与真实GNP之比从0.32稳步上升到1.0以上,反映了体制改革的货币化效应"(易纲,2008)。在金融成为经济的血液后,如何更好地决定和调节金融资源的流向,就成为自然需要面对的一个问题,因此利率市场化改革应运而生。

在我国货币化发展的过程中,金融产品也日益多样化,除了现金和银行存款外,债券、股票、基金、期货、保险等各种金融工具大量涌现。债券托管数量从1997年的43只增加到2014年的4857只,托管金额从4780.8亿元增加到28.73万亿元,分别增长了112倍和59.1倍。股市市值从1993年的3474.3亿元增加到2014年的37.3万亿元,股票成交数量从226.21亿股增加到73754.61亿股,成交金额从3697.95亿元增加到74.4万亿元,分别增长了106.2倍、325倍和200.2倍。公募基金净值从1998年的107.6亿元增加到2014年的45353.6亿元,增长了420.5倍。期货成交量从1993年的890.7万手增加到2014年的25.1亿手,成交额从5522亿元增加到292万亿元,分别增长了280.3倍和527.8倍。保费收入从1993年的499.6亿元增加到2014年的20234.8亿元,增长了39.5倍。银行理财产品余额从2007年末的5300亿元增加到2014年6月末的12.65万亿元,增长了22.9倍。金融产品多样化程度的不断提高,使得僵化的管制利率不仅难以适应对多样化的金融产品进行与其风险程度相匹配的合理定价的需要,更容易产生较大的价格扭曲,因而利率市场化也成为必然的选择(见图1-1)。

(三)市场推动与政府主导共同发挥作用

中国每一次放松利率的过程,都是市场与政府共同作用的结果。改革之初,在企业和金融机构的产权制度改革逐步推进、金融市场逐步形成的情况下,资金配置中市场因素的引入就成为必然选择。党中央、国务院及时总结改革的经验教训,制定改革纲领。1993年,党的十四届三中全会

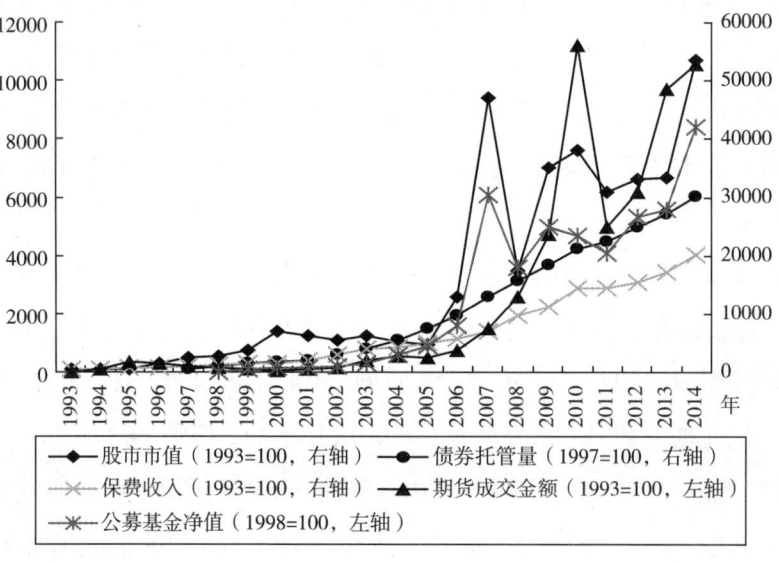

图 1-1　各种金融产品发展较快

《关于建立社会主义市场经济体制若干问题的决定》和《国务院关于金融体制改革的决定》提出了利率市场化改革的基本设想。在这两个决定的指导下，中国的利率市场化改革正式启动。

进入 21 世纪后，随着我国社会主义市场经济体制的逐步完善、经济金融逐步发展以及加入世界贸易组织后金融对外开放扩大，国内证券、基金和保险业发展较快，新的金融工具不断涌现，外资银行进入带来竞争压力，进一步推进利率市场化成为大势所趋。2002 年，党的十六大报告重申，"稳步推进利率市场化改革，优化金融资源配置"。2003 年，党的十六届三中全会《关于完善社会主义市场经济体制若干问题的决定》进一步指出："稳步推进利率市场化，建立健全由市场供求决定的利率形成机制，中央银行通过运用货币政策工具引导市场利率。"党中央、国务院的一系列重要决定为利率市场化指明了方向，利率市场化改革的总体思路也确立下来。利率市场化改革稳步推进，2004 年利率市场化改革迈出重要步伐，实现了"贷款利率管下限、存款利率管上限"的阶段性目标。

近些年来，随着银行理财、信托和互联网金融等金融创新和金融脱媒的迅猛发展，以及经济增长和经济结构的阶段性转换，中国经济和金融市场体系面貌已经发生根本性的变化。提高利率市场化程度成为市场主体的内在要求和实际行动，市场自发式的利率市场化行为方兴未艾。顺应市场发展的内在要求，2012年以后存贷款利率市场化改革进一步推进，贷款利率管制全面放开，存款利率上限管制逐步放松。适应中国经济和金融发展转型的需要，党的十八届三中全会作出了全面深化改革的决定，将过去一直奉行的"稳步推进利率市场化"原则，进一步明确为"加快推进利率市场化"的改革要求。在此要求下，我国利率市场化改革又进入了一个新阶段。2014年至2015年，存款利率上限连续扩大，到2015年10月，存款利率上限放开，至此，我国的利率管制基本取消。

（四）重视改革、发展与稳定三者的关系

正如前文在总结利率市场化的国际经验时所指出的，利率市场化改革是一柄"双刃剑"，既可以促进资源配置效率提高，也可能导致经济金融波动，因此需要在收益与风险之间进行权衡。我国作为一个转轨国家，各方面的制度环境和市场条件都在改革和发展之中，在此过程中利率市场化的风险可能比那些本来就是成熟市场经济体制的国家更大。因此，在推进利率市场化改革时尽量稳妥、尽量减少风险就成为自然的选择。另外，作为一个发展中国家，经济金融发展对我国具有尤其重要的意义，我国往往强调发展是第一位的。因此，利率市场化改革作为我国经济金融改革的重要组成部分，需要把握好改革的目的、方向和节奏，处理好与经济发展、金融稳定的关系，确保利率市场化的顺利推进。在我国，改革、发展与稳定之间存在统一关系：改革是为了持续的发展和长久的稳定；没有发展，就难以坚定改革的信心；没有稳定，改革就不具备牢固的基础。但在一定时期内，处理改革、发展与稳定的关系时，有时也可能做不到三者兼顾。如有时可能过多考虑风险或考虑发展的意见占了上风，因此改革措施的推出不够及时；有时推出的改革措施也可能与设想不一致，引起了一定程度的混乱。如20世纪80年代，稍微放开利率管制，部分地区的商业银行就进行"利率大战"。但是渐进式改革中的"试错"和"纠偏"机制，以及协调推进改革的思维，使我国总体上较好地处理了改革、发展和稳定的关系。尤其重要的是，我国非常注意改革与调控的有效配合，无论是在2004年存贷款利率市场化改革之时，还是在2012年以来进一步推进存贷款利率市场化改革的过程中，都寓改革于调控之中，结合货币政策调整需要和市场风险可承受状况推进利率市场化改革，从而使改革、发展与稳定的目标更好得到兼顾。

# 第二章 中国利率体系的特点

利率市场化改革的本质，是将资金的定价权由政府向市场转移。其核心是通过不断放松利率管制，扩大市场主体的定价空间，优化资源配置。对于转轨和发展中国家而言，要顺利实现利率市场化改革目标，不仅要赋予市场主体更多的定价自主权，还需要培育多方面的基础条件，建立健全市场化的利率形成机制，使市场主体得以通过竞争性市场形成合理均衡的价格。因此，放开利率管制并不是利率市场化改革的全部，它只是利率市场化改革的重要手段，能否在较完善的市场条件下形成合理均衡的利率才是利率市场化改革的核心。正因如此，《金融业发展和改革"十二五"规划》将我国利率市场化的原则概括为"放得开、形得成、调得了"。所谓"形得成"，一是指利率的水平、风险结构和期限结构由资金供求双方在市场上通过竞争来决定；二是不同层次的利率之间传导通畅，具备联动的利率体系，其中，基准利率处于关键地位并发挥着主导作用。因此，中国的利率市场化改革不仅是破除管制利率的过程，更是建立市场利率形成机制的过程。本章基于"形得成"的要求，考察我国利率市场化进程中，市场利率如何形成并如何传导。

# 第一节 渐进式改革过程中的利率双轨制特征

## 一、渐进式改革与价格双轨制

经济体制改革就是由计划经济体制逐步向社会主义市场经济体制转轨的过程。价格机制是市场经济的核心,价格机制的市场化是向市场经济转型的关键,是市场机制发挥作用的必要条件。可以说,中国社会主义市场经济体制的建立和完善,核心就是逐步放松价格管制并最终实现由供求机制起决定作用的市场化价格体系,通过价格信号引导微观主体的决策行为进而实现社会资源的优化配置。因此,将市场机制引入金融资源配置过程,通过价格杠杆反映金融资源的稀缺性、甄别市场需求并最终实现资金配置效率的提高,实现金融资源调控由直接干预向市场导向的间接调控方式转变,是金融市场化改革的关键,也正是利率市场化改革的目的。

在打破计划经济时期形成的价格管制局面时,考虑到整体推进价格改革的复杂性和中国经济的承受能力,20世纪80年代中期我国采取了"双轨制"的价格改革方式。对商品实行两种不同的定价机制,在计划体系内仍保持价格管制,而在计划体系外,价格则由市场供求关系决定。由于一般情况下,管制的计划价格往往偏低,在计划价格和市场价格并存且相互竞争的格局下,计划价格部门的生产逐步萎缩,市场决定价格领域的生产规模逐步扩大,最终市场价格体系全面替代计划价格从而实现完全由供求决定的市场价格体系。Lau、Qian 和 Roland(刘遵义、钱颖一、Roland,1997,2000)证明,价格双轨制的改革方式相当于商品的再分配机制,是一种福利上双赢的策略，能够增加部分经济主体的福利而不会有其他人受到损害，计划体系的减少将使经济趋向于不受计划约束的资源配置，因而是一种帕累托改进的改革。

价格双轨制改革的有效实施需要满足一个必要的条件，那就是政府能够有能力控制计划部门行为，市场部门和计划部门可以有效进行区分。Murphy、Shleifer和Vishny（1992）对苏联和东欧国家转轨失败原因的考察和理论分析表明，由于仅实现了局部的价格市场化改革而缺乏对计划部门的严格控制，导致了资源的大规模转移，降低了资源配置的效率并最终造成社会福利的净损失。我国价格双轨制的实践也曾面临类似问题的困扰，1988年物价闯关的失败就充分暴露了双轨制的这一弊端。不过，在双轨制模式下，市场价格与计划价格的相互作用在很大程度上促进了计划部门效率的改进，尽管市场价格不可避免地或多或少受到计划价格的干扰，但市场价格的变化也促使计划价格管理部门发现市场价格所隐含的供求关系信息，从而可以进一步理顺计划价格并向市场价格体系靠拢。虽然价格体系在20世纪80年代末期经历了一定程度的混乱，但整体上在双轨制的实践下价格改革逐步推进，商品供求关系和市场经济体制的环境得到很大改善，20世纪90年代中期我国基本实现了一般性商品和服务价格的市场化。价格双轨制在商品市场价格改革中取得的成功经验，为金融市场化改革提供了一条可行的道路，以利率市场化为目标的利率双轨制成为金融改革的重要内容（易纲，2009）。

## 二、利率管制范围逐步缩小、市场利率不断扩大是利率双轨制的变化特征

在渐进式改革方针下，考虑到不同层次金融市场对金融资源配置的影响不同，按照风险最小原则，金融要素价格是从对整体经济影响较小的部

分开始逐步放开的。例如,由于汇率对国内资金资源配置影响较小,我国早在1994年就实施了汇率的并轨和汇率形成机制改革。在利率市场化方面,"与管制利率并行,在边际上引入利率的市场化,使得改革具有帕累托改进的特征,在未触及实体经济部门利益的同时,提高了银行金融资源的配置效率"(易纲,2009)。因此,在利率市场化改革过程中,中国的利率体系具有明显的双轨制特征:银行体系中的管制利率和银行体系之外的市场利率并存。

"在间接融资为主的融资格局下,资金批发市场利率市场化不会影响企业的融资成本,同时还有利于提高资金配置效率"(易纲,2009),因此我国的利率市场化首先从资金批发市场取得重要突破。1996年放开银行间市场同业拆借利率,至1999年基本实现了债券发行和二级市场利率市场化。与此同时,通过大力发展银行间市场,扩大市场交易主体,丰富市场交易品种和交易方式,银行间债券市场已成为中国固定收益市场的主体,为完善收益率曲线和货币政策间接调控操作提供了良好的条件。货币市场和债券市场所组成的资金市场的利率已完全由市场资金供求决定。"银行间市场管制利率的市场化,成功建立了管制利率之外的资金配置体系,使利率的市场化范围不断扩大。银行间市场利率的形成和完善为商业银行自主定价提供了基准收益率曲线,为管制利率市场化和银行完善内部定价机制准备了条件"(易纲,2009)。

在此情况下,经过早期的利率浮动探索后,存贷款利率的管制逐步放开。同样,遵循风险最小原则,我国先放开了外币利率,然后逐步扩大人民币贷款利率浮动区间,至2004年10月实现了存款利率管上限和贷款利率管下限的阶段性目标。之后,又逐步扩大金融机构人民币贷款利率浮动区间,最终取消贷款下限,完全放开贷款利率,并由大额定期存款开始逐步延至存款利率改革,允许存款利率上浮,建立银行利率定价自律机制,开展同业存单业务,提高金融机构负债利率定价和风险管理能力,直至最后放开存款利率上限。

在人民币存贷款利率市场化的推进过程中，同样以实现帕累托改进为目标，通过产品创新、不断扩大市场化定价产品的覆盖范围等方式，有规划、有步骤地稳步推进改革。以存款为例，我国自1999年开始允许商业银行通过协议存款的形式，对包括保险公司、养老保险个人账户基金、全国社会保障基金等部分群体的长期大额存款利率试行市场化确定；先开展同业存单业务，为发行面向个人和企业的大额存单积累经验。同时，以理财为主的市场化定价存款替代性产品的发行规模也在逐步扩大。近年来，以银行理财和互联网金融为代表的金融创新和金融脱媒迅猛发展，极大地推动了金融体系的创新和金融产品的丰富，同时冲击了存款利率管制，银行资金来源上表现出明显的利率双轨制特征。

在一般性存款增速放缓的同时，2014年封闭式净值型、封闭式非净值型和开放式非净值型银行理财产品加权平均收益率分别高达5.07%、5.06%和3.89%，银行理财产品余额由2013年末的10.2万亿元升至15.02万亿元，增速为46.68%；日均银行理财余额为13.75万亿元，较2013年增长4.16万亿元，增速为43.38%[①]，而2014年末人民币存款余额较2013年末仅增长了9.1%，理财产品余额与同期人民币存款余额之比由2013年末的9.8%上升至2014年末的13.2%。以余额宝为代表的互联网金融迅猛发展，货币市场基金规模已超过2万亿元。利率完全开放不仅是决策者的目标，更成为市场主体的内在要求和实际行动。特别是，互联网金融的迅猛发展充分说明了市场的力量，经济主体对资金收益率的需求和市场供给的自发调整已在事实上突破了大额和小额资金利率市场化的藩篱，既定的"先大额、后小额"的改革顺序已被突破，形成以金融创新和脱媒的影子银行利率与存款利率管制并行的存款利率双轨制，为存款利率

---

① 《中国银行业理财市场年度报告（2014）》，中国国债登记结算公司"全国银行业理财信息登记系统"，2015-05。

管制的最终放开创造了条件。

## 三、我国利率双轨制表现及利率市场化程度

（一）从社会融资结构的角度看利率市场化进程

从社会融资规模的构成看，主要包括人民币贷款（住房贷款和非住房贷款）、外币贷款、委托贷款、信托贷款、未贴现的银行承兑汇票、企业债券融资和非金融企业境内股票融资。截至2012年6月7日，社会融资规模的构成中，仅有人民币贷款利率受到下限管理，其中住房贷款利率下限为基准利率的0.7倍，非住房贷款利率下限为0.9倍，其他融资的定价都已实现市场化。

从各类融资在社会融资规模中的占比看，在贷款利率下限调整前的2011年的社会融资中，约34.8%的融资已经实现了利率市场化，约58.2%的融资（人民币贷款）受到利率下限管理，其中51.7%的非住房贷款利率可以下浮10%，6.5%的住房贷款利率可以下浮30%。

2012年6月8日和7月6日，贷款利率下限先后被调整到基准利率的0.8倍、0.7倍，住房贷款利率继续维持原有的浮动下限。在当年的社会融资中，约43.1%实现了利率市场化，占比约为52.1%的人民币贷款受到利率下限管理，其中31.4%可以在基准利率的基础上下浮10%，20.7%可以下浮30%（约14.6%为贷款利率下限调整的结果，6.1%为原本就可以下浮30%的住房贷款）。

2013年7月20日，贷款利率下限被取消，住房贷款仍维持基准利率0.7倍的下限管理。在当年的社会融资中，约58.2%实现了利率市场化（约14.5%为取消贷款利率下限的结果，约43.7%为原本已经实现了利率市场化的融资），约36.9%可以在基准利率的基础上下浮30%。

在2014年的社会融资中，约84.2%实现了利率市场化，仅占比约为

10.4%的人民币住房贷款的利率仍受到基准利率0.7倍的下限管理。因此，自2013年7月20日起，社会融资的利率市场化已经基本完成（见图2-1）。

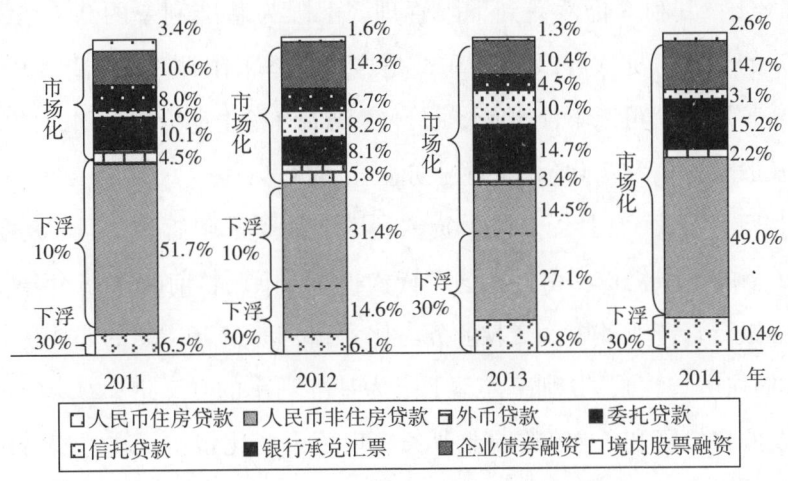

图2-1 基于社会融资结构的利率市场化进程

（二）从银行资产负债业务角度看利率市场化进程

从资产端来看，银行资产业务主要可以分为四类：贷款、有价证券及股权投资、准备金存款和同业业务，其中贷款又可以分为非住房贷款和住房贷款。在这几类业务中，截至2012年6月7日，贷款利率是实行下限管理的，其中非住房贷款利率可以在基准利率的基础上下浮10%，住房贷款利率可以下浮30%；有价证券及股权投资和同业业务已经实现了市场化定价；准备金存款利率属于政策利率，并不属于利率市场化的范畴。

2012年6月8日，人民币贷款利率的下浮范围由之前的10%扩大到20%，当年7月6日进一步扩大到30%，在这次调整中，住房贷款利率下限并未调整，仍为基准利率的0.7倍。在这次贷款利率下限调整前的2012年第一季度末，在银行资产业务中，贷款业务占比为56.1%，其利率是受到下限管理的，其中47.1%的非住房贷款利率可以下浮10%，9.0%的住房贷款可以下浮30%；有价证券及股权投资占比为20.5%，同业业务占比为7.6%，这两类业务已经实现了市场化定价。在2012年7月6日贷款利率下限调整后的2012年第三季度末，在银行资产业务中，贷款业务占比为56.8%，其利率仍然受到下限管理，下限为基准利率的0.7倍，其中47.7%的非住房贷款可以下浮30%是这次利率下限调整的结果，9.1%的住房贷款原本就可以下浮30%；已经实现了市场化定价的为21.1%的有价证券及股权投资和7.0%的同业业务。

2013年7月20日，人民币贷款利率取消了下限管理，但住房贷款利率0.7倍的下限仍被保留。在这次贷款利率下限调整前的2013年第二季度末，在银行资产业务中，贷款业务占比为56.4%（46.9%的非住房贷款和9.5%的住房贷款），其利率浮动下限为基准利率的0.7倍；21.7%的有价证券及股权投资和7.0%的同业业务实现了市场化定价。在这次贷款利率下限调整后的2013年第三季度末，在银行资产业务中，非住房贷款、有价证券及股权投资、同业业务占比分别为47.1%、21.1%和6.4%，这些资产业务均实现了利率市场化，其占比合计为74.6%，其中47.1%的非住房贷款是这次贷款利率下限调整的结果；住房贷款占比为9.7%，仍受到利率下限管理，可以下浮30%（见图2-2）。

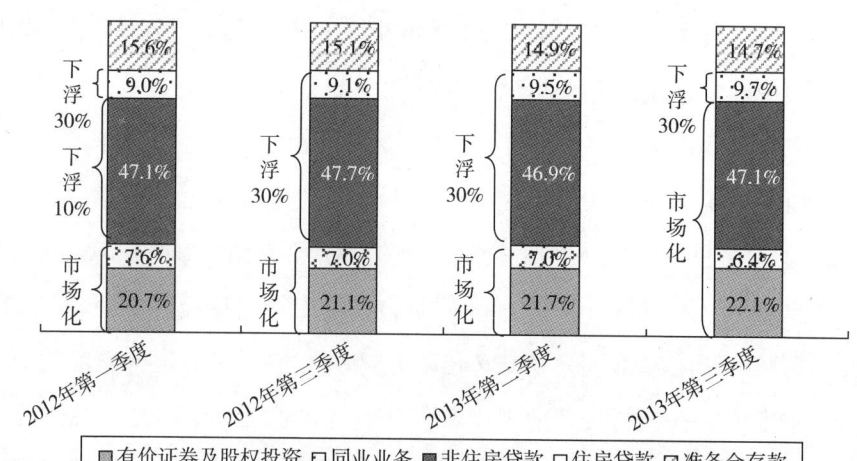

图2-2 基于银行资产业务的利率市场化进程

从 2013 年第三季度末银行资产业务的情况看,除占比不到 10% 的住房贷款仍受基准利率 0.7 倍的下限管理外,其他资产的利率都已完全放开。因此,自 2013 年 7 月 20 日起,银行资产业务端的利率市场化基本已经完成。

从负债端来看,银行负债业务主要包括四类:吸收存款、发行金融债券、向中央银行借款及其他、同业业务。在这几类业务中,截至 2012 年 6 月 7 日,存款利率下限是放开的,上限是基准利率;发行金融债券和同业业务已经实现了市场化定价;向中央银行借款及其他不属于利率市场化的范畴(见图 2-3)。

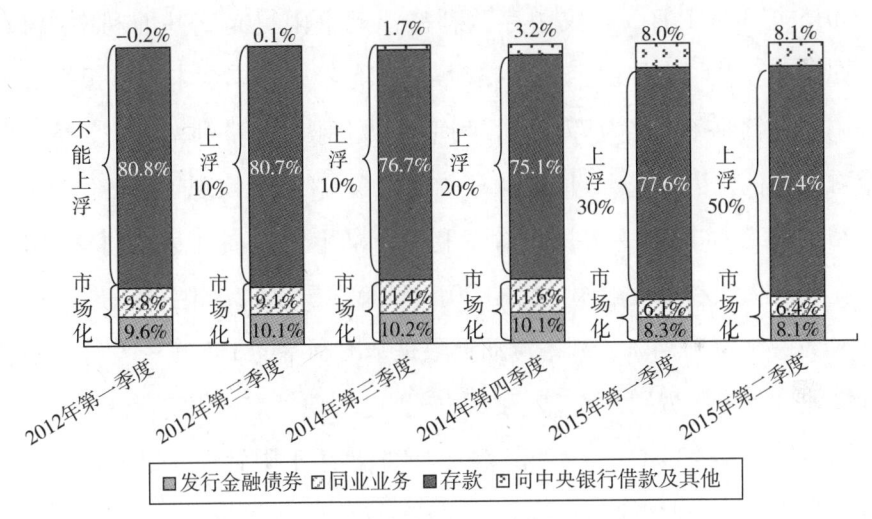

**图 2-3 基于银行负债业务的利率市场化进程**

2012 年 6 月 8 日,人民币存款利率浮动上限提高到基准利率的 1.1 倍。在这次存款利率上限调整前的 2012 年第一季度末,在银行负债业务中,存款业务占比为 80.8%,其利率是实行上限管理的,上限为基准利率;发行金融债券占比为 9.6%,同业业务占比为 9.8%,这两类业务已经实现了市场化定价。在这次存款利率上限调整后的 2012 年第三季度末,在银行负债业务中,存款业务占比为 80.7%,其利率上限为基准利率的 1.1 倍;占比为 10.1% 的发行金融债券和占比为 9.1% 的同业业务,实现了市场化定价。

2014年11月22日，人民币存款利率浮动上限提高到基准利率的1.2倍。在这次存款利率上限调整前的2014年第三季度末，在银行负债业务中，存款业务占比为76.7%，利率浮动上限是基准利率的1.1倍；发行金融债券占比为10.2%，同业业务占比为11.4%，均已实现了市场化定价。在这次存款利率上限调整后的2014年第四季度末，在银行负债业务中，存款业务占比为75.1%，利率浮动上限是基准利率的1.2倍；发行金融债券占比为10.1%，同业业务占比为11.6%，已实现了市场化定价。

2015年3月1日，人民币存款利率浮动上限提高到基准利率的1.3倍。在这次存款利率幅度上限调整后的2015年第一季度末，在银行负债业务中，存款业务占比为77.6%，利率浮动上限是基准利率的1.3倍；发行金融债券占比为8.3%，同业业务占比为6.1%，已实现了市场化定价。

2015年5月11日，人民币存款利率浮动上限提高到基准利率的1.5倍。在此次存款利率上限调整后的2015年第二季度末，银行负债业务中，存款业务占比为77.4%，利率浮动上限是基准利率的1.5倍；发行金融债券和同业业务占比分别为8.1%和6.4%，已实现了市场化定价。

2015年10月24日，人民币存款利率取消了上限管理，银行负债业务端的利率市场化由此顺利完成。

## 第二节 中国的利率体系现状

中国的利率体系可分为中央银行利率、金融市场利率和商业银行存贷款利率三个层次。其中，中央银行利率是中央银行货币政策工具的利率，包括公开市场操作利率、法定准备金利率、超额准备金利率、再贷款利率、再贴现利率、金融机构存贷款基准利率、创新性流动管理工具利率（SLF、MLF、PSL）；金融市场利率指金融市场上各种产品的利率，包括货币市场利率和中长期利率，其中货币市场利率包括银行间拆借市场利率、银行间债券回购利率、短期票据利率、短期融资券利率，中长期利率包括债券收益率和中期票据利率；商业银行存贷款利率是指以商业银行为主体与其他机构或个人发生的存款或贷款的利率（见图 2-4）。

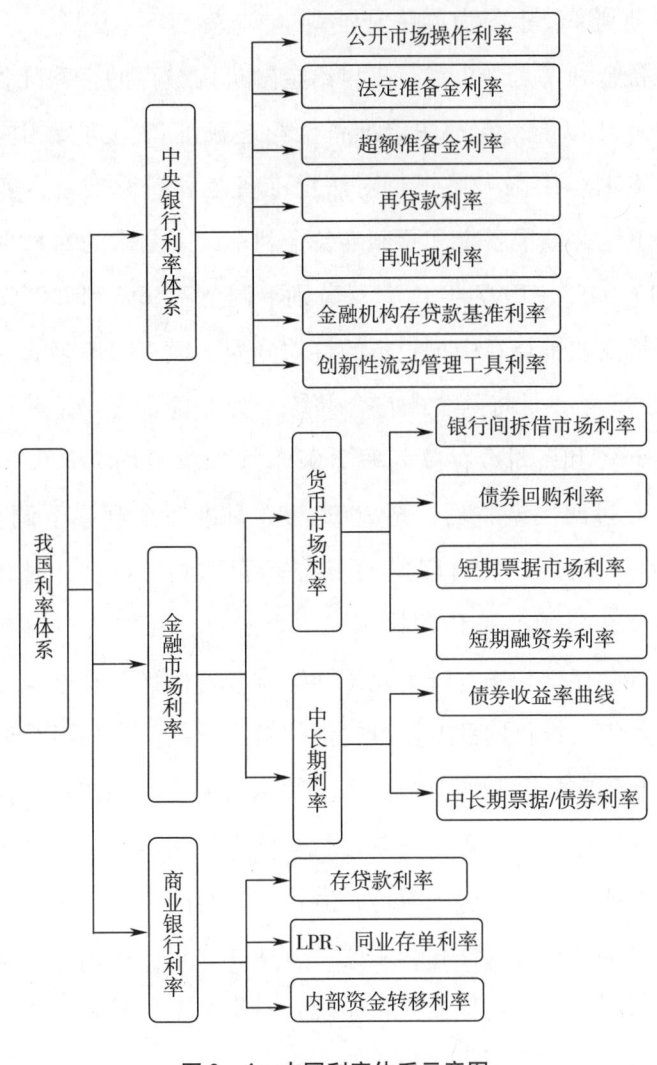

图 2-4 中国利率体系示意图

中国金融改革报告2015——中国经济发展与改革中的利率市场化

## 一、中央银行利率体系

公开市场操作是中国人民银行货币政策操作的重要工具。我国公开市场业务债券交易主要包括回购交易、现券交易和发行中央银行票据。目前，我国的公开市场操作利率与货币市场利率同向变动，其下限是中央银行超额准备金利率，上限为再贴现利率。

存款准备金利率是中央银行支付给金融机构缴存的存款准备金所支付的利率。1996年以前，我国法定准备金与超额准备金执行相同的利率水平。1996年8月，中国人民银行对法定准备金和超额准备金实行差别利率，并分别下调存款准备金和超额准备金利率，由原来的8.82%分别下调至8.28%和7.92%，1997年10月又分别下调至7.56%和7.02%。1998年以前，我国将商业银行在中央银行的存款分为"缴来一般存款"和"备付金存款"，1998年3月将两个账户合并统一为准备金账户，并将缴来一般存款利率7.56%和备付金存款利率7.02%（加权平均7.35%）统一下调到5.22%。经过四次调整后，至2002年2月准备金利率下调至1.89%。2003年12月，中国人民银行改革了准备金存款利率制度，对金融机构法定准备金存款和超额准备金存款采取一个账户、两种利率的方式分别计息，超额准备金存款利率客观上发挥了货币市场利率下限的作用。

再贷款是中央银行向商业银行提供的信用贷款。中央银行通过调整再贷款利率可起到向社会和商业银行宣示货币政策变动的作用，在一定程度上影响人们的预期。为完善中央银行利率形成机制，逐步提高中央银行引导市场利率的能力，理顺中央银行和借款人之间的资金利率关系，提高再贷款管理的科学性、有效性和透明度，2004年3月，中国人民银行开始实行再贷款浮息制度，在再贷款（再贴现）基准利率基础上，适时确定并公布中央银行对金融机构再贷款利率加点幅度，以增强中央银行根据经济金融形势适时调整再贷款（再贴现）利率的能力。专项再贷款中超过人民银行核定限额的部分，以及金融稳定再贷款利率，按发放日前一年的7年期国债加权平均发行利率加0.5个百分点确定，用于金融机构头寸调节和短期流动性支持的再贷款利率统一加0.63个百分点，再贴现利率加0.27个百分点。2014年，为进一步改善宏观调控，规范再贷款的功能定位，充分发挥中央银行流动性管理和引导金融机构优化信贷结构的功能，更好地服务于中央银行履职，中国人民银行进一步调整再贷款分类，将原流动性再贷款进一步细分为流动性再贷款和信贷政策支持再贷款，金融稳定再贷款和专项政策性再贷款分类不变。流动性再贷款和2013年创新的常备借贷便利工具一起，用于向符合宏观审慎要求的金融机构按需提供流动性支持；信贷政策支持再贷款则包括支农再贷款和支小再贷款（原中小金融机构再贷款）。

再贴现利率是商业银行将其贴现的未到期票据向中央银行申请再贴现时的折扣利率。在中央银行再贴现业务起步阶段，再贴现是在同期各档次银行贷款利率的基础上下浮5%—10%。从1996年5月起，改为再贴现利率在相应档次的再贷款利率基础上下浮5%—10%。1998年3月起，人民银行改革再贴现利率和贴现利率的生成机制，规定再贴现利率作为独立的利率档次由中央银行确定，贴现利率在再贴现利率基础上加点形成。2004年3月25日，经国务院批准，中国人民银行开始实行再贴现浮息制度。

为提高货币调控效果，有效防范银行体系流动性风险，增强对货币市场利率的调控效力，中国人民银行于2013年初创设了公开市场短期流动性调节工具（Short-term Liquidity Operations，SLO）和常备借贷便利（Standing Lending Facility，SLF）。公开市场短期流动性调节工具作为公开市场常规操作的必要补充，以7天期内短期回购为主，采用市场化利率招标方式开展操作。常备借贷便利的主要功能是满足金融机构期限较长的大额流动性需求。常备借贷便利的最长期限为3个月，利率水平根据货币调控需要、发放方式等综合确定。为保持银行体系流动性总体平稳适度，支持货币信贷合理增长，2014年9月，中国人民银行创设了中期借贷便利（Medium-term Lending Facility，MLF），作为中央银行提供中期基础货币的货币政策工具。2014年9月和10月，中国人民银行通过中期借贷便利向国有商业银行、股份制商业银行、较大规模的城市商业银行和农村商业银行等分别投放基础货币5000亿元和2695亿元，期限均为3个月，利率为3.5%，在提供流动性的同时发挥中期政策利率的作用，引导商业银行降低贷款利率和社会融资成本，支持实体经济增长。同时，为了缓解融资成本过高、支持棚户区改造并发挥中期政策利率的作用，中国人民银行在2014年6月创设了抵押补充贷款工具（Pledged Supplementary Lending，PSL），即通过商业银行抵押资产从中央银行获得融资的利率来引导中期市场利率。为缓解企业融资成本，中国人民银行于2014年9月适度下调了PSL资金利率。

## 二、货币市场和债券市场利率

我国的货币市场主要由银行间同业拆借市场、银行间债券市场和票据市场组成。同业拆借市场和债券市场构成货币市场交易的主体，其中，质押式回购占最主要部分，同业拆借利率和银行间市场质押式回购利率是中国最主要的货币市场利率（见表2-1）。

1986年我国明确规定允许专业银行相互拆借资金后，以各地各银行组建的融资中心等机构为依托的同业拆借市场迅速发展起来。1996年1月，中国人民银行规定所有的同业拆借业务均通过全国统一的同业拆借市场网络办理，从而正式组建了银行间同业拆借市场，并形成银行间市场同业拆借利率（Chibor）。金融机构通过银行同业拆借市场开展以信用为基础的短期资金借贷，其最长借贷期限一般为4个月，2007年银行同业拆借最长期限延长至1年。

表 2–1　　　　　　　　我国货币市场概况　　　　　　　单位：万亿元

| | 2007年 | 2008年 | 2009年 | 2010年 | 2011年 | 2012年 | 2013年 | 2014年 |
|---|---|---|---|---|---|---|---|---|
| 同业拆借 | 10.70 | 15.00 | 19.40 | 27.90 | 33.40 | 46.70 | 35.50 | 37.70 |
| 银行间债券回购 | 44.8 | 58.1 | 70.3 | 87.6 | 99.5 | 141.7 | 158.2 | 224.4 |
| 　其中：质押式 | 44.07 | 56.38 | 67.70 | 84.65 | 96.66 | 136.62 | 151.98 | 212.41 |
| 银行间现券 | 15.60 | 37.10 | 36.51 | 64.00 | 63.60 | 75.20 | 41.60 | 40.36 |
| 　其中：1年以下 | — | — | — | 14.4 | 19.3 | 22.5 | 10.58 | |
| 交易所现券 | 0.18 | 0.37 | 0.34 | 0.37 | 0.47 | 0.59 | 1.009 | 1.49 |
| 交易所回购 | 1.86 | 2.43 | 3.59 | 6.62 | 20.45 | 36.85 | 63.07 | 90.18 |
| 签发汇票 | 5.87 | 7.1 | 10.3 | 12.2 | 15.1 | 17.9 | 20.3 | 22.1 |
| 票据贴现 | 10.11 | 13.50 | 23.20 | 26.00 | 25.00 | 31.60 | 45.70 | 60.70 |
| 银行间票据市场报价金额 | 20.45 | 53.37 | 66.56 | 11.00 | 10.88 | 15.79 | 20.87 | 18.76 |
| 　其中：转贴现 | 19.75 | 40.59 | 62.07 | 4.93 | 3.78 | 7.80 | 12.16 | 10.61 |
| 　回购 | 0.69 | 12.77 | 4.49 | 6.07 | 7.10 | 7.99 | 8.71 | 8.09 |

2007年1月4日，全国银行间同业拆借中心正式推出了新的货币市场基准利率——上海银行间同业拆放利率（Shibor）。目前，公布的Shibor期限品种共有8个，分别是隔夜、1周、2周、1个月、3个月、6个月、9个月及1年。在运行之初，Shibor报价团由16家银行组成，每日剔除最高、最低各两家报价。2012年12月，Shibor报价团扩大至18家金融机构，并每日剔除最高、最低各4家报价。

1997年前，我国债券市场主要分为交易所市场和银行柜台凭证式国债市场。由于建立之初交易所市场监管经验不足，市场风险较大[①]，1997年6月，中国人民银行要求商业银行退出交易所债券市场，正式成立银行间债券市场。金融机构主要通过银行间债券市场进行现券买卖和回购交易。回购交易又分为质押式回购和买断式回购：前者需将交易方的债券在交易期内质押冻结；后者则很大程度上具有信用交易的特征。质押式国债回购利率有1天、7天、14天、21天、1个月、2个月、3个月、4个月、6个

---

① 主要是受1995年2月爆发的"327国债期货事件"的影响，我国交易所债券市场发展在20世纪90年代中期几乎完全停滞。

月、9 个月、1 年共 11 个交易品种。2004 年 5 月开始进行买断式债券回购交易，回购利率有 1 天、7 天、14 天、21 天、1 个月、2 个月、3 个月共 7 个交易品种。

自 1997 年 6 月中国人民银行要求商业银行退出交易所市场后，债券市场逐步形成了银行间市场、交易所市场和商业银行柜台市场共存，场外市场和场内市场并立的格局。十多年来，我国债券市场取得了迅猛发展，市场广度和深度不断提高，市场参与者日益扩大，产品不断创新，市场交易活跃，流动性逐渐扩大，债券定价日益合理。特别是，2005 年短期融资券和 2008 年中期票据的推出，极大地促进了银行间信用债券市场的发展。目前，银行间债券市场已经成为我国债券融资的主要渠道，而且银行间市场也是中央银行开展公开市场操作进行间接货币政策调控的主要场所。银行间债券市场经过十多年的发展已具备了一定的市场广度和深度。根据 BIS 的统计，目前中国的债券市场规模已为全球第三位（仅次于美国和日本），而 1998 年以来银行间债券市场规模始终占全部市场的 90% 以上，并包含了证券、保险、基金、信托等各类型金融机构。从债券品种来看，国债、政策性金融债是债券市场的主体，2014 年 6 月末分别占市场规模的 35.1% 和 34.6%①。中长期国债收益率曲线与 Shibor 共同形成了完整的金融市场基准收益率曲线。

自 1986 年我国正式开展商业票据业务以来，票据市场主要依托中心城市专门经营机构的柜台交易。2003 年由中国外汇交易中心暨全国银行间同业拆借中心承建的中国票据网正式开通，2009 年由中国人民银行开发的电子商业汇票系统正式上线运行，全国统一票据市场基础设施建设取得了较快进展。票据市场交易成员逐步扩展为商业银行、政策性银行、城乡信用社、财务公司等各类金融机构和广大工商企业，票据市场为满足不同类

---

① 根据中央国债登记结算公司分类标准。

型企业短期融资需求发挥了重要作用。在票据市场发展的基础上，银行间票据市场也逐步发展起来，对促进商业票据融资和金融机构短期票据流通发挥了重要作用。

2013年12月8日，中国人民银行发布《同业存单管理暂行办法》并于12月9日正式实施。随后，中国银行等十家金融机构分别发行了首批同业存单产品并陆续开展了二级市场交易，初步建立了同业存单双边报价做市商制度。同业存单市场由于其电子化、标准化、流动性强、透明度高等特点，将为中长端Shibor提供更透明、市场化的报价参考，有利于提高中长端货币市场基准利率的基准性，进一步拓宽银行业存款类金融机构融资渠道，有力促进规范同业业务发展。同业存单市场的发展还将面向企业和个人发行大额存单、探索稳妥有序推进存款利率完全开放积累宝贵经验。

### 三、商业银行存贷款利率

在利率完全管制时期，商业银行存贷款利率由中央银行制定。在存贷款利率管制逐步放开的过程中，商业银行的存贷款利率可以在人民银行公布的金融机构存贷款基准利率基础上浮动，浮动区间由人民银行确定。

在逐步放开存贷款利率管制的同时，为了增强商业银行的自主定价能力，人民银行引导金融机构加强了定价机制建设。目前商业银行的定价机制包括内部资金转移定价（FTP）机制及风险定价机制。

FTP（Funds Transfer Pricing System）是商业银行根据外部定价基准和自身经营导向制定的资金价格，通过内部资金中心与业务经营单位按此价格有偿转移资金的方式，完成外部基础定价、核算业务成本与收益、调控全行资产负债规模与结构等目标的经营管理模式。目前，部分商业银行已建立并应用FTP，其中大部分银行实行全额资金转移的FTP体系，部分银行仍沿用差额转移的方式。就人民币利率产品而言，在利率双轨制的情况下，商业银行一般采用分别构建管制利率产品FTP和市场化产品FTP的方式实现内部转移定价，其中管制利率FTP采用人民银行公布的各期限基准利率作为定价基准，市场化产品FTP使用Shibor、央行票据利率、国债利率等作为定价基准。外币FTP一般采取确定基础FTP价格和FTP调整项的方式，其中基础FTP价格使用各币种的市场收益率曲线，如Libor、Hibor等，FTP调整项则根据境内外市场之间的差异以及商业银行的管理需要设定。

风险定价就是通过实施风险与收益对称的定价管理方法，在风险调整框架下，确定银行应该为其资产组合中包含的信用风险索价的水平。实行风险定价有利于增强风险覆盖能力，降低整体信用风险，提高全行收益，优化信贷资产结构和防范定价道德风险。贷款风险定价模型中考虑的风险因素主要有违约率、违约损失率、期限、违约的风险暴露和监管当局对监管资本的要求。目前，我国大多数商业银行均在贷款定价中考虑了风险定价的因素，贷款价格考虑资金成本、操作成本和风险补偿三个因素。在贷款定价中，资金成本通过FTP定价系统加以控制，操作成本通过作业成本分析方法完成。最核心的部分就在于计算风险补偿，即在内外部评级的基础上，准确估算信用风险的概率分布及敞口，计算违约概率和违约损失率，而由于缺乏完整连续的历史数据，我国银行对违约概率和违约损失率的计算尚有待提高。

近年来，随着利率市场化改革的深入，国内银行纷纷加强利率定价管理的组织建设，完善利率定价管理制度，研究开发利率定价模型，建设定价支持系统，健全利率定价管理机制。以工商银行、农业银行、中国银行、建设银行为代表的大型银行利率定价管理主要由资产负债或财务会计等综合管理部门牵头，制定了统一的利率管理办法、存贷款定价政策，管理制度比较健全，日常定价管理实行统一管理与分级授权相结合；全国股份制商业银行建立了以资产负债管理委员会、计划财务部门为核心的利率定价管理组织体系，统一制定产品定价政策，建立了分级授权体系，业务部门和分支机构在总行利率授权范围内执行利率定价政策。

2013年7月人民银行放开了贷款利率管制后，为进一步完善商业银行定价机制，建立健全了市场利率定价自律机制，并引入了贷款基础利率（LPR）集中报价和发布机制。贷款基础利率是商业银行对其最优质客户执行的贷款利率，其他贷款利率可在此基础上加减点生成，实际上为商业银行贷款定价提供了基准。

2015年10月存款利率上限放开后，商业银行在存贷款利率决定上的行政限制已基本取消，可按照市场化原则自主确定存贷款价格。但由于市场供求决定的利率形成机制尚未完全建立，在一段时期内中央银行将继续公布存贷款基准利率，为金融机构利率定价提供重要参考。

## 第三节　中国的利率传导机制

从利率市场化改革开始，直到存款利率上限放开，我国长期存在管制利率与市场利率并行的利率"双轨制"特征。鉴于利率"双轨制"在我国运行了较长时期，本节主要考察利率"双轨制"条件下的利率传导机制。

### 一、管制利率与市场利率的相互传导与影响

（一）管制利率对市场利率的影响

1. 管制利率对市场利率的影响机制

存款利率管制是利率双轨制的关键，这对理解管制利率与市场利率的传导机制至关重要。较低的存款利率上限使银行能够以较低成本获得大量资

金,这样银行能够以低于均衡的利率水平向企业提供贷款。存款利率管制的目的就是使银行能够以低成本动员储蓄,从而促进投资和经济增长,因此存款利率上限的调整往往比较滞后,这直接导致银行对贷款利率的调整也比较缓慢。贷款利率较低将产生过度需求并引发流动性过剩和通货膨胀。为了抑制信贷过度扩张,中央银行不得不采取价格杠杆以外的数量管制措施,通过存款准备金、信贷规模控制等手段,控制银行可用于贷款的数量或贷款规模,从而使信贷供求在较低的贷款利率水平下实现均衡。

由于信贷数量控制,较低成本获得的资金往往超过贷款供给数量,由此形成的多余资金被银行投向货币和债券市场等资金市场。货币市场是金融机构进行流动性管理的主要场所,在我国具有存款优势的大型银行是主要的资金净融出方,而城市商业银行等中小金融机构则是主要的资金净融入方。虽然资金市场利率已完全放开,但作为信贷之外的资金运用,银行愿意以较低价格向资金需求者提供资金。同时,由于债券市场的资金需求者大多是资质较高的企业,如果债券发行利率较高,企业将转向信贷市场融资,因而一般来说资金市场利率要明显低于贷款利率。在流动性过剩的条件下,过低的资金市场利率将进一步推升流动性资金需求和货币信贷扩张,因而中国人民银行不得不通过发行中央银行票据、开展正回购等方式,回收市场流动性并引导市场利率保持相对稳定,从而在一定程度上抑制资金市场上的资金需求。

由此可见,正是对存款利率上限的管制,人为压低了贷款和资金市场利率,而为了实现经济增长、物价稳定等货币政策最终目标,中央银行不得不更多地依赖数量型货币政策工具。在利率双轨制条件下,中国的货币政策传导在管制利率和市场利率两条轨道发挥作用的同时,相互作用、共同影响。在银行存贷款利率管制体系下,存贷款基准利率的调整将直接影响资金成本进而影响信贷需求与供给,中央银行又通过存款准备金率、信贷规模等数量型工具实现贷款供求的均衡。同时,中央银行通过公开市场操作来影响货币和债券市场利率,从而影响市场资金供给和需求。有研究表明(He and Wang,2012,2013),在利率双轨制下,由于银行业仍然在金融体系中占主导地位,资金在银行信贷市场和资金市场间的流动存在着套利机会,因此存款利率管制及准备金等数量型货币政策工具对资金市场利率的影响最大,公开市场操作(包括中央银行票据发行)对资金市场利率的影响作用相对较小。

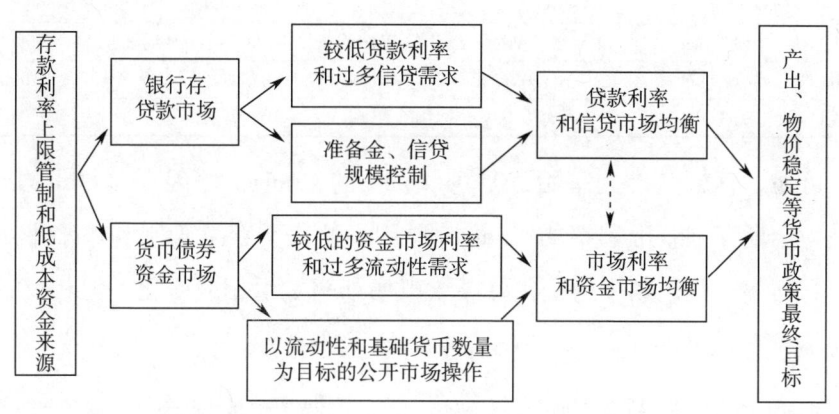

**图 2-5 双轨制下的管制利率和市场利率传导机制**

2. 存款基准利率与货币市场利率关系的实证分析

对利率双轨制的分析表明,正是由于压低存款利率的管制导致资金市场利率较低并产生过多的流动性,这样可以通过对管制存款利率与货币市场利率的关系进行考察,以检验利率双轨制条件下的管制利率与市场利率的传导机制。这里,我们采用基于 VAR 框架下的 Granger 因果分析方法进行检验。

在指标选取方面,我们选择金融机构一年期存款基准利率(Deposit1y)和一年期上海银行间同业拆放利率(Shibor1y)分别作为管制利率和市场利率的代表性指标,样本期为2007年1月至2014年12月月度数据。通过 ADF 平稳性检验可以发现,Deposit1y 和 Shibor1y 都是 I(1)序列,根据 Sims et al.(1990),如果变量同为一阶单整且存在协整关系,那么这些变量可以以水平形式进入 VAR 系统而不会出现模型设定错误,因此我们可以将 Depositly 和 Shiborly 序列置于 VAR 框架，并对其进行 Granger 因果检验。通过 SC 准则确定 VAR 系统的滞后阶数为 2，VAR 系统的特征根都落在单位圆以内，模型是稳定的（限于篇幅，不报告具体结果）。在建立 VAR 系统后，我们对变量进行 Granger 因果检验。具体结果如表 2-2 所示。

表 2-2　　　　管制利率与市场利率的 Granger 因果检验

| VAR Granger Causality/Block Exogeneity Wald Tests | | | | | | | |
|---|---|---|---|---|---|---|---|
| Dependent variable：Deposit1y | | | | Dependent variable：Shiborly | | | |
| Excluded | Chi-sq | df | Prob. | Excluded | Chi-sq | df | Prob. |
| Shibor1y | 0.637171 | 2 | 0.7272 | Deposit1y | 102.9722 | 2 | 0.0000 |
| All | 0.637171 | 2 | 0.7272 | All | 102.9722 | 2 | 0.0000 |

可见，存款基准利率始终是 Shibor1y 的 Granger 原因，但 Shibor1y 并不是一年期存款基准利率的 Granger 原因，这表明存款管制利率水平影响了市场利率，管制利率的变化会导致市场利率发生相应变化，但相反的关系并不成立。

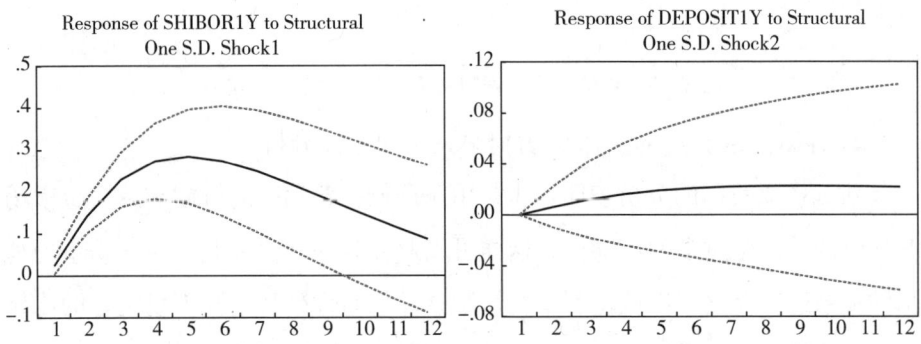

图 2-6　管制利率与市场利率结构式脉冲响应函数

根据管制利率与市场利率的理论关系，我们可以构建一个结构 VAR 模型，结构式残差 $u_t$ 与无约束残差 $\varepsilon_t$ 在 Cholesky 分解下的关系如公式所示：$\begin{pmatrix} \varepsilon_t^{gap} \\ \varepsilon_t^{CPI} \end{pmatrix} = \begin{pmatrix} S_{11} & 0 \\ S_{21} & S_{22} \end{pmatrix} \begin{pmatrix} u_t^{gap} \\ u_t^{CPI} \end{pmatrix}$。这样，我们得到两变量的结构 VAR 模型，并观察脉冲响应函数。可以发现，对于存款利率的一个单位的结构式冲击，

一年期 Shibor 始终都呈现出正向反应,并且在滞后 5 期影响最大,并于滞后 15 个月以后逐渐收敛;相反地,对于一年期 Shibor 的一个单位的结构式冲击,存款管制利率的反应则非常弱,几乎是在零附近并将在之后 20 个月逐步收敛,这也进一步说明了两者的确定性因果关系。

(二) 市场利率对管制利率的影响

由于资金市场利率相当于部分银行信贷的机会成本,因而货币市场利率对银行系统的贷款利率也有影响。随着贷款利率浮动范围逐步扩大直至贷款利率管制取消,货币市场利率对贷款利率的影响不断增强。2006 年第四季度至 2012 年第二季度,隔夜 Shibor 与一般贷款加权平均利率相关系数达到 0.96(李宏谨,2012)。从特定时点看,2013 年,受 6 月份货币市场大幅波动和利率高企影响,很多原享受利率下浮的企业不得不接受较高的贷款利率,执行下浮利率的贷款占比明显减少,充分反映了货币市场利率对银行贷款利率的影响。尽管当时存款利率上浮空间仅为 10%,但由于市场化定价的存款替代类产品大量发行,其收益率与货币市场利率的联动也较为明显。2013 年 6 月中下旬银行发行的期限为 1 个月的理财产品预期收益率就从月初的 4% 大幅升至 5.4% 左右。同时,从存款利率本身看,2012 年年中允许存款利率上浮 10% 时,仅有中小银行上浮存款利率,但 2013 年特别是年中货币市场利率中枢上升后,大型银行存款利率也逐渐上浮,货币市场利率对存款利率定价的作用进一步显现。而作为商业银行重要资金来源的存款成本的上升,必然也会导致贷款利率上升,这又进一步加强了货币市场利率对银行贷款利率的影响。

## 二、金融市场基准利率体系及与其他利率的传导机制

(一) 市场基准利率与利率市场化

所谓市场基准利率,就是指在一国的利率体系中起基础作用、作为市

场其他产品利率定价参照系的利率体系，通常由短期的货币市场基准利率体系（当前各国主要是以报价利率为主的利率体系，如英国的 Libor 和我国的 Shibor）和中长期市场资金基准收益率曲线（主要是国债收益率曲线）共同组成完整的利率期限结构。通常来讲，存款利率的完全放开标志着利率市场化改革的完全实现，但在利率市场化改革进程中，除了存贷款利率的放开外，还应包括逐步向价格型货币调控转型、理顺利率传导机制、建立存款保险制度以及发展利率风险管理工具等必要的金融基础设施（周小川，2013），而这些都离不开基准利率体系的建设。只有一个公认权威的市场基准利率体系来替代中央银行设定的存贷款利率，商业银行才能够根据基准利率和风险溢价开展存贷款定价并进行有效的风险管理，中央银行才可能逐渐淡出对存贷款利率的管制。只有健全完善的市场基准利率体系，中央银行才可以有效开展利率调控，将设定的短期目标利率顺畅传递到影响实体经济的中长期利率，从而实现价格、产出等货币政策最终目标。作为金融产品定价的基础，健全完善的基准利率体系对于有效管理利率风险、避免利率市场化可能带来的冲击、防范系统性金融风险具有重要意义。同时，随着中国经济日益开放并融入全球资本流动体系，基准利率体系对于充分发挥利率平价机制作用、应对国际短期资本冲击、做好国内外经济协调和促进人民币国际化都具有非常重要的作用。

由此可见，基准利率体系建设对于深化利率市场化进程、畅通货币政策传导效率、健全金融产品定价机制、推动金融产品创新、提高金融机构风险管理水平、进一步完善人民币汇率形成机制、推进人民币国际化步伐，乃至整个金融体系的健康、稳定、有序发展，都具有非常重要的作用。长期以来，我国缺乏一条完整的基准收益率曲线，特别是短期债券品种相对较少，期限品种不健全，货币市场基准利率体系发展缓慢，这在一定程度上制约了利率市场化等改革的推进（周小川，2004）。一条完整的基准收益率曲线是由货币市场基准利率和中长期基准利率共同组成，而一年期以下的货币市场基准利率更为重要。这是因为，根据利率期限结构的预期理论，短期利率与长期利率之间存在长期均衡的协整关系（Campbell and Shiller，1987），收益率曲线的形状主要反映了市场对通货膨胀和经济增长的预期（Fama，1990；Estrella and Hardouvelis，1991）。因此，作为固定收益类金融产品和其他金融产品定价的基础以及货币政策操作重要的参考依据，货币市场基准利率体系建设更为重要。

（二）金融市场基准利率体系和贷款基础利率

1. 上海银行间同业拆放利率（Shibor）货币市场基准利率作用日趋成熟

从市场基准利率的定义来看，市场基准利率在功能上应具备如下性质：市场代表性、基准性、稳定性、无风险性、期限结构的完整性以及与实体经济的相关性。所谓市场代表性（或流动性、相关性）是指市场基准利率的形成应是市场参与程度高、能够代表货币市场交易的主体，与主要市场利率保持较强的相关关系。基准性是指基准利率在利率体系中居于关键地位并起主导作用，能够有效影响其他货币市场利率。稳定性（或可控性、抗干扰性）是指在具备较强市场敏感性的同时对短期性因素的抗干扰性较强，波动不应过于频繁剧烈，这样中央银行可以通过货币政策操作有效影响基准利率，进而实现货币政策意图。无风险性是指理论上基准利率应该具有无风险利率的特征，因为金融产品价格实际上就是考虑到各种不确定条件下对未来现金流的贴现值，也即无风险利率。期限结构的完整性是指基准利率应是一条期限完整的收益率曲线，这样才能成为各期限金融产品定价的基准。与实体经济的相关性是指基准利率能够对宏观经济变量产生影响，实现物价、产出等货币政策的最终目标。

市场代表性和基准性是货币市场基准利率的核心属性，是市场基准利率重要的必要条件。只有由市场主要参与者共同形成并被认可的利率才有可能成为市场公认基准，可以用来决定金融合约的现金流、进行金融产品定价并评估投资组合的绩效,且能够影响其他主要货币市场利率[①]。其他四个性质对判断货币市场基准利率的重要性依次递减,是基准利率核心属性的进一步延伸。

作为货币市场基准利率体系建设、提高金融机构定价能力、指导货币市场产品定价、推进利率市场化基础设施建设、完善货币政策传导机制的重要一步,在借鉴国外经验的基础上,2006年10月8日中国货币市场基准利率——上海银行间同业拆放利率(Shibor)开始试运行并于2007年1月正式推出。从市场代表性来看,Shibor是由信用等级较高、信息披露较充分、交易活跃的银行组成的报价团自主报出的人民币同业拆出利率计算确定的算术平均利率。报价团涵盖国有商业银行、股份制商业银行、城市商业银行和外资银行等类型,报价行资产规模、经营模式、竞争地位等方面的差异化保证了报价的代表性,有利于充分发现市场价格,全面反映市场流动性状况。据统计,2007年以来Shibor报价行参与了80%左右的货币市场交易[②]。因此,Shibor具有较强的市场代表性。

表2-3　　　　Shibor在金融市场产品定价中的应用情况　　　单位:亿元

| | 2007年 | 2008年 | 2009年 | 2010年 | 2011年 | 2012年 | 2013年 | 2014年 |
|---|---|---|---|---|---|---|---|---|
| 浮息债券 | 990 (18%) | 122 (4.6%) | 728 (19%) | 552 (13%) | 1303 (26.5%) | — | 1793 (59%) | |
| 短期融资券 | 1376 (41%) | 1786 (42%) | 1272 (28%) | 2414 (37%) | 2418 (31%) | 3888 (46%) | 4453 (53%) | 10341 (98%) |
| 企业债 | 1657 (97%) | 2347 (100%) | 4252 (100%) | 3621 (100%) | 2499 (100%) | 6490 (100%) | 4715 (100%) | 6892 (100%) |
| 利率互换 | 285 (13%) | 899.2 (22%) | 1292.6 (28%) | 6046.4 (40.3%) | 12175.6 (45.5%) | 14513.6 (50%) | 9056.3 (33.2%) | 7343.2 (18.2%) |
| 远期利率协议 | 11 (100%) | 114 (100%) | 60 (100%) | 34 (100%) | 3 (100%) | 2 (100%) | 0.5 (100%) | — |

注:括号内数字为交易金额在此类交易中的占比。
资料来源:《中国货币政策执行报告》各期。

---

[①] The Wheatley Report of Libor: Final Report, www.hm-treasury.gov.uk, Sep. 28th, 2012.
[②] 参见《中国货币政策执行报告》各期及历年Shibor工作会议资料,www.pbc.gov.cn。

由于交易习惯等原因，目前我国很多金融产品定价仍以质押式回购利率作为基准，但是 Shibor 在市场化产品定价中得到了广泛应用。在 Shibor 正式运行的第一年（2007 年），同业拆借和回购中有 82% 以上的交易都以 Shibor 为基准成交，以 Shibor 为基准的利率互换、远期利率协议等金融创新产品成交活跃，票据贴现和转贴现、同业存款等业务都建立了以 Shibor 为基准的市场化定价机制，报价行内部资金转移定价也都与 Shibor 挂钩。另外，2008 年以来，中国人民银行与马来西亚、韩国等国中央银行签署了总额为 1.67 万亿元的货币互换协议，均以 Shibor 为基准。目前，金融市场正形成以 Shibor 为基准的定价群，各种利率间的比价关系日趋合理、清晰，Shibor 货币市场利率基准地位日趋成熟。

另外，与同业拆借利率、回购利率相比，Shibor 在风险性质和期限完整性等方面具有非常明显的优势。同业拆借是信用交易，并非无风险交易。在 1996 年我国银行间同业市场拆借利率 Chibor 推出之初，我国曾有意将其培育成货币市场基准利率，但由于 Chibor 是根据同业拆借成交记录进行计算的加权平均利率，大多集中于 7 天以内，期限较长的交易不活跃往往没有成交记录，无法体现长端利率的变化。这个问题同样存在于质押式回购交易，虽然债券质押式回购有债券作为担保，信用风险较小，但质押债券的品种比较复杂，既有国债，又有央行票据、金融债、中期票据等各种债券，各类债券风险性质不尽一致，因此质押式回购利率也非纯粹意义上的无风险利率。Shibor 是单利、无担保、批发性利率，包括隔夜至 1 年共八个品种，形成了一条完整的利率曲线，具有较好的平滑特征。报价行都是信用较高的机构，其信用风险非常低。同时，虽然 Shibor 是基于报价生成的利率体系，借鉴了 Libor 等国际主要货币市场基准利率的通行技术做法（例如报价行在每个交易日按时进行报价，剔除一定数量最高和最低报价后将剩余报价简单算术平均，从而生成最终利率），但在制度安排上始终注重监督管理和风险防范，注重报价成交义务和报价真实性监管，并引入第三方评估机制,对报价行报价质量进行年度考核,实行末位淘汰,建立了良好的激励机制。我国特定的国情和制度安排决定了 Shibor 有着 Libor 等其他货币市场基准利率不可比拟的优势。因此,Shibor 的风险较低,并有可靠的质量保证和真实交易支撑,能够起到基准利率的作用(张晓慧,2011)。

2. 中长期国债收益率曲线构建日趋完善

从收益率曲线的定义可以看出,市场基准利率应具备期限的完整性。但是,期限结构的完整性主要是出于资产定价和衍生品估值的考虑,需要一条描述不同期限利率水平的完整收益率曲线。然而,在现实交易中并不是所有期限都有现券交易,特别是货币市场交易大多集中在隔夜短端交易,中长端交易(三个月至一年)很少。20 世纪 80 年代 Libor 的推出主要也是为了满足衍生品定价基准问题(张晓慧,2011)。类似地,一年以上的中长期国债市场利率同样面临交易期限缺乏的困扰。特别是在我国,银行作为资金市场交易的主体,国债持有量占市场约 70%,其中全国性银行又占全部银行持有量的 80% 左右,银行交易行为对国债市场交易有着非常重要的影响。同时,作为国债主要投资者的保险和养老金等机构,由于长期金融资产配置的需要,持有国债在二级市场交易并不活跃,往往是持有到期,这直接影响了国债的市场价格发现。另外,与国外欧美发达金融市场场外利率衍生品交易规模远高于基础资产的交易量相比[①],当前我国利率衍生品交易市场规模仍有相当大的发展空间。因此,可以说,虽然目前中国的债券市场(特别是国债交易市场)已经具备了一定的广度,但市场的深度仍有待进一步提高。也正是由于市场发展深度的原因,党的十八届三中全会将完善国债收益率曲线作为今后一项重要的改革内容。

---

① 根据 BIS 的统计,2013 年末全球场外利率衍生品交易达 584.4 万亿美元(其中,利率互换占 78.9%),而同期全球债券市场规模仅为 90.9 万亿美元。2013 年末,我国债券市场规模达到历史新高的 30.6 万亿元,而利率衍生品交易金额最高的 2012 年市场交易量也仅为 2.92 万亿元,且绝大部分交易为利率互换(占 99% 以上)。

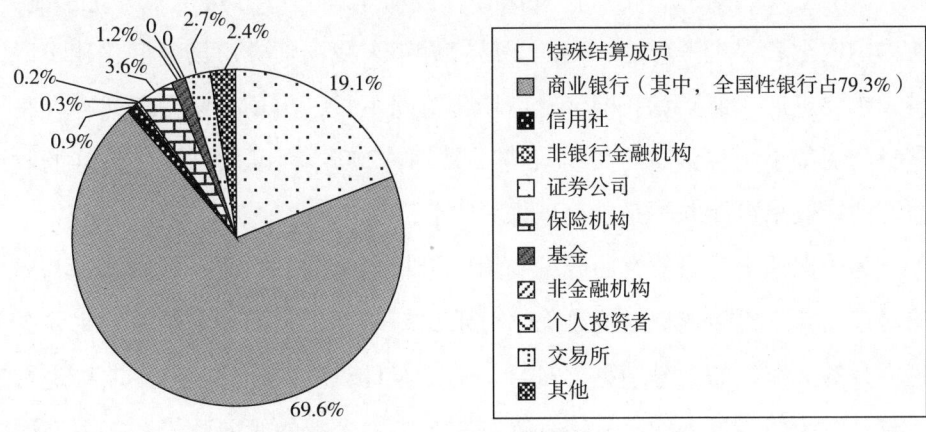

资料来源：中央国债登记结算有限责任公司。

图2-7 我国国债投资者分布情况（截至2014年9月末）

尽管受到市场深度的制约，但由于国债收益率曲线是一国市场化金融体系运行的基础性必要条件，承担着其他各类金融资产的定价基准作用，也是反映经济金融现状和预期的重要指标，因而作为债券市场基础设施提供者，中央国债登记结算有限责任公司（以下简称中债登）利用其数据详实丰富、与市场联系紧密等优势，从1999年开始率先编制和发布了人民币国债收益率曲线。

目前，国内在几乎所有关于我国利率期限结构的研究中，收益率曲线的估算都是采用基于Nelson和Siegel（1987）及由Svensson（1994）提出的NS或NSS多项式样条拟合方法（如朱世武、陈健恒，2003；康书隆、王志强，2010；等等）。这种方法比较适合发育比较成熟，具有一定广度和深度的发达国家债券市场，且被大部分发达国家中央银行所采用[①]。异常点对样条拟合方法的效果会有不利的影响，而且国内很少有研究考虑异常交易问题。事实上，如果仅是针对每一笔交易，判断异常交易非常困

---

[①] 目前，除美国、日本外，绝大多数发达国家中央银行或财政部都采用NS或NSS方法编制收益率曲线，参见BIS（2005）。

难,目前主观判断法、相对位置法、零波动率利差等方法也不一定准确,所以国内学者很少考虑这一问题。尽管近年来我国债券市场制度化建设取得了重要进展,但毕竟我国金融市场化时间不长,市场交易中仍然存在很多特定的基于利益调整的交易安排(易纲,2008),以拟合方法得到的收益率曲线效果可能并不是十分理想。

为了保证中债收益率曲线编制的质量和准确度,中债登利用主观判断法对市场异常价格数据进行剔除。对于交易结算价中的异常交易,主要是将每日各类债券的交易结算价格与上一工作日对应的债券收益率曲线进行比较。对于相差过大的交易结算价,如无法用当天的倾向政策和相关金融的变动等因素来解释,则该价格有可能是异常价格。进一步了解结算交易情况,剔除"买断式回购"或为"做量"等原因而形成的异常价格。对于可信度较高的双边报价有可能出现的防御性报价,也要具体分析,主要是看双边报价是否连续以及买卖价差和收益率差是否过大。中债登利用自身对债券市场每笔交易双方的信息优势,每天都对当日有可能出现的异常交易进行监测,并将异常交易点剔除后,编制收益率曲线。在具体的曲线编制方法上,2002年中债登实现了第一次升级,又经过公司内外部专家的深入研究、比较后,结合中国债券市场的实际情况,于2006年开发出全新的基于Hermite插值方法的债券收益率曲线构建模型(Hagan and West,2006)。

Hermite插值法的主要特点是兼顾了光滑性、灵活性和稳定性,即曲线在全局各点皆可导,对各种形态的曲线皆可反映,某个样本点的变动只会影响附近期限的收益率,而不会影响收益率曲线的全局。因此,Hermite模型可以适应欠发达债券市场的情况(如奇异交易较多,流动性影响较大,呈现较强的波动性等)。从实践来看,Hermite模型对市场情况的适应性较强,不仅可以适用于中国,也可适用于发达市场。例如,美国财政部的国债收益率曲线就是采用 Hermite 方法编制的[①]。也就是说，采用 Hermite 模型编制债券收益率曲线，既能适应我国债券市场的当前现状，也能兼顾到未来发展的需要。针对中债收益率曲线的研究表明，目前我国国债收益率曲线已具备了良好的性质，有效地支持了预期理论，并包含了大量宏观经济信息（李宏瑾，2012；姜再勇、李宏瑾，2013），能够发挥中长期市场基准利率的作用，为以利率为主的价格型货币调控提供了良好的必要条件。

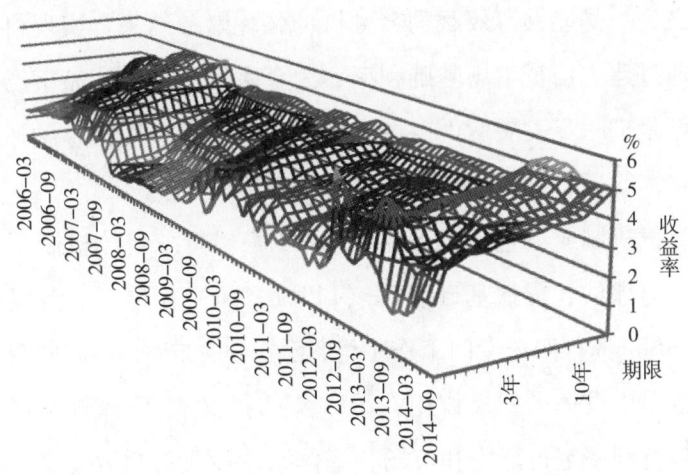

资料来源：中国债券信息网，www.chinabond.com.cn。

图 2-8　中债银行间市场国债即期收益率

（2006 年 3 月至 2014 年 9 月，期限 0—30 年）

3. 市场利率定价自律机制建设和贷款基础利率（LPR）

利率完全开放后，金融机构利率定价能力和市场自律机制对市场的有序竞争和稳定的金融市场环境至关重要。市场利率定价自律机制是指由金

---

① "Treasury Yield Curve Methodology", Office of Debt Management, Department of the Treasury, Feb, 26$^{th}$, 2009. http://www.treasury.gov/resource-center/data-chart-center/interest-rates/Pages/yield-method.aspx.

融机构组成的市场定价自律和协调机制，旨在符合国家有关利率管理规定的前提下，对金融机构自主确定的货币市场、信贷市场等金融市场利率进行自律管理，维护市场正当竞争秩序，促进市场规范健康发展。随着贷款利率管制全面放开，以自律机制为基础，组织综合实力较强的金融机构报出对其最优质客户执行的贷款利率，为金融机构信贷产品定价提供参考，这将有利于适应贷款利率全面放开、实现市场化的需要。建立市场利率定价自律机制、贷款基础利率集中报价和发布机制对进一步推进利率市场化改革的意义，一是能够有效激励金融机构强化财务约束，实现科学合理定价；二是通过建立信贷市场基础利率，为金融机构信贷产品市场化定价提供参考；三是进一步发展货币市场，规范同业业务，防范金融风险；四是强化定价自律管理，维护公平有序的市场竞争秩序。

首批自律机制成员包括工商银行等 10 家银行。自律机制下设合格审慎及综合实力评估、贷款基础利率（LPR）、同业存单、上海银行间同业拆借利率（Shibor）四个专门工作小组，已在建立贷款基础利率报价机制、发行同业存单中发挥了积极作用。2014 年 7 月又有 93 家银行成为基础会员，这对银行利率定价能力和市场利率体系建设具有重要意义，可以促进货币市场基准利率（Shibor）和贷款基础利率（LPR）等市场基准利率报价规则和金融产品定价机制的进一步完善。

在利率定价自律机制建设和借鉴国外经验的基础上，为有效引导金融机构合理确定贷款利率，顺利实现贷款基础利率培育和完善的重要过渡，2013 年 10 月贷款基础利率（LPR）集中报价和发布机制正式运行。贷款基础利率是商业银行对其最优质客户执行的贷款利率，其他贷款利率可在此基础上加减点生成。贷款基础利率的集中报价和发布机制是在报价行自主报出本行贷款基础利率的基础上，指定发布人对报价进行加权平均计算，形成报价行的贷款基础利率报价平均利率并对外予以公布。运行初期向社会公布 1 年期贷款基础利率。

全国银行间同业拆借中心为贷款基础利率的指定发布人,首批报价行共9家银行。每个工作日在各报价行报出本行贷款基础利率的基础上,剔除最高、最低各1家报价后,将剩余报价作为有效报价,以各有效报价行上季度末人民币各项贷款余额占所有有效报价行上季度末人民币各项贷款总余额的比重为权重,进行加权平均计算,得出贷款基础利率报价平均利率,于每个工作日通过上海银行间同业拆放利率网对外公布。市场利率定价自律机制将按年对报价行的报价质量进行监督评估,促进提升贷款基础利率的基准性和公信力。贷款基础利率集中报价和发布机制作为市场利率定价自律机制的重要组成部分,是上海银行间同业拆放利率(Shibor)机制在信贷市场的进一步拓展和扩充,有利于强化金融市场基准利率体系建设,促进定价基准由中央银行确定向市场决定的平稳过渡;有利于提高金融机构信贷产品定价效率和透明度,增强自主定价能力;有利于减少非理性定价行为,维护信贷市场公平有序的定价秩序;有利于完善中央银行利率调控机制,为进一步推进利率市场化改革奠定制度基础。目前,贷款基础利率总体运行平稳,在金融机构信贷产品、衍生产品定价中的运用也在不断扩大。据统计,截至2013年末商业银行累计发放以贷款基础利率为基准定价的贷款逾300亿元,以其为基准的利率互换交易也在逐步开展。

(三) 市场基准利率与其他利率的传导机制

在利率市场化条件下,中央银行将主要以短期利率调控作为主要的政策目标利率,通过影响市场基准利率的变化影响金融产品定价和存贷款利率,进而改变投资、消费等行为,实现物价稳定和产出增长等货币政策最终目标。就市场基准利率与其他市场利率的传导而言,主要是通过流动性和市场估值的变化来实现的。其他市场利率主要是根据对未来通货膨胀、经济增长的预期和风险的判断,在基准利率体系水平上加上一定的期限溢价和风险溢价确定的。基准利率的调整能够有效影响金融市场的流动性,从而影响固定收益产品和股票价格。金融资产价格的变化又会通过财富效应等方式影响居民的储蓄消费行为和企业的投资行为,从而作用于实体经济。这样,就形成了"市场基准收益率曲线—金融市场利率(债券和股票市场价格)—储蓄消费投资等实体经济"完整的利率传导链条。

美国等利率市场化国家商业银行贷款利率定价通常采用最优惠利率(Prime Rate)报价模式,根据市场产品风险和运营成本等情况,报出银行自己针对优质客户贷款的最优惠利率。银行最优惠利率主要是根据自身的成本情况与中央银行基准利率挂钩,并随着中央银行政策利率目标的变动而调整,其他产品利率在最优惠利率基础上根据客户信用和产品情况加一定的风险和期限溢价。例如,美国商业银行的最优惠贷款利率就是在联邦基金利率上加 300 个左右基点。出于市场竞争的考虑,在中央银行未调整利率政策之前,很少有商业银行主动调整最优惠利率。存款利率定价与贷款利率定价方式类似,根据不同客户的金额、流动性等情况设定具体的存款利率水平。这样,就形成了"最优惠利率—存贷款利率—实体经济和通货膨胀"完整的货币政策利率传导链条。

需要说明的是,在市场化条件下银行基础利率与我国传统的中央银行存贷基准利率是完全不同的。虽然 2004 年 10 月我国放开了贷款利率上限管制,但由于中央银行规定了贷款基准利率,实际上为金融机构制定了一条"准贷款最优惠贷款利率曲线",这在一定程度上制约了金融机构对不同期限溢价的定价能力,上浮的利率水平也并不一定完全能够反映贷款的风险,仍可能出现信贷配给。利率完全放开后,商业银行将根据中央银行目标利率水平,结合自身的经营情况和具体客户的信用状况,建立健全存贷款等产品定价机制,从而通过价格杠杆实现信贷资源的有效配置。

(四)金融市场基准利率传导机制的实证分析

1. Shibor 与主要货币市场交易利率的关联度

货币市场基准利率必须具有良好的市场代表性,应是由市场参与程度高、能够代表货币市场交易的主体形成,与主要市场利率保持较强的相关

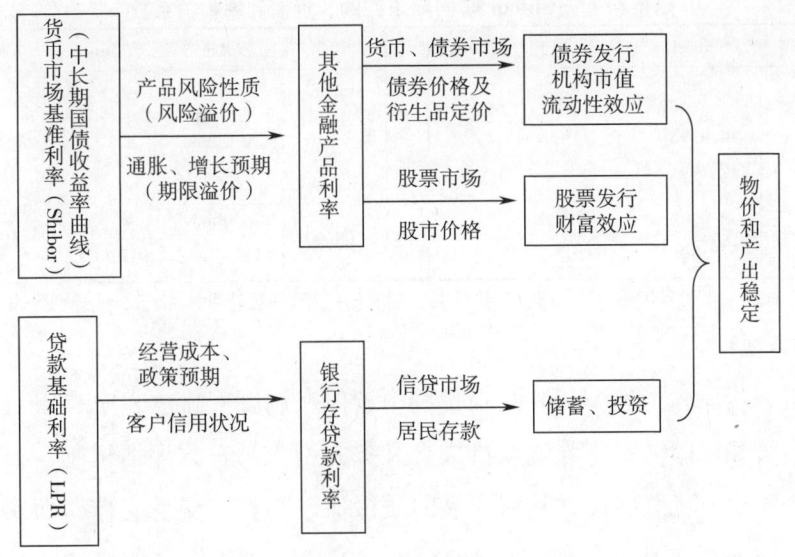

图 2-9 市场基准利率与其他利率的传导机制

关系。2007 年 1 月,我国正式推出上海银行间同业拆放利率(Shibor)。经过八年多的运行,Shibor 货币市场基准利率体系的地位已夯实巩固,发挥了良好的作用。Shibor 走势与货币市场最主要的质押式回购利率(Repo)和同业拆借利率(Chibor)具有高度的一致性。从目前我国货币市场交易最多的隔夜和 7 天利率走势来看[1],Shibor 与 Repo、Chibor 的走势具有高度的相关性。由相关系数可见,隔夜和 7 天 Shibor 与同期限的回购和拆借利率具有显著的相关性,相关系数至少在 0.99 以上。

---

[1] 2007—2014 年,隔夜和 7 天质押回购分别占全部交易的52.2%、63.9%、77.8%、80.0%、75.4%、81.2%、79.1%、78.6% 和 35.9%、26.7%、15.4%、14.3%、16.2%、12.6%、12.9%、14.1%;隔夜和 7 天同业拆借分别占全部交易的 75.4%、70.8%、83.5%、87.9%、81.7%、86.2%、81.5%、78.2%和20.5%、23.3%、11.0%、8.7%、12.7%、8.9%、12.4%、16.2%,隔夜和 7 天是我国货币市场最主要的交易期限。

表2-4　　隔夜和7天Shibor与同期限回购、拆借利率相关系数

| | Shibor1 | Repo1 | Chibor1 | | Shibor7 | Repo7 | Chibor7 |
|---|---|---|---|---|---|---|---|
| Shibor1 | 1 | | | Shibor7 | 1 | | |
| Repo1 | 0.9998 (494.8)*** | 1 | | Repo7 | 0.9998 (457.9)*** | 1 | |
| Chibor1 | 0.9998 (526.8)*** | 0.9997 (393.0)*** | 1 | Chibor7 | 0.9969 (123.1)*** | 0.9969 (122.6)*** | 1 |

注：样本期限为2007年1月至2014年12月，括号内数字为t统计量，***、**分别代表Pearson显著性水平为1%。

进一步看，虽然Shibor是报价利率，但在制度安排上，中央银行始终注重监管和风险防范，强调报价成交义务并引入第三方评估机制，报价成员能进能出，优胜劣汰，具有可靠的质量保证和真实交易支撑，切实发挥了货币市场利率基准的作用（张晓慧，2011）。理论上，如果Shibor报价真实准确，则报价利率与实际交易利率均值和方差应该相同。除通过计算两者相关系数判断其关联度外，还可通过等均值和等方差检验考察Shibor的市场代表性。在此，我们主要是利用方差分析法，对数据组构造F统计量进行均值和方差相等性检验。由表2-5可见，隔夜、7天Shibor与回购和拆借利率均值和方差检验的P值都比较大，除7天期限均值相等性检验P值接近0.85以外，其他检验都在0.98以上，这进一步说明Shibor具有良好的市场代表性。

表2-5　　隔夜、7天Shibor与同期限回购、拆借利率等均值、等方差检验

| | 检验方法 | | 自由度 | 统计量 | P值 |
|---|---|---|---|---|---|
| 隔夜利率 | 等均值检验 | Anova F-test | (2 285) | 0.006877 | 0.9931 |
| | | Welch F-test* | (2 189.998) | 0.006844 | 0.9932 |
| | 等方差检验 | Bartlett | 2 | 0.006258 | 0.9969 |
| | | Levene | (2 285) | 0.001934 | 0.9981 |
| | | Brown-Forsythe | (2 285) | 0.001882 | 0.9981 |

续表

| | 检验方法 | 自由度 | 统计量 | P值 |
|---|---|---|---|---|
| 7天利率 等均值检验 | Anova F – test | (2 285) | 0.1734 | 0.8409 |
| | Welch F – test* | (2189.998) | 0.1719 | 0.8422 |
| 7天利率 等方差检验 | Bartlett | 2 | 0.0243 | 0.9879 |
| | Levene | (2 285) | 0.0100 | 0.9900 |
| | Brown – Forsythe | (2 285) | 0.077 | 0.9923 |

注：样本期限为2007年1月至2014年12月。

2. 国债收益率对企业信用债收益率的影响

在利率完全开放条件下，金融机构将根据基准利率水平，结合对宏观经济增长、通货膨胀预期、自身经营成本和产品风险性质（客户信用状况）等情况，进行金融产品定价。由于我国放开贷款利率管制时间并不长，还缺乏必要的数据积累，因此这里我们主要是通过对市场基准利率与金融市场主要产品利率的关系，对利率传导机制进行检验。这里，我们选择10年期国债收益率（Bond10y）与10年期AAA级企业信用债收益率（Debt10y），对市场利率传导机制进行实证分析。样本期为2006年3月至2014年12月。与利率双轨制的传导机制分析类似，这里仍采用基于VAR框架下的Granger因果分析方法进行检验。

通过ADF平稳性检验可以发现，Bond10y和Debt10y都是I（1）序列，通过SC准则确定VAR系统的滞后阶数为2，VAR系统的特征根都落在单位圆以内，模型是稳定的（限于篇幅，不报告具体结果）。在确立VAR系统后，我们对变量进行Granger因果检验。具体结果见表2-6。

表2-6　10年期国债利率与AAA级企业债利率的Granger因果检验

| VAR Granger Causality/Block Exogeneity Wald Tests | | | | | | | |
|---|---|---|---|---|---|---|---|
| Dependent variable：Bond10y | | | | Dependent variable：Debt10y | | | |
| Excluded | Chi – sq | df | Prob. | Excluded | Chi – sq | df | Prob. |
| Debt10y | 2.489425 | 2 | 0.2880 | Bond10y | 19.78855 | 2 | 0.0001 |
| All | 2.489425 | 2 | 0.2880 | All | 19.78855 | 2 | 0.0001 |

可见，10年期国债利率始终是10年期企业债利率的Granger原因，但企业债利率并不是国债利率的Granger原因，这表明国债利率变化将显著影响企业债券利率的变化，充分说明了国债利率作为金融市场中长期基准收益率的作用。类似地，我们对国债利率与企业债利率构建一个结构VAR模型，可以发现，对于国债利率一个单位的结构式冲击，企业债利率始终都呈现出正向反应，并且在滞后3期影响最大，并于滞后20个月以后逐渐收敛；相反地，对于企业债利率的一个单位的结构式冲击，国债利率的反应则非常弱且为负，几乎是在零附近并将在之后18个月逐步收敛，这也进一步说明了两者的确定性因果关系。

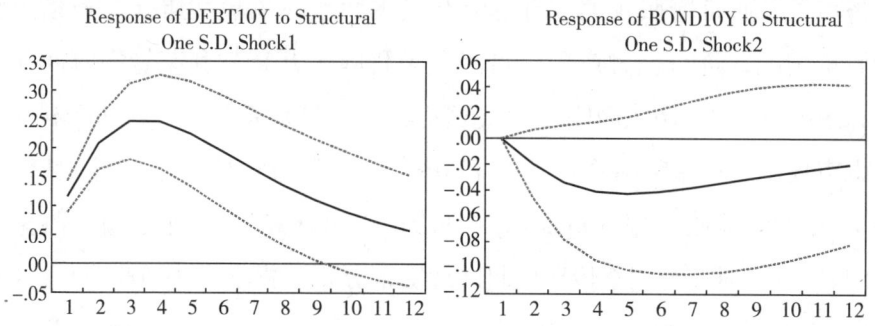

图2-10　10年期国债利率与10年期AAA级企业债利率结构式脉冲响应函数

## 第四节　中国利率体系特点概要

我国在渐进式改革方针下，考虑到不同层次金融市场对金融资源配置的影响不同，金融要素价格的开放是按照风险最小原则从影响较小的市场上开始逐步进行的。首先放开了外币的利率。在人民币利率市场化方面，则"与管制利率并行，在边际上引入利率的市场化，使得改革具有帕累托改进的特征，在未触及实体经济部门利益的同时，提高了银行金融资源的配置效率"（易纲，2009）。因此，在利率市场化改革过程中，中国的利率体系具有明显的双轨制特征：银行体系中的管制利率和银行体系之外的市场利率并存。市场定价的利率范围不断扩大、银行管制利率的范围逐步缩小，是我国利率双轨制的变化特征。

从利率的传导关系看，管制利率与市场利率之间存在相互影响关系。对过去的实证分析表明，管制利率对市场利率的影响较为明显，而市场利率对管制利率的影响较弱。但随着存贷款利率市场化的不断推进，市场利率对银行存贷款利率的影响也越来越大。

随着金融的改革和发展，目前我国已形成中央银行利率、金融市场利率和银行存贷款利率三个层次的利率体系。其中，中央银行利率是中央银行货币政策工具的利率，包括公开市场操作利率、法定准备金利率、超额准备金利率、再贷款利率、再贴现利率、创新性流动管理工具利率（SLF、MLF、PSL等）；金融市场利率是指金融市场上各种金融产品的利率，包括货币市场利率和中长期利率，其中货币市场利率包括银行间拆借市场利率、银行间债券回购利率、短期票据市场利率、短期融资券利率，中长期利率包括债券收益率曲线和中期票据利率；商业银行存贷款利率是指以商业银行为主体与其他机构或个人发生的存款或贷款的利率。总体而言，利率体系较完整，但利率的层次结构仍较复杂，这主要表现在中央银行利率体系和银行存贷款利率体系上。例如，我国的中央银行利率可以说是一个多元复杂的中央银行利率体系；商业银行的存贷款利率既有基准利率，也有贷款基础利率，还有实际执行的存贷款利率。但中国的利率体系是动态发展的，随着利率市场化改革的继续深入与完善，利率体系也将趋于简明合理。

在逐步放开利率管制和发展市场利率的同时，为了实现"形得成"的目标，中央银行大力培育市场基础条件，建立健全市场化的利率形成机制。一方面加强金融机构定价机制建设，另一方面不断推进金融市场基准利率体系建设。目前，商业银行的定价机制包括内部资金转移定价（FTP）机制及风险定价机制。随着利率市场化改革的深入，国内银行纷纷加强利率定价管理的组织建设，完善利率定价管理制度，研究开发利率定价模型，建设定价支持系统，健全利率定价管理机制。

在基准利率体系建设方面，我国已建立了以Shibor为代表的短期基准利率和以国债收益率曲线为代表的中长期基准利率体系。在贷款利率管制完全放开后，我国建立了贷款基础利率集中报价和发布机制。目前，贷款基础利率总体运行平稳，在金融机构信贷产品、衍生产品定价中的运用也在不断扩大。从实证结果看，市场利率与基准利率走向的一致性较强，并且利差结构也完全反映了风险结构。但Shibor作为基准利率的地位仍有待进一步确立，在中长期基准利率体系建设方面也还需要通过进一步发展金融市场形成完整合理的收益率曲线。

总体而言，在存款利率上限取消之前，我国利率的水平、风险结构和期限结构已在很大程度上由资金供求双方在市场上通过竞争来决定，但由于利率管制不同程度地存在、金融市场发展的广度和深度还不够，利率水平仍不是完全由市场决定，风险结构和期限结构也不尽合理，利率传导机制仍存在梗阻，利率体系之间的联动性仍不够强。因此，完善利率的市场形成机制、改善利率体系之间的传导关系，仍是我国利率市场化改革的重要内容。

# 第三章 利率市场化改革中的中央银行利率调控

通常认为,利率市场化改革就是使利率水平由市场决定。但是,利率不是一般普通商品的价格,而是货币资金的价格。在现代信用货币制度和中央银行体制下,理论上中央银行可以直接决定利率,实践中无论是利率管制国家还是利率市场化国家,中央银行对利率形成机制和水平都具有重要甚至是决定性的影响。从这个意义上而言,利率市场化更完整的表述,应该是利率由中央银行货币政策和市场共同决定(何东等,2013)。相应地,利率市场化改革实际也包括两个维度:一是利率形成方式市场化,即利率的品种、期限以及水平不再由货币当局直接决定,而是由金融资产供需双方依据金融市场变动状况自行决定;二是利率调控方式的市场化,即中央银行对利率体系的调控,不再通过行政规定,而是通过调整自身的资产负债表、调节基准利率进而调控整个市场利率水平。正因如此,我国利率市场化原则为"放得开、形得成、调得了",其中,"放得开,形得成"强调的是利率形成机制的市场化,"调得了"强调的是中央银行利率调控方式的市场化。相对于"放得开"和"形得成",中央银行利率调控方式的市场化改革,距离"调得了"目标仍有差距。客观地看,在存贷款利率逐步放开的背景下,如果有一个较为健全和具有公信力的中央银行政策利率作为市场定价基准,就能够纲举目张,调控货币市场利率和债券市场收益率,并引导存贷款利率或其他金融产品定价。目前,随着利率市场化改革的深入，利率逐步转为市场定价，客观上需要中央银行政策利率为市场定价提供基准，金融创新也对健全中央银行利率调控机制提出了更为迫切的要求，如何建立和完善中央银行利率调控机制是当前利率市场化改革中亟待解决的问题。

## 第一节 中国利率调控的历史回顾

新中国成立后到改革开放前，我国实行的是高度集中统一的计划经济体制，国民经济运行主要依靠国民经济计划和财政预算管理，银行信贷居于从属地位，主要运用综合信贷计划、现金计划、现金管理等行政手段对现金总量、信贷总量进行控制，以达到发展经济、保障供给的目标。在此情况下，不仅利率的杠杆作用被否定，甚至认为高利率会成为少数人占有剩余产品的手段，会助长不劳而获，因此实行严格的利率管制，利率档次少、水平低、利差小，管理权限高度集中。随着我国市场经济体制的逐步确立和现代宏观经济政策体系的建立和完善，金融管理体制和运行机制也随之规范和健全，利率工具在宏观调控和货币政策中的作用越来越重要，中央银行也越来越重视利率调控机制建设。

新中国成立以来，随着我国经济发展阶段、利率市场化进程以及利率政策所处的地位和作用的变化，利率调控大致上经历了四个阶段的发展变化：新中国成立后计划经济时期的利率政策、改革开放后信贷数量直接控制时期的利率政策、以数量型工具为主的间接调控时期的利率政策和向价格型货币政策框架转型时期的利率政策。

## 一、新中国成立后计划经济时期的利率政策

新中国成立后到改革开放前,我国实行高度集中统一的计划经济体制,管制利率是配合生产、流通和分配计划的一个重要组成部分。利率由国务院制定,由人民银行统一管理。当时的利率体制具有以下特点:利率档次少、利率水平低、利差小,管理权限高度集中。这一时期,我国利率政策经历的发展变化过程见表 3 – 1。

表 3 – 1　　　　新中国成立初至 1978 年我国利率政策变化情况

| 时期 | 利率政策手段 | 意义 |
| --- | --- | --- |
| 1949—1952 年<br>国民经济<br>恢复时期 | 1. 1949 年 4 月,人民银行颁布了活期、定期储蓄存款暂行章程<br>2. 1950 年 3 月,人民银行发布了《关于物价趋势及调整并掌握四月份利率的指示》,要求各区(分)行在总的方针下发挥利率应有的效能<br>3. 1951 年利率政策:组织资金,调剂信用,限制投机,利于生产<br>4. 1952 年 6 月,人民银行发布了《限期降低公私存放款利率的指示》,决定全面下调利率,并统一了关内各区行的利率 | 利率政策规范管理时期 |
| 1953—1957 年<br>一五计划时期 | 1. 大幅度地降低了存贷款利率<br>2. 统一和简化利率档次 | 1. 运用利率杠杆促进私营工商业社会主义改造<br>2. 促进农业和个体手工业的合作化,促进企业合理使用资金 |
| 1958—1966 年<br>"大跃进"和<br>国民经济<br>调整时期 | 1. "大跃进"时期,忽视价值规律,利率下调,导致经济杠杆作用削弱<br>2. 国民经济调整时期,较少使用利率政策 | 忽视和削弱利率金融杠杆作用时期 |
| 1966—1977 年<br>"文化大革命"<br>时期 | 1. 认为利率是资产阶级法权<br>2. 利率水平越来越低<br>3. 存贷利差越来越小<br>4. 利率档次越来越少<br>5. 利率的杠杆作用被全面削弱 | |

高度集中的计划经济体制局限了利率政策发挥作用,利率政策只起到

了有限作用,利率的经济杠杆作用被削弱甚至否定,同时,利率管理也较为死板,调整不够灵活,微观经济对利率的反应不灵敏,利率弹性很低。

## 二、改革开放后信贷数量直接控制时期的利率政策(1978—1998年)

改革开放初期,利率调整主要以稳定存款和限制企业对资金的需求为目的,政策目标很大程度上是为了在通货膨胀条件下稳定储蓄资金来源。同时,利率调整作为中央银行控制通货膨胀的重要手段之一,往往被用来配合直接调控工具,是中央银行当时唯一的间接调控手段。在这一阶段,中央银行利率调控机制表现为直接调整银行的存贷款利率,利率调整主要侧重于对存款人、银行、财政和企业的利益分配格局进行选择性调节,而不是针对货币数量和物价产出等最终目标进行调节,利率政策存在一定的滞后性。

随着改革开放的推进,我国在利率政策、利率管理方面取得了很大进展,如确定了利率管理的各项原则、扩大了存款的计息范围、增加了利率期限档次、实行浮动利率、引导商业银行和其他金融机构的利率、引导同业拆借等市场利率。当然,这一时期的利率政策,依然存在利率调整滞后、利率管理过细、商业银行自主权较小、利率背离价值、市场化进程缓慢等问题。

## 三、以数量型工具为主的间接调控时期的利率政策(1998—2012年)

1996年我国正式将货币供应量作为货币政策的中介目标。1998年,我国取消了对国有独资商业银行的信贷规模限额控制,货币供应量作为中介目标的地位进一步强化。与此同时，我国改革和发展了货币政策工具体系，金融调控从以直接手段为主向以间接手段为主转变。然而，受当时金融市场发育程度不高、金融要素价格的市场化进程相对缓慢、信贷机制在货币政策传导中发挥着重要的作用、利率传导机制不畅等客观条件的限制，货币政策采取了数量为主的货币调控模式。货币政策主要关注于货币数量的中间目标，并主要依赖准备金率和以流动性数量为目标的公开市场操作等手段。但是，在此期间，我国政策决策者也十分重视利率杠杆的作用，数量调控和价格调控是一个相互作用的过程：当数量没有处于合理区间时，价格传导机制就会出现问题；同样，不考虑价格因素，就会影响数量型工具的效率。因此，中国人民银行在实行间接货币政策调控之初，在充分发挥数量型工具作用的同时，充分发挥利率政策的作用（周小川，2006）。在此期间，一方面逐渐加大利率政策在宏观调控中的作用，另一方面稳步推进利率市场化改革，进一步放松利率管制，大力发展金融市场，完善利率管理体系，充分发挥了利率手段在宏观调控中的作用。

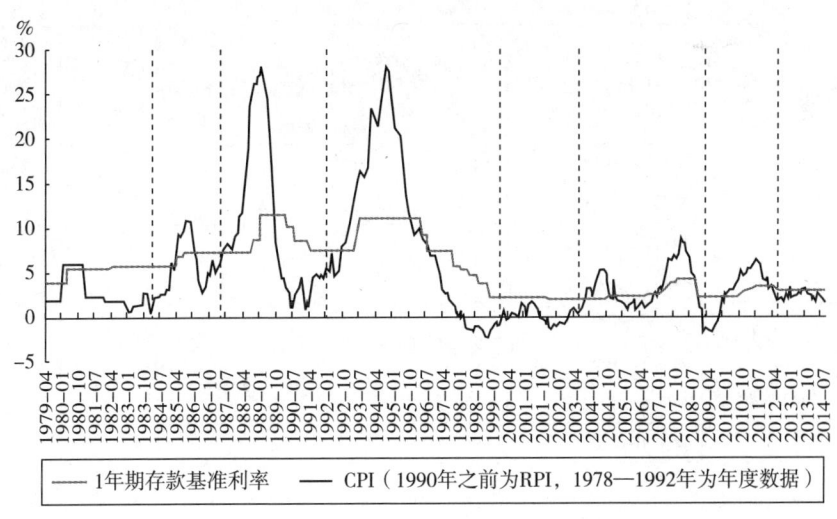

资料来源：CEIC。

图3-1 一年期存款基准利率与通货膨胀情况

从这一时期开始,我国中央银行利率调控的方式也呈现出"双轨制"特征:一方面通过调整存贷款基准利率及其浮动区间直接调节金融机构存贷款利率;另一方面是通过回购、逆回购交易、发行央票等公开市场操作,以及存款准备金率等货币政策工具,调节金融体系的流动性状况,间接影响市场利率和金融机构存贷款利率。

但总体而言,通过货币政策工具进行的间接利率调控主要以稳定货币市场利率为主,而对存贷款利率的调整则以逆周期调节为目标,服从于货币政策目标的需要。随着市场机制的逐步完善,存贷款基准利率的调节机制也不断改善。以1年期存款基准利率的调整为例,改革开放至今,中国大致经历了八次调整周期(见表3-2)。利率的调整基本上符合中央银行稳定物价、促进经济增长的职责要求,根据通货膨胀的变化调整利率。从利率调整的频率变化来看,1998年之后利率政策调整越来越频繁,在调整幅度和调整灵活性等方面,明显好于1998年货币政策向间接调控转型之前的情形。

表3-2　　　　　　改革开放以来中国的利率政策调整情况　　　　单位:%,次

| 周期 | 周期时间 | 利率调控时间 | 1年期存款基准利率(%) | 上调幅度(百分点) | 下调幅度(百分点) | 上调次数 | 下调次数 | 次均幅度(百分点) |
|---|---|---|---|---|---|---|---|---|
| 1 | 1979—1982年 | 1979.4—1982.4 | 3.24—5.76 | 2.52 | | 3 | | 0.84 |
| 2 | 1983—1986年 | 1985.4—1985.8 | 5.76—7.2 | 1.44 | | 2 | | 0.72 |
| 3 | 1987—1991年 | 1988.9—1989.2/ 1990.3—1991.4 | 7.2—11.34—7.56 | 4.14 | 3.78 | 2 | 3 | 1.58 |
| 4 | 1992—1998年 | 1993.5—1993.7/ 1996.4—1998.12 | 7.56—10.98—3.78 | 3.42 | 7.2 | 2 | 6 | 1.33 |
| 5 | 1999—2002年 | 1999.6—2002.2 | 3.78—1.98 | | 1.8 | | 2 | 0.90 |
| 6 | 2003—2007年 | 2004.10—2007.12 | 1.98—4.41 | 2.43 | | 8 | | 0.30 |
| 7 | 2008—2011年 | 2008.10—2008.12/ 2010.12—2011.7 | 4.14—2.25—3.5 | 1.25 | 2.16 | 5 | 4 | 0.38 |
| 8 | 2012年至今 | 2012.6—2015.5 | 3.5—2.25 | | 1.25 | | 5 | 0.25 |

从历次利率调控周期持续时间、利率调整幅度和频率考察,受亚洲金

融危机冲击出现的通货紧缩影响，1999年6月以后的利率政策主要是以刺激消费和投资为主，因而利率下调至改革开放后的最低水平。从1996年6月至2002年2月，平均每16个月下调一次利率，次均下调利率幅度为0.9个百分点。在此之后经济处于上行周期期间，先后8次上调存款利率，次均幅度降至0.3个百分点。自2010年起，中国的存款基准利率次均调整幅度进一步降至0.25个百分点，使我国的利率调整与国际通行的利率调整幅度相一致。由表3-2可以非常明显地发现，1998年之后我国存款基准利率调整的幅度较之前明显缩小，利率调整的频次明显增加，这表明货币政策转向间接货币调控模式后，利率政策调整更加重视微观经济主体的预期，充分发挥价格工具微调引导的作用。

## 四、向价格型货币政策框架转型时期的利率政策（2013年至今）

2013年7月，我国完全放开了贷款利率管制，利率调控机制也随之有所改变。虽然人民银行依然确定并公布金融机构存贷款基准利率，但在贷款利率完全放开的情况下，对贷款利率的直接调控效果减弱。针对这种情况，人民银行建立健全了市场利率定价自律机制，并引入了贷款基础利率（LPR）集中报价和发布机制。

这一时期，人民银行根据形势的变化，寓改革于调控之中。针对经济下行压力较大、物价比较低的形势，从2014年11月至2015年10月连续6次降息，并3次扩大存款利率浮动区间，直至最后取消存款利率上限。其目的是完善由市场供求决定的利率形成机制，以便更好发挥利率杠杆优化资源配置的作用，充分释放市场活力，从而实现稳增长、调结构、惠民生的目标。

2015年10月存款利率上限放开使中央银行直接调控存贷款利率的作用进一步减弱，利率调控进入更加倚重市场化的货币政策工具和传导机制的新阶段，未来将通过中央银行利率政策指导体系引导和调控市场利率。通过构建和完善中央银行政策利率体系,以此引导和调控包括市场基准利率和收益率曲线在内的整个市场利率,以实现货币政策目标。具体而言,"对于短期利率,人民银行将加强运用短期回购利率和常备借贷便利(SLF)利率,以培育和引导短期市场利率的形成。对于中长期利率,人民银行将发挥再贷款、中期借贷便利(MLF)、抵押补充贷款(PSL)等工具对中长期流动性的调节作用以及中期政策利率的功能,引导和稳定中长期市场利率。"①

## 第二节 强化中央银行利率调控机制建设的紧迫性

### 一、全面深化市场经济改革迫切需要货币政策转型

在经济金融结构稳定的条件下,货币政策指标与主要宏观经济变量间具有稳定的关系,根据经济金融形势的变化开展货币政策数量调控,可以取得较好的政策效果,有效实现宏观调控的政策意图。同时,由于传统计划经济主要是强调数量调控,当供求不平衡时主要就是通过数量指标调节供求,金融领域就是信贷规模计划控制,所以,应当承认,数量型货币调控或多或少带有计划经济的惯性思维特征。另外,如果微观经济主体的激励约束机制尚未真正有效建立,价格引导的政策效果通常较差,数量型货币调控效果更为明显。因而,1998年取消信贷规模管理后,我国间接型货币政策采取了数量为主的货币调控模式,这与当时的经济金融发展阶段和改革转轨时的特殊时期密不可分,在完成间接型货币政策改革的最初几

---

① 引自中央银行有关负责人就降息降准以及放开存款利率上限答记者问。

年,数量型货币调控也取得了比较令人满意的效果。

货币数量调控要求经济变量间的关系是稳定的,也即避免出现"卢卡斯批判"的情况,但是由于数量调整不可避免地影响价格并可能带来价格上的扭曲,货币政策调控也就不可避免地面临政策时间不一致性问题,不利于经济的平稳运行。一味强调数量政策而忽视价格机制的作用,只能使货币调控的有效性越来越差。由于我国经济长期失衡,特别是2003年以来国际收支顺差和外汇储备迅速增长,冲销干预的有效性越来越差,消费过低投资过旺,信贷需求居高不下,数量型货币政策的效率日益下降,并在特定阶段容易引发对微观经济主体的行政干预,从而带来"一刀切"和"急刹车"等副作用,造成宏观经济大起大落。

与数量调控不同,货币价格调控主要是微观经济主体根据宏观经济信号来调整自身的行为,这有利于将宏观调控的负面影响降到最低。由市场决定的利率本身包含反映结构性问题的风险溢价,这有利于建立优胜劣汰的竞争机制,优化资源配置,促进结构调整,实现经济均衡发展。作为金融要素价格的核心变量,只有充分发挥利率机制的作用,才能真正实现资源的有效配置。货币调控也应更多发挥价格引导的作用,这对于构建符合现代市场经济内在要求的货币政策改革至关重要。只有利率的完全市场化才意味着作为现代经济核心的金融市场化改革的最终完成。让市场在金融资源配置中起决定性作用的同时,货币当局通过中央银行政策利率手段开展价格型货币调控,正是金融领域更好发挥政府作用的具体体现。

## 二、金融创新对健全中央银行政策利率调控提出了更为迫切的要求

随着利率市场化改革的快速推进,近年来,我国以银行理财产品为代表的金融创新迅速发展,以突破利率管制为主要目标的金融脱媒已成为普

遍现象（宋旺，2009），传统的数量调控局限性日益显现。与发达国家利率市场化的经验类似，随着大量新型金融工具和金融产品的出现，各类型金融产品之间的替代性大大提高，交易账户和投资账户之间、广义货币与狭义货币之间的界限越来越模糊，以至于传统的数量调控效率越来越差。一方面，针对利率管制的创新和脱媒的发展极大地提高了金融体系内部的相互依赖关系并引发了广泛的"负债管理"的实践，金融市场产品和金融市场结构日趋复杂，货币需求函数稳定性越来越差，即使是在既定货币供给条件下，货币总量与产出价格的关系越来越不稳定（Goodhart，1986）。另一方面，金融创新和金融脱媒的发展导致大量资金流出传统的银行存款类金融机构，通过货币基金等直接融资方式进入金融市场，这使得传统以银行存款为媒介的信用货币创造机制更为复杂，进一步扩大了存款的货币乘数边际效应，即使中央银行能够有效控制基础货币，控制广义信用货币数量也将更加困难（李宏瑾、苏乃芳，2014）。

在金融创新和金融脱媒的大背景下，长期依赖准备金率等数量型工具的货币政策操作的负面影响日渐显现。不稳定的货币和流动性需求更容易放大货币数量操作对市场头寸和短期利率的冲击，银行等金融机构也会为了规避较高的存款准备金要求而加大金融创新力度，这又进一步削弱了数量型货币政策的有效性。为此，很多发达国家在不断修改货币供应目标的同时，不得不多次修改货币统计口径。例如，1971—1986年美联储曾6次对货币层次的划分进行调整，1970—1984年英国对货币的定义修改达9次之多。我国也于2011年10月将来自非存款类金融机构同业存款和公积金存款纳入$M_2$统计，开展社会融资规模统计工作，以期提高货币数量调控的效果。但是，修订货币数量统计口径就像以一把总是变动的尺子来衡量经济，对了解经济的实际情况及应当采取的政策措施并没有任何有益的帮助，也对中央银行的政策信誉带来严重的损害。同时，扩大货币统计口径和流动性范围的准确性也面临一定的困难，主要是数据来源方面，受到证券、保险等其他金融部门信息的制约。例如，证券投资基金没有分类和持有者结构的信息，保险技术资本金没有持有者结构的信息，在实际核算中只有根据统计方法粗略估算。而且，很多指标统计的及时性较差，发布频率较低，这反而降低了该指标在及时判断经济走势方面的价值，不利于全面考察其与经济增长、通货膨胀等主要宏观变量的关系。

### 三、利率市场化改革要求加快利率调控机制建设

利率市场化改革不仅要求利率形成方式市场化，即利率的品种、期限以及水平由金融资产供需双方依据金融市场变动状况自行决定，还要求利率调控方式实现市场化，即中央银行对利率体系的调控，不再通过行政规定，而是通过调整自身的资产负债表、调节基准利率进而调控整个市场利率水平。随着我国不断放松利率管制和加强市场基础建设，利率的形成方式已经在很大程度上实现了市场化，这对过去形成的双轨制利率调控模式提出了挑战，客观上要求加快中央银行利率调控机制建设和调控方式转型。

从目前情况看，中央银行货币政策工具对货币市场利率的引导功能不断增强。近年来货币政策一方面继续注重流动性数量的管理和调节，另一方面也在不断强化对市场利率的引导作用。货币政策执行报告、货币政策委员会公告经常会出现诸如"根据经济金融变化，适时适度调节流动性，保持市场利率基本平稳"等表述。从调控效果看，无论是流动性调节工具，还是央行票据、回购等中央银行利率对货币市场利率引导的效应都不断增强。李宏瑾、项卫星（2010）以中央银行公开市场操作利率为样本，结合Granger因果检验，指出央行票据发行利率已初步具备中央银行基准利率的特征。梁琪等（2010）通过基于VECM的Granger因果检验，指出央行票据发行利率目前在货币市场利率中发挥着关键作用，而Shibor在货币市场的基准地位还有待加强。姚余栋、谭海鸣（2011）通过构建理论模

型，运用 Granger 因果检验和预测方差分解技术研究央行票据发行利率的作用，也得出类似结论。何东等（2011）确认了央行票据发行利率和存款准备金率调整对货币市场利率的影响作用。

但由于目前我国的银行利率和金融市场利率形成了二元化的利率体系格局，并且资金批发市场对零售市场的影响较小，因此货币市场利率对银行存贷款利率的传导作用仍不明显。例如，近两年来，面对经济和物价总体下行压力较大、中小企业融资贵的问题较为突出的情况，人民银行保持银行体系的流动性合理适度，总体上银行间市场利率明显下降，但银行存贷款利率下降的幅度则较小。

尽管中央银行调整存贷款基准利率是直接作用于融资主体，效果直接，但近些年来，直接调控利率的效果也趋于下降。这不仅是由于取消了贷款利率限制、存贷利率浮动的区间扩大，商业银行的自主定价权扩大，同时也是由于利率直接调控的作用范围缩小。调整银行存贷款基准利率只能覆盖银行存贷款，对于表外业务、债券融资和股票融资的影响较小，近些年来银行表外业务以及债券市场的快速发展，使银行贷款在整个社会融资体系中的占比缩小，因此利率直接调控的作用范围相应缩小。并且，利率调控政策不能通过联动的利率体系有效地传导至整个经济系统，银行和其他金融媒介还可以通过发展表外业务等途径规避利率管制，与宏观调控形成博弈，影响宏观调控的效果。因此，加快建立中央银行利率调控机制建设，是当前利率市场化改革的重要内容。

## 四、价格型货币调控有利于加强市场预期引导、提高货币政策透明度和有效性

在 20 世纪 70 年代理性预期革命的推动下，各国中央银行都已意识到加强与公众的沟通、提高货币政策的透明度对提高货币政策效果的重要性（Woodford, 2005; Blinder, Ehrmann, Fratzscher, Hananand and Jansen, 2008），只有这样才能够有效引导市场预期，使政策操作达到事半功倍的效果。20世纪80年代中期以来，全球主要国家进入了较高增长和低通胀的所谓"大缓和"时代（Great Moderation, Bernanke, 2004）。虽然进入"大缓和"的原因很多，但重视微观经济主体的预期、重视与市场的沟通并提高政策透明度、遵循一定的规则开展货币决策无疑是一个非常重要的因素（Summers, 2007; Gali and Gambetti, 2009）。相反，由于各种事件（如"9·11"事件、伊拉克战争）冲击以及对复杂政策规则情形的回应，2001年以来以美联储为代表的主要国家中央银行货币政策更倾向于相机抉择，政策规则的透明度、一致性和可信度下降，最终引发了国际金融危机的恶果（Taylor, 2012）。

在各国改进货币决策程序，加大信息披露的力度，加强市场预期引导的同时，各国中央银行也越来越重视利率政策工具的作用。因为通常来说，人们更关注当前和未来价格而非货币总量的信息（Barro, 1986），利率价格信息更为透明且容易测量，而货币总量数据通常比较滞后且在度量和可控性方面存在困难。大量实证研究也表明，美国货币总量在经济信息变量、货币政策的指示器和货币规则工具这三方面的作用并不令人满意，对德国 $M_3$ 的经验分析得到了类似的结果；而且，利率政策在平滑收入波动方面发挥了重要作用，但货币总量并不存在这样的作用（Estrella and Mishkin, 1997）。

## 第三节 中央银行利率调控的国际经验

### 一、建立中央银行政策利率及其调控机制是各国中央银行的普遍做法

虽然基于传统凯恩斯主义的需求管理政策引发了滞胀，货币政策中介

目标一度由利率转为货币供应量和基础货币，但实际上由于金融创新和金融市场的迅速发展，由支付和交易技术发展带动的金融创新弱化了货币数量指标与经济的联系，传统的货币乘数越来越不稳定，货币主义的实践效果开始出现问题，准备金和货币供应量等数量调控逐渐淡出，主要发达国家中央银行通过宣布政策利率并在一定机制下使市场利率与政策目标水平相符，在稳定通货膨胀和产出方面获得了广泛成功（IMF，2005）。以美国为例，20世纪80年代中期从基础货币数量控制转向政策利率调控时，正是其存款利率市场化基本完成和货币市场基金等金融创新迅猛发展时期，货币政策冲击更多来自金融市场利率波动而非传统意义上的总需求波动。此时，一方面由于货币市场基金迅速发展而使基础货币和货币供应量需求变得不稳定，另一方面货币市场基金对存款的替代以及存款利率放开都使得银行的货币创造渠道变得更为复杂，货币乘数以及货币供应量的稳定性下降，加之债券市场、按揭抵押贷款等长期融资迅速发展，利率变化更为频繁且能够有效传导到各期限利率，货币政策转向利率调控自然是更优选择。

具体看，中央银行主要根据金融市场发展状况及其对经济扰动短期反应特点选择政策利率，既可能是中央银行目标利率（对应货币政策操作目标）或者中央银行操作利率（对应货币政策工具），也可能是市场基准利率。例如，美联储的联邦基金利率、巴西中央银行的银行间隔夜国债抵押贷款利率（Selic）就是中央银行目标利率；欧洲中央银行主要再融资利率、印度中央银行回购和逆回购利率是中央银行操作利率。在利率市场化未完全实现的国家，中央银行政策利率甚至可以是商业银行长期存贷款利率（这实际上已是货币政策中间目标），如金融机构一年期存贷款利率被认为是我国的中央银行政策利率。另外，不同时期各国中央银行所确定的基准利率也会有所不同。例如，英格兰银行于1997年获得独立制定利率政策的决定权后，将短期回购利率确定为中央银行官方基准利率；但自

2006年开始,则将向金融机构在英格兰银行的自愿协议储备支付的利率作为官方利率。

表 3-3　　　　　　　　　主要国家中央银行政策利率

| 中央银行政策利率类型 | 中央银行 | 中央银行政策利率 |
| --- | --- | --- |
| 中央银行目标利率 | 美联储 | 联邦基金利率 |
|  | 日本银行 | 无担保隔夜拆借利率 |
|  | 澳大利亚联储 | 现金目标利率 |
|  | 加拿大银行 | 隔夜目标利率 |
|  | 韩国银行 | 同业市场无担保隔夜拆借利率 |
|  | 巴西中央银行 | 银行间隔夜国债抵押贷款利率 |
| 中央银行操作利率 | 欧洲中央银行 | 主要再融资利率 |
|  | 英格兰银行 | 官方利率 |
|  | 瑞典银行 | 回购利率 |
|  | 俄罗斯银行 | 再融资利率 |
|  | 印度储备银行 | 回购利率、逆回购利率 |
|  | 南非储备银行 | 回购利率 |
| 市场基准利率 | 瑞士国家银行 | Libor目标利率 |

资料来源:根据公开信息整理。

## 二、发达国家利率调控的主要模式

20世纪90年代以来,很多国家中央银行将政策重点重新集中于短期利率调控模式。但是,与70年代之前的操作模式不同,各国中央银行都放弃了相机抉择的凯恩斯主义模式,更加关注市场参与者的预期和政策操作的前瞻性、透明性和可靠性,著名的泰勒规则(Taylor's Rule, Taylor, 1993)就是对利率操作规则很好的经验描述。随着理性预期学派和货币政策的动态不一致性理论的发展，各国中央银行意识到了货币政策的规则操作是非常重要的。20 世纪 90 年代以来，各国中央银行通常根据货币政策的最终目标（通货膨胀和产出）来设定货币市场短期利率目标，在政策实施中密切观察市场参与者预期的变化，完善货币决策程序，及时披露货币政策信息，加强与市场的沟通，通过告示效应使公众能够更好地理解中央银行决策意图，有效引导市场预期，更好地实现货币政策最终目标。为了实现政策利率目标，各国中央银行主要通过公开市场操作或利率走廊模式，使货币市场利率与中央银行目标利率水平相接近。下面，我们分别以美联储和欧洲中央银行为例进行介绍。

（一）以美联储为代表的以公开市场操作为主的政策利率调控

20 世纪 80 年代中期美联储开始放弃货币供应量目标后，逐步将政策重点转向市场利率，并于 1994 年正式确立以联邦基金市场利率为目标的货币政策框架。在美联储的货币政策决策框架中，联邦公开市场委员会是美联储的货币政策决策机构，担负着制定货币政策、指导和监督公开市场操作的重要职责。委员会由 12 名成员组成，包括 7 位美联储理事会成员和 5 位联邦储备银行行长。理事会理事及纽约储备银行行长共 8 人为常任委员，剩余 4 个席位每年在其他 11 位行长中轮换。公开市场委员会每 6 周开一次例会，每次会后联邦公开市场委员会都要对是否进行联邦基金利率调整作出决定，并发表一个简短的声明。美联储还会在公开市场委员会会议上公布下一次例会的利率倾向，提前向市场揭示当前经济的运行状况，预示美联储的货币政策走向；美联储主席还定期向国会进行听证，美联储官员利用各种场合发表讲话，向市场传达美联储对经济的判断和决策的理由，使市场充分理解美联储的决策意图。

在具体的操作方面，20 世纪 80 年代以来贴现窗口的作用下降，目前仅为中央银行对银行的紧急融资帮助，但 2003 年以来美联储将贴现利率设定高于联邦隔夜拆借利率（联邦基金利率），由此形成货币市场利率上限,但在2008年之前并没有正式的存款便利。美联储作为同业拆借市场的最大的参加者,在政策操作中以其政策利率作为操作目标,如果其利率水平低于商业银行间市场利率水平,商业银行之间的拆借就会转向商业银行与美联储之间,因为向美联储拆借的成本低,整个市场的拆借利率就将随之下降。反之,如果美联储提高拆借利率,在市场资金比较短缺的情况下,联邦基金利率本身就承受上升的压力,所以它必然随着美联储的拆借利率一起上升;在市场资金比较宽松的情况下,美联储提高拆借利率,向美联储拆借的商业银行就会转向其他商业银行,但美联储可以在公开市场上抛出国债,吸纳商业银行过剩的超额准备,造成各银行头寸紧张,迫使联邦基金利率与美联储的拆借利率同步上升。美联储有这样干预市场利率的能力,其反复多次地操作,就会形成合理的市场预期,只要美联储提高自己的拆借利率,整个市场就会闻风而动,进而美联储能够直接宣布联邦基金利率的变动。这样,联邦基金市场利率便成为美联储货币政策与宏观经济联系的桥梁,通过公开市场操作,美联储完全可以使联邦基金利率与联邦基金目标利率相一致,从而实现货币政策目标。

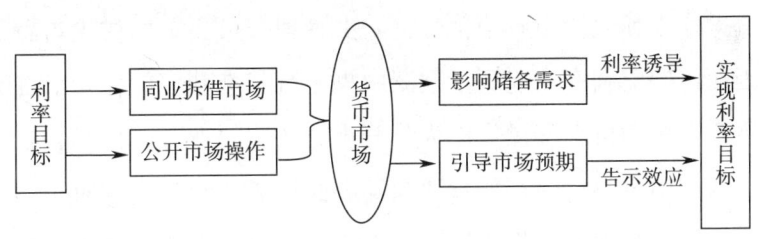

**图3-2 美联储公开市场操作的利率调控模式**

(二)以欧洲中央银行为代表的以利率走廊为主的利率调控模式

欧洲中央银行管理委员会是欧洲中央银行的最高决策机构,负责制定欧元区的货币政策。管理委员会由两部分成员组成:一是欧洲中央银行执行理事会的6名成员;二是欧元区各成员国中央银行行长。欧洲中央银行管理委员会每两周召开一次会议,隔一次讨论利率,自2015年开始,货币政策决策会议改为每6周召开一次。在作出货币政策决策时遵循简单多数的原则,每名管理委员会的成员各拥有一票投票权。如果支持与反对双方的票数相等,则欧洲中央银行行长一票具有决定意义。随着立陶宛加入欧元区,自2015年起欧洲中央银行管理委员会开始实行投票权轮换制度,具体为:欧洲中央银行执行理事会的6名成员具有长期投票权,而成员国中央银行行长的投票权按月进行轮换。按照经济和金融行业的规模,对成员国进行了分组和排名,排名第一至第五的成员国中央银行行长(目前为德国、法国、意大利、西班牙和荷兰)拥有4个投票权,剩余的14个国家拥有11个投票权。欧洲中央银行管理委员会会后,管理委员会主席立即召开新闻发布会,解释管理委员会决策的原由;每月发布《月度公报》,向公众公布所有统计信息和货币政策决策所依据的数据,同时还提供专家对货币政策的分析文章;欧洲中央银行行长、副行长以及其他成员,充分利用各种机会与公众交流,阐述欧洲中央银行的货币政策策略、分析框架。

与美国不同的是,欧洲中央银行并没有正式的利率操作目标,而是通过再融资操作来释放货币政策信号,并由管理委员会定期讨论再融资利率水平,因而再融资利率也起到了欧洲中央银行基准利率的作用。在具体操作中,主要以短期再融资操作作为公开市场的主要业务。但是,在利率目标方面,欧洲中央银行的存贷款便利及由此形成的利率走廊对于引导货币市场利率发挥了更重要的作用。欧洲中央银行对辖内所有信用机构都有统一的准备金要求,而且欧元体系在日终提供备用贷款便利机制。一旦存款准备金低于中央银行要求、日终清算资金不足时,信用机构可以自动获得成本较高的资金(该利率提供了一个隔夜利率的上限);另一方面,对于日终前清算账户仍有余额的机构,则提供存款便利机制,存款机构可以将其多余的头寸存入中央银行并获得相应的利息收益(但该利率一般低于市场隔夜拆借利率,实际上提供了一个隔夜利率的下限)。这样便建立了一个利率走廊,隔夜拆借利率被设定在利率走廊之间。商业银行在每个交易日结束时必须保持账户平衡,如果商业银行在日末清算时有透支,就必须向中央银行申请贷款以进行弥补;相反,如果商业银行在日末清算时有结余,则自动存入中央银行账户并支付利息。在这样的制度设定下,中央银行主要通过调控商业银行的流动性供求来实现其政策利率目标。因为,如果商业银行能够以既定利率向中央银行申请任意数量贷款,那么也就没有银行会在市场上以高出利率上限拆入资金;与此类似,当商业银行的超额储备能以利率下限存入中央银行,就不会有银行在低于利率下限的水平拆出资金,而在同业市场上出现套利的机会几乎为零,这样市场的隔夜拆借利率只能是在中央银行设定的利率走廊之内,而利率市场的上下限实际上就是市场利率的有效界限。

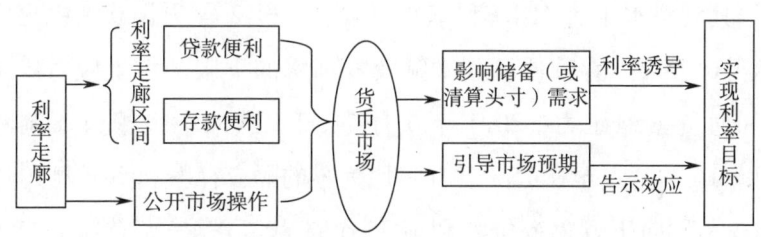

图 3-3 欧洲中央银行的利率走廊机制

(三) 不同利率操作模式的比较

必须指出,公开市场操作模式与利率走廊模式是相辅相成的,二者并不存在严格的划分。事实上,几乎所有中央银行都开展再贷款(再贴现)业务,只是有的国家对金融机构在中央银行的存款并不支付利息(单边利率走廊)。国际金融危机之后,美国和日本都对(超额)准备金支付利息从而形成双边的存贷款便利和利率走廊机制,利率走廊模式几乎成为一种潮流(Goodhart,2009)。2008 年底,美联储开始向存款类机构的法定和超额准备金付息,目前美联储对超额准备金支付联邦基金目标利率区间上限(0.25%),这实际上为商业银行货币市场资金提供了一个利率下限;

99

联储贴现利率被视为贷款便利利率，目前该利率为0.75%，所以尽管目前联邦基金目标利率为0—0.25%，但零利率的可能性不大，美联储的利率走廊为50个基点。不过，由于非联邦储备体系的金融机构无法获得准备金收益，它们愿意以低于存款利率下限的水平拆出资金，因而目前联邦基金利率往往要较联邦基金目标利率低10—15个基点（Bech和Klee，2011）。由于贴现业务减少，美联储主要还是通过每天在公开市场进行流动性管理，存贷款便利机制在美联储日常操作中的使用频率和引导利率功能上，相对而言并不是非常重要，美联储主要是以公开市场操作来实现其政策目标。当前日本与美国的情况类似，只是日本银行的目标利率水平更低，几乎接近于零。

尽管欧洲中央银行对法定存款准备金支付最低准备金利率（法定准备金利率，其利率水平为MRO利率），但由于2012年7月欧洲中央银行将MRO降至0.75%，存款便利利率触及零利率的下限。为了应对经济的持续疲弱和通货紧缩压力，2014年6月11日，欧洲中央银行下调欧元区MRO利率10个基点至0.15%，并将原为零的隔夜存款利率下调10个基点至-0.1%，同时下调隔夜贷款利率35个基点至0.4%，首次开启了欧元区中央银行存款负利率时代。2014年9月10日，欧洲中央银行将MRO利率进一步下调至几乎为零的0.05%，并将存款便利利率和贷款便利利率分别下调至-0.2%和0.3%。这样，在接近零利率政策条件下，欧洲中央银行的利率调控模式与2008年危机之前的美联储更为接近，贷款便利利率成为市场利率上限的同时，并不存在事实上的市场利率下限，市场利率将在目标利率水平附近并更趋向于零利率水平。

表3-4　　　主要发达国家（地区）中央银行基准利率、
　　　　　　利率操作目标及公开市场操作情况

| 国家（地区） | 中央银行政策利率 | 利率操作目标 | 是否有存贷便利安排 | 是否有准备金要求 | 主要公开市场操作品种 | 品种期限 | 公开市场操作频率 |
|---|---|---|---|---|---|---|---|
| 澳大利亚 | 目标现金利率 | 银行间现金利率 | 是，±25基点 | 否 | 正回购和逆回购 | 隔夜至约1年 | 每天 |
| 加拿大 | 隔夜利率目标（市场担保的隔夜利率） | 市场担保的隔夜利率 | 是，±25基点 | 否 | 以隔夜目标利率开展的日间流动性借贷便利安排/对清算系统LVTS的日终交易头寸管理 | 1个工作日 | 偶尔；每天通过拍卖机制分配政府存款及商业银行清算头寸 |
| 欧元区 | 主要再融资目标利率 | 无正式操作目标 | 是，±25基点 | 是 | 回购交易或担保信贷 | 1周或3个月 | 每周或每月 |
| 日本 | 无担保隔夜拆借利率 | 无担保隔夜拆借利率 | 是，+20基点 -0基点 | 是 | 回购交易和现券买卖，直接购买国债（长期融资操作） | 隔夜至1年（直接购买国债不受期限限制） | 短期操作每天进行；长期融资1月4次 |
| 韩国 | 韩国银行基准利率 | 同业拆借隔夜利率 | 是，±100基点 | 是 | 正回购和逆回购；发行和赎回货币稳定债券（MSB） | 主要是7天回购或逆回购，最长期限2年 | 每周 |

101

续表

| 国家（地区） | 中央银行政策利率 | 利率操作目标 | 是否有存贷便利安排 | 是否有准备金要求 | 主要公开市场操作品种 | 品种期限 | 公开市场操作频率 |
|---|---|---|---|---|---|---|---|
| 瑞典 | 回购利率 | 银行间市场隔夜利率 | 是，±75基点 | 否 | 回购 | 1周 | 每周 |
| 瑞士 | 3月期瑞士法郎LIBOR利率 | 3月期瑞士法郎LIBOR利率区间 | 无，仅有贷款机制 | 是 | 回购、固定期限拍卖、外汇掉期 | 通常1周 | 每天 |
| 英国 | 英镑隔夜指数利率 | 隔夜利率 | 是，±25基点 | 否 | 回购 | 隔夜至1年 | 每天 |
| 美国 | 无担保联邦基金目标利率 | 无担保联邦基金利率 | 2008年10月之前无正式的存款便利 | 是 | 与主交易商开展回购交易 | 通常是隔夜至14天，特定情况可长达65个交易日 | 每天（短期操作）；每周（更长期操作） |

注：各国中央银行在不同时期会进行政策调整，本表尽可能反映各国中央银行最近的操作情况。

资料来源：国际清算银行市场委员会，http://www.bis.org/about/factmktc.htm；各国中央银行网站。

不过，各国具体的制度安排仍存在差异。可以发现，在以利率走廊调控为核心的货币政策操作框架中，在经济正常情况下，由于存贷款便利利率为市场利率提供了可预期的利率上下限,因而这有利于管理市场预期,中央银行可以不再频繁动用公开市场操作这一政策工具来调节市场流动性,这与美联储的操作可以达到异曲同工的效果。例如,新西兰储备银行 2002 年的公开市场操作规模仅为 1999 年采用利率走廊调控模式之初的十分之一,目前新西兰储备银行已经很少进行市场干预。而且,有研究表明(如 Bindseil and Jablecki,2011),对存款准备金进行利息补偿、采取滞后期的准备金考核方式、加强政策沟通和透明度、公开市场操作频率越高、采用利率走廊模式、实行较窄的利率走廊区间等制度安排,货币市场利率与中央银行目标利率的偏离更小,更有利于货币政策当局的利率引导。

另外,在利率走廊模式下,利率走廊区间的大小对利率引导和货币政策效果有着很大的影响。通常,利率走廊区间越大,市场资金交易和货币市场利率的波动也更大,不过这并不表明零利率区间是最优的政策选择,因为如果存款利率区间为零,由于市场交易存在一定的交易成本,存款利率区间为零使机构间交易的报价溢价无法得到抵补,中央银行将最终成为市场流动性的唯一提供者,显然不是一个最优的情形。澳大利亚的实践也支持了这一点。在实行利率走廊模式之初,澳大利亚储备银行仅将存款利率区间设为 10 个基点,但结果却是发现银行更不愿意在市场中拆借资金了,因而最终将存款利率区间扩大为 25 个基点(Wood ford,2001)。当然,在诸如国际金融危机这样的系统性危机条件下,缩小存款利率走廊区间有利于促使中央银行提供更多的流动性,稳定金融市场和经济(Bindseil and Jablecki,2011)。因此,欧洲中央银行在 2009 年 5 月将利率走廊区间由之前的 200 个基点缩减至 150 个基点,并最终将利率走廊区间于 2014 年缩小至 50 个基点,很大程度上就是应对危机的政策选择。

(四)国际金融危机后各国利率调控模式的变化

欧洲中央银行超低的几乎为零利率(甚至是存款负利率)的政策,在表明欧洲中央银行通过低利率刺激经济的决心的同时,也充分说明了传统政策利率手段的局限性,那就是通过基准利率引导货币市场利率进而实现物价稳定及经济增长等货币政策最终目标,需要有一个前提,即中央银行目标利率不能降至零,更不能是负的名义利率,否则利率工具将没有任何下降操作的空间。在经济受到危机冲击陷入萧条时,经济事实上面临着通货紧缩的压力,政策的主要任务是稳定金融市场并刺激经济复苏。基于对20世纪30年代"大萧条"的经验认识(M. Friedman and Schwartz, 1963; Bernanke, 1995),尽管名义利率水平可能已经非常低,但实际利率仍然是非常高的。为此,只能采取非传统的量化宽松政策手段,通过中央银行资产负债表的变化,购买债券膨胀中央银行资产规模,向经济注入大量资金,以此促进经济的稳定和恢复。为维持较低的利率水平,中央银行也有必要通过传统的公开市场操作和非常规量化宽松手段提供大量流动性,以有效刺激经济的复苏,这也是2008年之后几乎所有主要国家中央银行都采取了超低零利率政策的主要原因。

与此同时,为了加强非常规政策效果并有效引导市场预期,各国中央银行纷纷加强了政策的透明度及与市场的沟通,甚至中央银行沟通被称作新的货币政策传导渠道(Central Bank Communication, Blinder, etal., 2008)。在国际金融危机的大背景下,主要国家中央银行都提出了利率的"前瞻性指引"政策(Forward Guidance),作为加强与公众沟通、提高超低(零)利率和非常规货币政策效果的政策手段。中央银行通过公布前瞻性信息加强引导市场预期,以提高政策的有效性。所谓"前瞻性"信息,包括经济状况预测和判断、当局未来货币政策立场和政策路径,其特点是前瞻性(尚未发生)、主观性和不确定性。广义的前瞻指引包括公布经济预测(IMF, 2013),而狭义的前瞻指引是指有关货币当局未来政策立场和政策路径(主要是利率路径)的沟通(Plosser, 2013; Wood ford, 2012)。在2008年金融危机前,新西兰(1997年)、挪威(2005年)、瑞典(2007年)、冰岛(2007年)和捷克(2007年)等国家便已开始了利率路径预测的尝试。这些国家普遍采用了通货膨胀目标制，建立了较为透明的货币政策框架，定期发布关键经济指标预测和政策利率预测，货币当局强调所发布的政策路径是预测，而非政策承诺。国际金融危机后，美联储、日本中央银行和英国中央银行等除加强货币政策常规沟通和经济预测信息公布之外，为达到降低长期利率及不确定性的目的，启动了具有承诺色彩的利率路径指引。

2010年10月，日本中央银行为应对国际金融危机，实施包括流动性供应的一揽子货币宽松政策，并宣称将零利率政策一直维持到日本中央银行认定物价稳定目标已达到且无明显的金融失衡的风险。2013年4月，日本中央银行发布"质量与数量宽松政策"，宣称在2年时间内实现2%的通货膨胀目标，为此将不遗余力地实施数量宽松和质量宽松计划，该指引兼具时间指引（2年之内）和状态指引（达到2%物价目标）的特征。

2011年8月，美联储采用了明确的时间指引，宣称预期低利率将至少持续到2013年中期，随后在2012年1月和9月两度将低利率的维持时间推迟到2014年底和2015年中期。2012年12月，美联储明确发布了条件指引，指出"只要失业率仍在6.5%以上，未来1—2年的预测通货膨胀不超过公开市场委员会认定的2%的长期通货膨胀稳定目标以上0.5个百分点（不超过2.5%），长期通货膨胀预期仍在锚定范围内，将继续维持当前的超低利率水平"；2014年3月，随着劳动力市场指标的好转（失业率6.6%），美联储指出要考虑多种信息包括劳动力市场数据、通胀压力指标、通胀预期，以及金融发展数据等评估低利率的延续时间，若通胀预测值继续保持在2%以下，且长期通胀预期仍然稳固，则在QE结束后的一段时间内仍将联邦基金利率维持在当前的目标区间，9月美联储维持了"低利率持续一段时间"这一措辞，同时发布的有关未来利率预测数据显示，2015年底的联邦基金利率水平为1.25%—1.5%。

英格兰银行在2013年8月正式推出比较复杂的含双重状态条件的

"前瞻指引",在强调通货膨胀目标的基础上,指出了具体的政策路径:未来失业率跌至7%以下之前,将继续保持0.5%的超低基准利率水平和资产购买计划不变;但若三个终止条款(Knock outs)中任意一个被破坏,则此门槛条件将失效,这三个条件是:货币政策委员会评估未来18—24个月内,通货膨胀率等于或超过2%的目标0.5个百分点;中期通货膨胀预期不再锚定(出现恶化);金融政策委员会判断宽松的货币政策对金融市场稳定产生了威胁,而金融政策委员会、金融法案或审慎监管当局没有可用的政策以应对。

2013年7月,欧洲中央银行也采用了类似的开放式指引,欧洲中央银行行长德拉吉宣称"预计核心ECB利率在相当长的时间内将维持或低于当前水平",并于2014年再度强调了这一基本政策倾向。

当然,应当意识到,量化宽松和前瞻性指引等措施只能是作为危机时期的非常规手段。毕竟,日本的经验表明中央银行资产负债表的扩张并未能有效刺激总需求(Kuttner,2004),因此一旦情况好转就应该回归正常的利率操作模式(Taylor,2014)。2014年以来,随着经济的复苏和就业情况的好转,美联储加快了退出量化宽松政策的步伐,于10月28—29日的货币政策会议上宣布彻底结束第三轮量化宽松的政策。尽管美联储仍然维持在利率前瞻指引中保留"相当长一段时期"的表述,但市场普遍预期美联储将在2015年开启加息的政策,重新恢复以利率为主的常规货币政策模式。

### 三、重视与市场沟通是有效发挥中央银行利率调控功能的重要方面

流动性效应和预期效应共同决定了中央银行引导市场利率的能力。理论上流动性与利率之间应存在显著的负相关关系,也就是所谓的"流动性

效应",中央银行可以通过调节市场流动性实现其政策意图。20世纪70年代理性预期革命以来,各国中央银行对市场预期和货币政策前瞻性、透明度与可靠性的关注日益增强。相关理论和实证研究表明,最佳货币政策的设计主要取决于公众、企业和金融市场投资者对未来一段时间的政策预期。最优化模型认为,私人部门的行为具有前瞻性,对未来市场条件的预期是决定当前行为的重要因素。有证据表明,在中央银行市场参与程度日益提高的情况下,私人部门进行预测时,也会充分考虑中央银行对系统性政策的承诺。20世纪90年代以来,随着各国中央银行逐渐意识到加强与公众沟通对提高货币政策效果的重要性,利率传导中的流动性效应明显变弱(Hamilton, 1997;Christiano, Eichenbaum and Evans, 1999;Friedman and Kuttner, 2010),预期效应的作用则明显增强。

从公众预期的形成和改变方式看,中央银行预期管理事实上也经历了一个从秘而不宣、出其不意到主动沟通、公开宣示的过程。20世纪90年代以前,受理性预期革命"货币政策无效论"的影响,中央银行认为只有公众没有提前意识到的政策才会对其行为产生影响,货币政策"越不透明越有效",政策制定者应该尽可能地保持缄默以追求出其不意(by surprise)的政策效果。美联储和其他主要经济体中央银行实行的都是秘而不宣的货币政策,不进行公众沟通,不披露货币政策,也不解释货币政策的必要性和效果。但这种缺乏沟通的货币政策并未取得令人满意的效果。例如,20世纪60年代中期,美国进入通货膨胀阶段。当时的美联储由于未能采取有力措施治理通货膨胀,被公众认为其没有治理通货膨胀的决心,公众的通货膨胀预期很不稳定。这种情况一直持续到1973年石油危机爆发。当时,石油价格上涨带动整体通货膨胀率上升,高通货膨胀预期影响了公众的预期和行为。工人预期价格上升要求增加工资,企业也预期未来成本攀升而相应提高价格,这进一步加剧了通货膨胀。虽然美联储在这一时期也出台了一些遏制通货膨胀的措施,但收效甚微,因为公众预期这些措施不足以充分遏制通货膨胀。到了20世纪80年代,美联储不得不数次大幅提高联邦基金目标利率,公众这才相信美联储维持价格稳定的决心。但由于与公众的沟通不足且政策措施出台较晚,虽然成功地遏制了通货膨胀,但却引发了经济衰退。

理论研究发展推动了中央银行沟通理念的转变,提高货币政策透明度成为大势所趋。Brunner(1981)婉转地批评了中央银行拒绝沟通的行为,说明当时的中央银行基本没有沟通。1996年,Robbins在伦敦经济学院演讲首次提出了"中央银行沟通有助于提高货币政策有效性"的观点(Blinder,1998,70-72)。Woodfood(2001)声称,货币政策的实质就是"预期管理"的艺术,而中央银行沟通有助于"预期管理"。这些新想法很快被运用到中央银行的实践中,各国中央银行相继摒弃以往秘而不宣的做法,逐渐变得乐于通过加强沟通追求其货币政策目标的实现,货币政策对预期的引导更加明确(见表3-5)。

1994年2月,美联储公开市场操作委员会首次在例会后发布声明,向公众披露货币政策的变化,美联储从此进入沟通时代。自1998年12月起,公开市场操作委员会由原来的政策有调整时才公布声明,转变为无论是否调整利率或转变货币政策取向都公布会议声明。从2000年开始,公开市场操作委员会每次召开例会后,都会发布关于经济展望的信息,提供关于经济中各种风险的整体评估,并披露未来联邦基金利率的走向。2003年8月,美联储开始运用"前瞻性指导"加强对公众预期的引导。这是美联储第一次将公众沟通当作首选的货币政策工具,标志着美联储从"利用沟通促进联邦基金利率调整"演进到了"沟通本身即是政策"。

美联储在加强公众沟通方面的不懈努力,为其积累了相当公信力,并在稳定市场预期方面发挥了积极作用。2008年下半年,为应对大萧条以来从未有过的严峻形势,美联储将联邦基金目标利率调整到接近零的历史低位,并保持至今。尽管联邦基金利率已降无可降,但由于金融市场遭受

# 第三章 利率市场化改革中的中央银行利率调控

表 3-5 部分国家（地区）中央银行沟通实践

| 中央银行 | 公众沟通实践 | | | | | |
|---|---|---|---|---|---|---|
| | 货币政策委员会会议 | 中央银行新闻发布会 | 货币政策报告 | 通胀报告 | 金融稳定报告 | 中央银行年报 | 其他 |
| 美联储 | 每年8次；会后当天公布会议政策声明；会后3周公布会议纪要，会议纪要附录以条线图和点状图的形式公布市场委员会成员对关键利率的预测（每年4次），并将预期调整合进每年1月、4月、6月和10月发布的经济预测中；会后5年公布"略加编辑的"会议记录 | 每季 | 每半年 | — | — | 每年 | 每月公布《信贷和流动性项目及资产负债表报告》；提交国会的书面报告；国会证词；褐皮书（每年8次）；不定期演讲和采访 |
| 欧洲中央银行 | 每月举行两次会议，第一次评估近期货币与经济形势，制定货币政策，第二次就支付体系、统计、货币金融和法律事务等其他事项进行决策；不公开会议记录 | 每月第一次欧洲中央银行管理委员会会议结束后召开 | 欧洲中央银行管理委员会议后1周发布《欧洲中央银行月报》；在3月、6月、9月和12月的《欧洲中央银行月报》上刊载经济预测 | — | 每半年 | 每年 | 不定期演讲和采访 |

109

续表

| 中央银行 | 货币政策委员会会议 | 公众沟通实践 | | | | | 其他 |
|---|---|---|---|---|---|---|---|
| | | 中央银行新闻发布会 | 货币政策报告 | 通胀报告 | 金融稳定报告 | 中央银行年报 | |
| 英格兰银行 | 每月举行；会后当天公布会议声明；会后2周的周三上午9:30公布会议纪要 | 每季 | — | 每季；提供货币政策委员会对经济增长和通货膨胀的预测；以"扇形图"的形式对预测面临的不确定性和风险进行剖析 | 每半年 | 每年 | 对货币政策发言限制规定；带有货币政策教育性质的沟通实践（"锚定2.0"货币政策宽松）；通货膨胀预期调查；不定期演讲和采访 |
| 日本银行 | 每月举行；会后当天公布会议决定；会后4周公布会议纪要 | 货币政策委员会会议结束后召开 | 货币政策结束后第二天公布《月度报告》；6月和12月向国会提交《货币政策报告》 | — | 每半年发布一次《金融系统报告》 | 每年发布年度回顾 | 4月和10月货币政策委员会当天下午3点发布《经济展望报告》，次日下午2点公布报告全文；不定期演讲和采访 |
| 新西兰联储 | 每年8次；会后公布货币政策声明利率决议；会议数周公布会议纪要 | 每季 | 每季 | — | 每半年 | 每年 | 披露对经济形势的判断和货币政策决策所依据的经济模型；不定期演讲和采访 |

110

巨大破坏，政策利率传导受阻，美联储开始使用非常规措施稳定金融系统，与公众沟通内容也变得日益丰富。例如，为了让大规模资产购买计划尽可能达到压低长期利率的效果，美联储反复向公众解释其持有这些证券资产的意图。此外，对接近于零的联邦基金利率将维持多久，也随时作出越来越细的说明，从简单表示低利率将"维持一段较长时间"，到明确上调关键利率的时间表，再到为将来可能采取的行动制定触发条件和门槛，并以条线图和点状图的形式公布联邦公开市场委员会成员对关键政策利率的预测，都明确无误地事先告知联储经济金融形势的判断，以及改变决策的依据。同样，尽管2013年末美联储会议才正式确定逐渐减少资产购买计划，但有关QE退出的预期，早在年中就有宣示；并且从QE一开始实施，就对如何消除其负面影响、将来如何退出作了说明。所有这些，目的都是增强公众对政策的信心，使公众相信联储的政策既有助于当前金融市场稳定和经济的复苏，也不会引发未来的通胀。

## 第四节　健全中央银行政策利率调控的基本路径

### 一、我国中央银行利率调控的环境与条件评估

基于前述分析，不难归纳出影响中央银行利率调控效应的基本因素。除市场主体的利率弹性等微观基础外，从更为一般的宏观条件看，主要是金融市场的完善程度、融资结构以及中央银行自身的权威性、可信度以及相应的外部制度环境。同时需要指出的是，尽管诸如微观主体利率弹性、金融市场状况等客观条件能够影响政策利率的实施效果，但从根本上看，

中央银行凭借其自身的特殊地位，其政策利率对金融市场利率具有天然的权威性，通过加强中央银行和市场的沟通，能够在很大程度上弥补金融市场不发达的缺陷，也能反过来促进金融市场的完善和微观主体利率约束的增强。

（一）目前我国实施政策利率调控的环境已经基本具备

从理论上讲，货币政策工具选择有赖于传导机制（周小川，2004），货币调控方式的差异，主要源于对货币政策传导机制认识上的分歧。国内传统观点认为，在利率汇率形成机制尚须完善，金融市场发育不健全，微观金融主体利率敏感性不强、间接金融占主导地位、金融管制比较严重的情况下，信贷渠道在货币政策传导中发挥主要作用。但是，信贷渠道实质上是对传统利率渠道信息完全假设条件的修正。作为分析的基准，信贷渠道并不是完全独立于利率渠道之外的传导机制，而是对传统利率传导机制的扩大和补充（Bernanke and Gertler，1995）。从这个意义上看，货币政策传导中到底是利率还是信贷、货币供应量等数量渠道起作用，实际上很难截然分开，也不宜根据我国尚未形成不同层次的市场利率及传导机制，或是微观主体的利率敏感性不足，就简单认为货币政策传导主要是数量约束起了作用。同时从利率传导的市场化环境和中央银行对利率引导能力看，我国已经初步形成了较为敏感和有效的市场化利率体系和传导机制（周小川，2013）。

一是市场化利率传导环境明显改善。综合相关研究文献，尽管仍存在分歧，但越来越多的研究结论倾向于认为近年来我国市场化利率传导环境已有明显改善。其中，金融脱媒和直接融资比重上升、利率市场化改革深化以及微观主体利率弹性的增强被认为是三个主要推动因素。

二是中央银行对货币市场利率的引导作用逐步增强。尽管我国中央银行并未对政策利率作出明确宣示，更没有承诺相应的政策利率水平，但这并不意味着不对市场利率进行有效引导。事实上，近年来的货币政策实践,一方面继续注重流动性数量的管理和调节,另一方面也在不断强化对市场利率的引导作用。货币政策执行报告、货币政策委员会公告经常会出现诸如"根据经济金融变化,适时适度调节流动性,保持市场利率基本平稳"等表述。从调控效果看,无论是央行票据、回购等中央银行操作利率对货币市场利率引导效应的不断增强,还是Shibor与货币市场利率关联度的显著上升,实际都表明了中央银行在引导市场利率方面的能力正不断改善。

三是中央银行在与公众沟通和引导预期方面积累了初步经验。除了在公开市场上吞吐流动性引导市场利率之外,近年来中央银行与市场沟通也积累了初步经验。中国人民银行调查统计司(2012)指出,我国中央银行公众沟通的主要方式包括发布《货币政策执行报告》和《中国金融稳定报告》以及其他报告、中国人民银行网站、领导演讲、采访等,而沟通内容包括货币政策目标、货币政策操作及决定、金融统计数据、中央银行对当前形势的判断以及下一步政策倾向、需要公众了解的其他事项等,相关实证研究表明,我国中央银行预期管理对微观经济主体预期的形成已具备一定的引导作用,尤其是拥有广泛样本并定期发布并有关银行家、储户和企业三个调查问卷,对引导市场主体预期发挥了重要作用。例如,有关预期通胀率相关模型的实证研究,在加入采用中央银行储户调查问卷有关调查数据作为通胀预期衡量指标后,对历史通胀数据的拟合度明显提高(张健华等,2011),反映了中央银行信息公开对市场预期引导的作用正逐渐增强。

(二)制约利率调控效率的因素仍存在

总体看,价格型调控能够发挥作用的前提,是市场机制在资源配置中发挥主导作用、金融市场发展到比较高级的程度,价格信号尤其是利率能够指挥资源流动。如果价格机制失灵,则中央银行难以通过调整利率来有效调控宏观经济。我国不仅存在一些金融市场发育不充分带来的价格失灵，也存在一些金融市场之外的制度约束影响价格机制充分发挥作用。

一是金融市场仍不够发达。与发达国家相比，我国货币市场发展仍相对滞后，交易品种和交易期限不够丰富，交易集中度高且同质性强，衍生品市场发展明显滞后，一定程度上制约了价格发现和传导效率。此外，无论是从投资者的角度看，还是从融资者的角度看，金融产品供给的充分性和竞争性都不够强，金融市场为定价提供的信息不够充分；金融市场和基础设施建设不健全，市场分割、多头监管、信息不透明等因素仍然存在；金融市场传导效率不高，各类产品的利率没有形成很好的联动，利率传导机制不完善。在此情况下，中央银行通过金融市场实施利率调控的效果就会大打折扣。

二是体制因素导致货币被动投放和预算软约束的制约。一方面，地方政府存在投资规模偏好和财政货币化倾向。尽管财政已基本停止向中央银行的直接透支，但利用政策性金融制度安排、隐形担保等方式，仍对银行体系和中央银行形成大量的隐性透支。大量的地方政府性债务，也有很大部分来自银行体系。总体来看，我国目前还存在财政风险向金融风险转换的隐患，一定程度上会影响政策利率向市场的传导。另一方面，部分市场主体仍存在预算软约束。预算软约束是转轨经济体的体制性弊端的集中体现。尽管改革开放以来我国投资主体预算软约束问题有了很大改观，但毋庸讳言，由于体制政策环境等因素，这一问题至今仍不同程度存在。尤其是一些政企信用难分的地方融资平台，仍可能忽视利率成本而偏好资金可得性。同时，金融机构经营模式同质化，自主定价的意愿和能力仍有待进一步培育。这些都可能影响利率政策的传导效应。

三是汇率弹性不足影响利率传导效率。理论上，所谓"不可能三角"揭示了货币政策独立性和汇率弹性以及资本项目可兑换三者间的内在联系。由于发展中国家大都存在不同程度的资本项目管制，这样中央银行政策利率决策的自主性以及其传导效率很大程度上就取决于汇率弹性。Cas

等（2011）比较了中美洲一些国家与拉美 6 国（巴西、智利、哥伦比亚、墨西哥、秘鲁和乌拉圭）的利率传导情况，结果显示汇率弹性更好的拉美 6 国金融部门发展更好，利率传导效率也更高。Gigineishvili（2011）分析了包括发达国家、发展中国家和低收入国家等 70 多个国家的样本，结果发现，与实行固定汇率制的国家相比，实行浮动汇率制的国家（根据 IMF 的定义，包括自由浮动、浮动以及其他有管理的汇率制度），其利率传导特别是长期利率传导效果更好。一项包括中国在内的 120 多个国家的跨国研究（Saborowski and Weber，2013）表明，汇率弹性增强能有效提高利率传导效应，汇率从钉住（pegged）转向浮动（floating）时，利率传导效应能提高 25%—50%；同时，汇率的影响在发达国家尤为显著。从我国情况看，过去一个时期尽管汇率弹性逐渐增强，经常项目顺差占 GDP 比重也从一度近 10% 下降到目前的 2.5% 左右，但毋庸讳言，无论是汇率形成机制本身，还是决定外汇市场供求关系的资本项目可兑换程度，都有待进一步深化改革，从而增强央行利率决策的主动性并提升利率传导效率。

四是微观监管职能泛化为宏观调控与利率调控难度加大。在宏观金融管理以及监管协调机制上，人民银行与监管部门的关系和组织架构以及相应的调控手段安排仍有待明确，职责与权限失衡、制度不配套等问题仍不同程度存在，实践中也出现了微观监管职能泛化为宏观调控的现象。现行的"一行三会"协调机制定位不明、职责不清、手段不足，市场利率受到多种因素干扰，调控难度也进一步加大。例如，受存贷比等监管考核因素的影响，金融机构对存款的依赖程度较高，货币市场作为金融机构融资来源的重要性不够，加大了货币市场利率向债券市场、信贷市场利率传导的难度。再比如，2011 年下半年，由于监管部门加大了对金融机构利用票据业务规避信贷调控的检查力度，票据利率迅速走高，而 2012 年初该效应消退后又迅速下降，波幅明显大于市场利率。此外，近年来监管部门有关银行理财业务、同业业务合规性监管规定的调整，也都对当时的货币市场利率造成了较大影响。

综合评估我国目前的市场环境和制度条件，虽然当下完全转向利率调控还面临诸多挑战，但从金融市场发展、中央银行货币政策操作和公众沟通等方面看，我国实施政策利率调控的基本条件已经具备。从另一方面讲，改革的条件与改革决策之间并不存在绝对的单向因果关系，很多情况下则更多地体现为双向因果关系，在我国实施政策利率调控的基本条件已经具备的条件下，加快培育中央银行政策利率调控框架，将有利于市场环境和制度条件的进一步改善，而不必期待一切条件都达到最优再推进改革。

## 二、市场化条件下的中央银行政策利率及其调控机制的选择

通过对各国政策利率和利率调控模式的比较分析可见，中央银行政策利率通常是指隔夜水平的短端利率，这主要是因为，根据利率期限结构的预期理论，短期利率与长期利率存在长期均衡的协整关系（Engle and Granger，1987；Campbell and Shiller，1987），而利率期限结构则主要取决于市场对未来通货膨胀和经济增长的预期（Fama，1990；Mishkin，1990；Estrella and Hardouvelis，1991）。中央银行可以通过调节短期利率影响长期利率，进而影响实体经济，从而实现货币政策目标。对我国利率期限结构的经验分析也表明，预期理论同样适用于我国（李宏瑾，2012）。事实上，如果中央银行直接决定（钉住）长期利率，也就意味着中央银行将决定市场利率期限结构（这其实相当于利率管制），这既不符合市场经济的内在要求，也可能超出中央银行的能力。从当前的市场环境和宏观条件看，我国实施政策利率调控的环境已经基本具备。市场化利率传导环境明显改善，中央银行对货币市场利率的引导作用逐步增强，中央银行着力培育的Shibor与主要货币市场交易利率的关联度显著上升，中央银行在与公众沟

通和引导预期方面积累了初步经验。因此，可以择机在可控性、代表性、基准性等方面具备较强特征的短期利率中选择一种利率作为政策利率并明确宣示。

在操作模式方面，从目前看，超额准备金利率作为货币市场利率下限，再贷款（再贴现）利率作为货币市场利率上限，一定程度已具备了利率走廊功能（周小川，2012）。目前也有一些研究者建议采用利率走廊模式。中国人民银行营业管理部课题组（2013）建议，我国今后价格型货币政策调控的主要模式应是，以完善的存贷款便利机制构建利率走廊制度，通过高效的公开市场操作有效开展流动性和预期管理，引导市场利率。何东、王红林和余向荣（2013）也认为，随着贷款利率全面放开和负债类理财产品大量增加，可以参考利率走廊机制建立一个以均衡利率水平为中心的利率走廊机制。我们认为，具体的操作模式可在实践中不断探索完善。

## 三、深化中央银行政策利率调控的相关配套改革

较之利率走廊等政策利率具体实施模式等技术层面的问题，制度、市场等体制环境是决定政策利率效果、减少其负面影响更为关键的因素。当前和今后一个时期，无论是加快推进利率市场化，还是健全中央银行政策利率改善金融宏观调控，以及维护金融市场稳定，关键都取决于深化相关的配套改革。

一是继续坚定不移地调结构减顺差促平衡，为增强汇率弹性创造条件。早在2007年，中央经济工作会议就确立了调结构减顺差促平衡的发展目标。应该说这一目标并非当时应对外汇流入大量增加的权宜之计，而是基于我国作为大国开放经济这一基本特征，在转变发展方式上的根本决策。相应地，在货币政策上，也要逐步适应这一基本特征，确立以利率调控为核心的调控框架。事实上，对我国而言，强化中央银行政策利率调控

的必要性，并不仅仅在操作层面上，应对金融创新等外生冲击导致的货币数量可控性下降，更重要的是，货币政策目标要从小国开放经济追求汇率稳定的传统思维，转向追求利率调节主动性以扩大内需的大国开放经济思路，这一根本性转变才是加快推进利率市场化以及健全中央银行政策利率调控的基本出发点和战略意义所在。基于此，未来一个时期应按照党的十八届三中全会要求，加快推进要素价格改革和结构调整力度，同时加快完善汇率形成机制，为健全中央银行政策利率调控创造环境。二是健全多层次金融市场体系特别是货币市场，这不仅直接关系到中央银行政策利率调控以及整个金融市场定价的有效性，而且要从党的十八届三中全会加快完善现代市场体系所确立的企业自主经营、消费者自主选择的高度，认识完善金融市场的重要意义。三是加快转变政府职能消除预算软约束。党的十八届三中全会指出，使市场在资源配置中起决定性作用，既包括加快建立统一开放、竞争有序的市场体系，也包括要更好地发挥政府作用。毋庸讳言，当前无论是利率约束相对不足的地方政府融资平台，还是财政驱动型的货币被动投放，本质上都是政府职能转变不到位、政企信用相互混淆的反映，必然制约金融市场正常的信用评估、定价以及筛选机制发挥作用，中央银行政策调控也同样会面临相应的掣肘，需要从根本上健全政绩考核、改革财税体制和行政管理体制，在促进政府职能转变的同时，为健全中央银行政策利率调控创造良好的外部制度环境。四是改革监管体制，完善监管模式，加强微观监管与宏观调控政策的协调。

# 第四章 利率市场化与经济金融发展的关系

大量文献分析了利率市场化对经济金融发展的影响,但关于经济金融发展对利率市场化进程的影响却鲜有系统性分析。一些研究者指出,宏观经济金融稳定是利率市场化改革成功进行的条件;很多研究说明,金融创新与金融脱媒对利率市场化具有催化作用。这些研究说明,经济金融发展状况对利率市场化存在影响。观察各国利率市场化的进程及结果,可以发现利率市场化实际上受经济发展阶段及一些结构性变化的影响较大。本部分结合国际经验,分析我国经济金融发展的不同阶段对利率市场化改革的推动或局限,以从更全面的角度认识我国的利率市场化改革。

## 第一节 不同经济发展阶段对利率体制的影响

### 一、利率体制变迁的渐进性:从理论到实证

尽管金融结构和金融深化理论较好地分析了利率市场化的原因和必要性,并且部分国家和地区在 20 世纪 70 年代、80 年代按照这一理论进行了

利率市场化改革。但是在部分地区，如非洲和拉美国家的改革结果却与理论上的情景相差甚远，特别是 1997 年爆发的亚洲金融危机，引发了人们对危机发生国政策的反思。麦金农本人就以"金融自由化的陷阱"为题，对其金融深化理论在实践中的问题进行了反思，指出："自由主义并不是一切如意，有利于金融自由化的一切情况由于拉丁美洲南部的一系列银行恐慌和倒闭而陷入疑问之中……我们现在认识到，关于如何最好地实现金融自由化的知识是非常不完善的。稳定货币体系与撤销对银行和其他金融机构的管制比较起来，我们的考虑必须比先前的设想更为仔细。"

赫尔曼（Hellmann）、默多克（Murdock）、斯蒂格利茨（Stiglitz）于 1997 年提出的金融约束理论则对利率市场化实现的环境以及适当的改革方式作了深刻的分析，可以视为金融深化理论的丰富与发展。对于市场基础较薄弱的发展中国家来说，一定程度的政策干预比完全市场化政策更有利于实现经济增长，"选择性干预式的金融约束有助于而不是阻碍了金融深化"。金融约束的主要政策有利率控制和资产替代等，其中利率控制是核心。通过政府的金融约束政策，保持一个正的，但低于均衡利率的存款利率水平可以达到如下效果：一是能够压低金融机构的筹资成本，通过限制贷款利率来降低借款人的违约风险；二是通过设定较高的利差为金融机构创造利润，从而激励金融机构为市场提供较为完善的金融服务，推动金融深化和经济增长；三是在市场达到较高的发展水平时，再解除利率管制，实现利率市场化。

大量实证研究也表明，不同经济发展阶段对利率体制和利率市场化程度的影响显著存在。由于利率变动本身对消费增长率存在着方向截然相反的替代效应和收入效应，在不同的收入水平和风险水平下，提高实际利率对消费增长和产出的影响存在不确定性（Levhari and Srinivasan, 1969; Hall, 1978; Jappell and Pagano, 1994）。Reinhart 和 Tokatlidis（2005）通过对利率市场化改革前后经济绩效的对比分析发现，利率市场化改革往往伴随着实际利率的上升,但这并不会降低经济增长率而会带来更高的 FDI 和资本流动,不过这个效果只是在收入水平较高的国家比较显著,由于很多低收入国家主要面临生存问题,因而金融自由化和金融深化对产出和资本流动的效果并不明显。事实上,对多数发展中国家而言,实际利率并不是决定消费增长和经济增长的唯一因素。居民永久性收入水平低下、资本市场不健全、金融产品匮乏、法治不健全等因素都会影响居民消费水平及其增长率变化。

经济发展阶段和经济发展水平还会影响利率市场化改革后金融危机爆发的概率。国际经验表明,有些国家在进行利率市场化之后发生了金融危机,有些国家却没有发生危机,可以从经济发展水平这个角度来认识这个问题。以人均 GDP 指标来代表经济发展水平并作为纵轴,预测的利率市场化改革后危机发生概率作为横轴,散点图如图 4-1 所示。

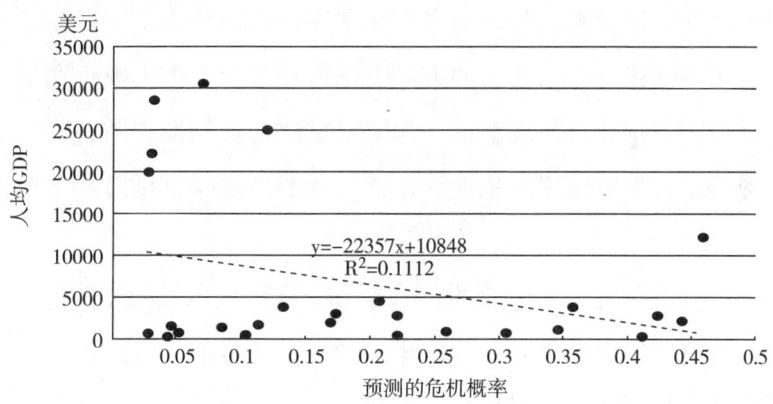

资料来源:人均 GDP 数据来源于世界银行,预测的利率市场化改革后危机概率来源于 AshDemirgüc – Kunt and Enrica Detragiache,《金融自由化》,2003。

图 4-1 人均 GDP 与利率市场化后发生危机概率的关系

很明显,散点图分为两个大部分:第一部分是人均 GDP 在 5000 美元以下的国家,发生危机的概率比较均匀地分布于 0 到 0.5 的区间上。第二部分是人均 GDP 高于 15000 美元的国家,发生危机的概率分布于 0 到 0.15

的区间上。可以发现：当人均GDP在5000美元以下时，进行利率市场化改革有可能发生危机，也可能不发生危机，概率相对平均分布。而当人均GDP很高时，利率市场化改革后发生危机的概率大大降低。

## 二、根据经济发展阶段选择利率体制并逐步走向利率市场化：多数国家的共同经验

从国际经验看，多数国家的利率体制普遍经历了"完全自由—管制—自由化"的一个过程，尤其是在经济发展的初期阶段，选择对利率实施管制是全球多数国家的常态。

工业革命之后，银行业开始在西方经济中扮演重要角色，但从工业革命至20世纪初期，银行业一直处于无利率管制状态。除了少数地区性的短期协定之外，很少见到西方国家对利率进行管制的描述。即使是以英格兰银行、法兰西银行等为代表的中央银行出现之后，中央银行在当时的主要职能是为商业银行再贴现融资、为国家财政融资和促进国家统一通货的流通、保持银行券对金银的兑换等，很少有中央银行直接对利率水平进行限定。

20世纪上半叶经历的两次世界大战和一次世界范围的经济危机，给各国银行体系造成极大破坏，出于重建金融体系的目的，各国都致力于通过管制来实现对银行体系的保护。在宏观思潮方面，凯恩斯的干预主义理论对自由经济理念的颠覆，以及现代中央银行体系的形成，进一步推动了国家干预和管制思潮的盛行。

在美国，罗斯福政府在解救1929年大危机的过程中，摒弃了自由放任主义的传统原则，运用国家权力的力量干预经济和社会生活，推动了凯恩斯国家干预理论的系统化和完整化。在第二次世界大战期间，为筹集战争经费，美国长期将利率保持在较低水平。1951年，美联储才与美国财政

部达成协议并获得利率决定权，但承诺不让利率急剧上升。1933—1935年，美国通过了一系列金融法案，如《银行法》、《证券法》、《证券交易法》、《联邦储备法》、《国民银行法案》等。这些法案提出了对银行支付存款利率进行限制以及禁止银行业对证券的投资，建立了存款保险制度，加强联邦储备银行权力，对金融市场和银行机构进行管理、监督。正是在这一背景下，诞生了著名的 Q 条例。Q 条例的主要内容是按银行法规定，授权联邦储备系统对会员银行吸收定期及储蓄存款规定最高利率限额，同时禁止对活期存款支付利息，所以 Q 条例变成对存款利率进行管制的代名词。美联储系统的利率管制范围两年后从成员银行延伸到非成员投保银行，1935 年银行法则赋予联邦存款保险公司同样的权力范围。从那时起，两个联邦机构同时规定银行可以支付的定期、储蓄存款的最高利率。1966年 9 月，又制定了《临时利率控制法案》，将 Q 条例的适用范围扩展到储蓄金融机构，如相互储蓄银行和储蓄贷款协会。就政策目的而言，美国金融当局将利率管制作为其货币政策的辅助工具，希望通过对利率的限制直接影响银行信贷规模的扩张，与此同时，通过限制利率竞争以保证银行经营的安全稳健。从政策效果上看，以 Q 条例为代表的利率管制政策实施对 20 世纪 30 年代美国恢复金融秩序、对 40 年代至 50 年代初的美国政府低成本筹措战争借款和战后美国经济的迅速恢复，起了积极作用。

日本在第二次世界大战后，具有畸形的经济结构：一方面是先进的大工业，另一方面是分散的个体农业；一方面是飞速发展的大工业城市，另一方面是贫瘠落后的边远地区。在同一工业部门内，也是先进的大企业与落后的中小企业并存。另外，作为战败国，日本经济在战争结束之后几近崩溃，资金极度匮乏，在这种情况下，采取集中资金促进复苏与增长是必然选择。从第二次世界大战结束到 20 世纪 70 年代末，日本实行了金融管制，对金融机构的业务范围和利率有严格的限制。1947 年，日本依照美国的 Q 条款制定了《临时利率调整法》。日本银行对于利率的管制表现为直接限制和指导性限制两类。受限的利率包括存款利率、短期贷款利率、长期优惠贷款利率和债券发行利率。其中，对存款利率和短期贷款利率规定上限，并且指导性地限制利率档次。对长期贷款利率没有直接的上限限制，但规定长期优惠贷款利率必须与长期金融债券利率联动，而金融债券利率要经日本银行和大藏省以及发行机构共同决定，因此长期贷款利率也受到一定的限制。活期存款利率和银行同业拆借市场利率不受限制，但对利率的计值方法却规定由农林系统金融机构（资金主要供应者）和城市银行（资金主要需求者）协议决定，不能随时变更。从政策效果上看，利率长期保持在较低水平，集中了日本国内的资金用于恢复生产和促进经济复苏，第二次世界大战结束后到20世纪70年代初，日本经济一直保持高速增长，使其从战争废墟一跃成为世界经济强国。

在欧洲，英国在第一次世界大战之后，就以利率协定的形式限制利率。法国政府在第二次世界大战以后加强了信贷管理政策，由国家信贷委员会规定银行存款的最高利率，将其限制在较低水平上，使其能够满足经济发展对大量资金的需求。法国的实际利率在很长一段时间内都处于负利率状态，低利率政策在一定程度上对刺激投资、加快经济增长起到了较大的促进作用。德国从1932年开始实施利率管制，一直延续到第二次世界大战结束后相当长一段时间。利率管制最初是以银行间利率协定的形式呈现，后来变为行政命令方式。利率管制的范围比较广泛，除存款利率外，票据贴现率和各种手续费也都受到管制。银行各类贷款利率一般围绕中央银行再贴现率的变动而变动。德国中央银行通过再贴现率的变动影响利率水平和结构，进而影响整个经济的信用水平，有效地控制了整个经济活动，取得了很好的经济效果，支持德国成为战后经济恢复最快的国家之一。

主要发达国家的经验表明，在经济发展水平相对较低、经济处于恢复或起飞阶段，通过利率管制能够为经济发展提供更多动力，在存款利率受管制的情况下，尽管要承受一定的福利损失，但使存款利率低于均衡利率水平降低银行吸收存款成本，创造了可增加银行"特许权价值"，为银行经营提供了有效的激励机制。政府通过控制贷款利率政策，使贷款利率低于均衡利率水平，降低了企业融资成本，为企业部门创造租金机会，刺激了企业部门的贷款需求增加及投资增长，从而促进了经济增长。

当然，利率管制只是特定经济发展阶段中的特殊现象。20世纪70年代以后，世界经济、金融形势发生了很大变化，经济发展水平、通货膨胀状况和金融市场的种种变化削弱了各国政府所实施的许多对货币和信贷的控制。主要发达国家开始适应这种变化，进行了包括利率市场化在内的一系列广泛的金融改革。这一阶段，利率政策和利率体制的基本目的不再是集中资金资源刺激投资需求，而是使利率能够正确、灵活、及时地反映资金供求状况和金融资产的收益率，有效调节金融资源在全社会范围内的配置，进而引导经济资源在全社会的有效配置。同时，这样的利率体系应能便利中央银行的货币政策操作，使之能够通过影响利率的水平和结构来调节国民经济的运行。此后，主要发达国家逐渐进入市场化利率体制阶段。

## 第二节　中国经济发展阶段与利率市场化改革

我国利率市场化改革是在经济金融改革、开放和发展的背景下展开的，这期间，我国经济金融不仅经历了体制的转变、总量的快速增长，还经历了很多结构性的变化。根据前一节的理论分析和国际经验，经济金融总量和结构的变化都会对利率市场化改革产生影响。

中国金融改革报告 2015——中国经济发展与改革中的利率市场化

## 一、经济高速增长时期的利率市场化改革

改革开放后我国的经济发展可以大致分为两个大的时期：国际金融危机之前的高速增长时期和之后的结构调整时期。当然，每个时期也包含不同阶段和周期。

我国经济高速增长期又可分为三个小阶段：20 世纪 90 年代中期前的短缺经济时期、亚洲金融危机爆发后的调整时期、2003—2008 年以高投资和高出口带动的高速增长期。下面分这三个阶段观察不同时期的利率市场化改革。

改革开放后到 20 世纪 90 年代中期前，我国处于经济金融发展的初期。改革开放使经济金融发展的桎梏解除，人民长期被压抑的生活需求得到释放，计划经济时期的短缺特征进一步显性化。这一时期，经济金融总量较小，尽管增长速度快，但波动也很大，经常出现大起大落现象。计划经济时期只重物质生产且十分重视重工业发展的观念和政策使经济结构畸形、金融压抑状况严重。因此，这一时期，利率市场化不仅受到体制上的制约，受经济金融条件的制约也很大。在短缺较严重条件下，资金需求非常高，利率完全放开可能会导致利率高企，但并不一定能抑制住资金需求，况且我国这一阶段还存在非常严重的预算软约束问题。另外，这一时期我国经济的波动性大、通胀率高，在这种环境下实行利率市场化必然会进一步加剧经济波动。更重要的是，金融体系处于发展的初期，金融市场尚未形成，放开利率也谈不上利率市场化。事实上，这一时期，为了配合经济搞活，我国也多次进行了利率浮动的探索，但往往出现金融乱象，使得在利率管理上"收与放"经常反复。当然，这其中很大程度上有体制上的原因，但也不能否认经济金融发展程度较低的影响。

经过一段时期的发展后，我国经济和金融总量达到了一定规模，经济

金融结构得到初步改善，经济的稳定性有所增强，通胀率总体上也趋于下降。1997 年，我国开始出现商品供过于求现象，同时又发生了亚洲金融危机。之后几年，我国经济增长受到很大冲击，银行不良资产问题也突出地暴露出来，国内进行了较大力度的经济改革和调整。这一时期，我国的利率市场化进程得到了实质性的推进。1996 年我国取消了对同业拆借利率的上限管理，至 1999 年银行间市场基本实现利率市场化。针对经济下行时期中小企业贷款难较为突出的问题，为了鼓励对中小企业贷款，自 1998 年 10 月 31 日起金融机构对小企业的贷款利率上浮幅度由 10% 扩大到 20%，农村信用社贷款利率上浮幅度由 40% 扩大到 50%。为支持中小企业发展，1999 年县以下金融机构和商业银行对中小企业的贷款利率上浮幅度扩大到 30%。1999 年 10 月，人民银行批准金融机构开办市场化定价的长期大额协议存款业务。2000 年 9 月，人民银行宣布放开外币贷款利率，同时放开大额外币存款利率。这一阶段，我国也开始酝酿国有银行改革，为下一步的利率市场化做准备。

经过调整和改革，以及加入世界贸易组织后的促进作用，自 2003 年起我国进入新一轮高速增长时期，这一时期的增长被定义为传统的经济增长模式，即政府主导的经济赶超型发展战略下高投入、高消耗、高出口的粗放型增长方式。所谓政府主导，是指政府在经济增长中处于主导性地位和发挥着导向性作用，政府控制着关键性和基础性资源的配置（魏杰，2011）。所谓经济赶超型增长模式，是指将经济的快速增长置于突出重要的地位。从其投入看，表现为高资源消耗、高资本投入和使用大量低成本劳动力；从其生产结构看，表现为第二产业的比重过高而第三产业发展不足；从其需求结构看，表现为投资与出口的占比过高，而消费的比例过低。与这种增长模式相适应，我国形成了一系列的配套政策，利率政策可以说是其中一部分。

在传统的经济增长模式下，无论是经济增速优先、规模优先，还是投资优先，都要求金融资源以低成本满足其资金数量要求，加上长期以来，由于高储蓄、高顺差，我国的资金供应充裕，银行与企业处于流动性过剩的环境中，以低利率实现经济规模的外延式扩张也具备了现实基础。因此，我国长期以来实施的渐进式利率市场化改革以及一定程度的利率管制，是内生于我国传统的经济增长模式并与之相适应的，在很大程度上满足了经济快速增长的需求。

还值得注意的是，在传统的增长模式下，出口对经济增长的贡献较大。为了保持出口的稳定增长，汇率政策需要相应配合，这对利率市场化改革及利率政策都会有所影响。此外，在全球化的环境中，国外因素的影响也不可忽视。利用费雪假说、泰勒规则、利率平价和动态随机一般均衡模型（DSGE）对我国均衡利率进行估计的结果表明，中国的利率水平是复杂的外部条件和内部条件的综合反映。在金融全球化的背景下，一国均衡利率水平是在全球范围内决定的。中国利率政策不仅要考虑应对国内通胀和产出缺口，还要考虑国际市场利率水平，考虑与汇率乃至国际收支的相互影响。特别是当国内通胀在较大程度上由于国际流动性的泛滥以及由此引起的外部失衡、而汇率对外部失衡的反应难以非常充分和及时的时候，利率政策会面临两难境地。为了应对国内的通胀和经济增长过热压力，利率需要提升；但为了避免国内外利差的扩大、减轻汇率升值和资本流入的压力，利率需要降低（金中夏等，2014）。利率政策上的两难也会影响到存贷款利率改革推出的时机的选择，因此，我国这一时期的利率市场化改革更多的是从改善利率市场化的基础环境和条件等方面推进。

## 二、经济结构调整与利率市场化改革

从世界各国的发展过程看，一国经济增长模式的形成主要受其要素禀赋的影响，也与一国发展战略的选择和经济发展的阶段有关。一般来说，在经济发展的初期，经济增长模式主要表现为粗放型增长，而发展到一定阶段后，会转向集约型增长。东亚国家经济增长过程中政府的主导作用较强，在选择出口导向型经济增长模式并取得经济的快速增长后，都面临产业结构升级和转向更平衡的经济结构的问题。

当前，我国经济发展正处于加快转型的关键时期。从国际看，金融危机的影响仍在持续，世界经济一段时期内难以摆脱低速增长；从国内看，无论是产能过剩问题的困扰，还是劳动力成本上升和资源环境约束的增强，都凸显了原有增长方式面临的重大挑战。我们面临的发展机遇，不再是简单纳入全球分工体系、扩大出口、加快投资的传统机遇，而是倒逼我们扩大内需、提高创新能力、促进经济发展方式转变的新机遇。

国际经验表明，在经济转型、产业结构面临升级的阶段，金融业能否通过创新支持经济转型和技术创新，对经济发展具有尤其重要的意义。如果金融创新能与经济技术的创新有机结合，就能为经济发展提供强大的动力，使经济发展迈上一个新台阶。反之，如果金融业跟不上经济发展的变化，不能通过金融创新促进技术创新的发展，不仅经济会停滞不前，还会导致金融偏离为实体经济服务的轨道，对实体经济的发展造成伤害。而金融创新一方面会突破利率管制，另一方面也需要利率市场化的环境，因此会推动利率市场化改革。

从我国情况看，随着新一轮经济转型和结构调整的深入，既对利率市场化改革提出了迫切要求，也同样会给金融业加快转型带来机遇。

（一）发挥市场在资源配置中的决定性作用要求利率市场化改革加快推进

我国经济增长模式转型的一个重要内容就是要从政府主导型增长转向市场机制发挥决定性作用的增长模式。发挥市场在资源配置中的决定性作用，客观上要求完善主要由市场决定价格的机制，凡是能由市场形成价格的都交给市场，政府不进行不当干预。通过推进利率市场化，并协调汇率形成机制和人民币资本项目开放等各项改革，让资金价格充分反映实际供求状况，有助于实现金融体系和经济发展的良性循环，事关转变发展方式和结构调整的全局。

需要指出的是，未来一个时期利率市场化改革的推进方式，同样要注重改革的系统性和协调性，既要着眼于金融机构和金融市场自身层面，比如加快培育市场定价基准和提升金融机构定价能力等，更要着眼于完善外部环境，比如监管上的公平准入促进市场充分竞争，同时要加快政府职能转变，着力解决政府过多干预资源配置和政企信用不分等问题，形成资金要素市场化和其他改革的良性互动。

(二) 增长动力由外需向内需的转型要求利率市场化改革加快推进

大国开放经济是我国作为全球第二大经济体的基本特征。从国际经验看，大国经济体的典型特征，在于国内需求的主导性与稳定性（钱纳里、赛尔昆，1988；库兹涅茨，1989）。尽管过去一段时间我国出口导向型经济成效显著，未来也应继续利用国外市场。但相比小国经济体，大国经济体同样的出口份额和由此拉动的经济增长实际对应着相对较低的经济福利效应，一是可能造成生产要素供给在内外需之间的失衡；二是如果再通过管制价格、减少税收、过度容忍环境损失压低成本换取出口份额，则会增大出口型增长的福利损失。

增长动力从外需向内需的转型，解决之道之一是纠正价格管制下的资源配置扭曲，加快生产要素价格改革。这其中利率作为资本要素价格，在推动大国经济转型中能够发挥基础性作用。对微观主体而言，投资回报率是决定其投资配置的基本因素，而投资回报率形成机制是否正确又取决于两个关键因素，一是产品和服务定价是否市场化，目前除少数能源资源和公共产品外，这个问题已基本解决，但考虑到没有放开的都是一些重要基础产品或服务价格，仍需加快这方面改革；二是资本价格——利率，如果利率不能及时、充分地反映资本供求变化，就可能激励微观主体过度投资，也难以通过优化投资结构推动产业转型升级。对金融市场而言，如果基础利率仍受管制，就必然会影响到几乎所有金融产品的正确定价，而金融市场定价功能不充分、不准确又必然会削弱其优化资源配置的基本功能，要么导致产能过剩，要么导致资产泡沫。对宏观调控而言，利率同样居于核心地位。国际上内需主导型的大国开放经济体，无论美国、欧元区甚至印度等新兴经济体，货币政策重点都是调利率，而汇率则多是外汇市场受利率等诸多变量影响的自然结果，并随国际收支供求变化自动调节。即使在当前国际金融危机背景下，发达经济体大量采取非传统的量化宽松货币政策，其传导路径是压低利率刺激经济复苏，而汇率波动也与低利率密切相关。

从宏观调控角度看，着眼于大国经济体以内需为主的实际，主要着力于内需调节的利率应发挥更大作用；同时从我国开放经济特征看，进出口贸易规模占 GDP 比重达到 50%，未来随着资本项目进一步开放和人民币跨境使用增多，FDI、ODI 等跨境资本流动和全球范围内的人民币资产规模将进一步增多，我国开放型经济正在从过去被动接受全球经济影响的"小国开放经济假设"，逐渐转变为和全球经济相互影响的大国开放经济特征。基于此，无论是立足于扩大内需，还是改善对外贸易和投资条件，都有必要顺应大国开放经济这一基本特征，充分发挥利率在宏观调控中的重要作用。为此应推动利率市场化特别是加快培育利率市场化的环境，核心是着力提升金融机构治理水平硬化财务约束，统一金融市场监管标准健全金融市场体系，推动形成能够正确进行利率定价的市场结构，为发挥利率在资源配置中的基础性作用创造条件。

（三）投资驱动向消费驱动的转型要求利率市场化改革加快推进

很多研究表明，中国经济结构失衡突出表现为投资与消费结构的失衡。我国资本形成对 GDP 的贡献率多数时间在 50% 以上。IMF《世界经济展望》数据显示，无论从同一时点比，还是与其他国家（地区）相同发展阶段比，我国投资率均远高于其他国家。2013 年，我国的投资率接近

50%,比同期新兴经济体平均水平高 20 个百分点以上,比金砖四国中的印度和巴西分别高 13.9 个和 29.7 个百分点。而发达国家的投资率普遍在 25% 以内。在 20 世纪 80 年代,"亚洲四小龙"经济增长较快,投资率也仅为 35% 左右(见表 4 - 1)。

表 4 - 1　　　　　　部分国家(地区)投资率　　　　　　单位:%

| | 1980 年 | 1985 年 | 1990 年 | 1995 年 | 2000 年 | 2005 年 | 2010 年 | 2013 年 |
|---|---|---|---|---|---|---|---|---|
| 发达经济体 | | | | | | | | |
| 美国 | 23.3 | 24.1 | 21.5 | 21.2 | 23.6 | 23.2 | 18.4 | 19.4 |
| 意大利 | 27.6 | 23.8 | 22.6 | 20.6 | 20.8 | 20.9 | 20.1 | 17.4 |
| 加拿大 | 23.9 | 21.7 | 21.7 | 19.5 | 20.8 | 22.8 | 23.3 | 24.3 |
| 德国 | 28.2 | 23.5 | 25.6 | 22.3 | 22.3 | 17.3 | 17.3 | 17.6 |
| 英国 | 17.6 | 18.2 | 20.1 | 17.2 | 17.9 | 17.1 | 15.0 | 14.0 |
| 日本 | 32.1 | 28.2 | 32.5 | 28.1 | 25.1 | 22.5 | 19.8 | 20.7 |
| 法国 | 23.4 | 18.4 | 21.6 | 17.9 | 19.9 | 20.0 | 19.3 | 19.6 |
| 澳大利亚 | 27.0 | 27.1 | 26.3 | 25.2 | 24.7 | 28.0 | 27.0 | 28.5 |
| "亚洲四小龙" | | | | | | | | |
| 新加坡 | 45.0 | 40.9 | 35.1 | 33.3 | 33.2 | 20.0 | 21.4 | 26.4 |
| 中国香港 | 35.0 | 21.6 | 27.2 | 34.2 | 27.6 | 21.1 | 23.9 | 26.3 |
| 韩国 | 32.9 | 30.9 | 38.1 | 36.9 | 30.6 | 29.7 | 29.5 | 26.8 |
| 中国台湾 | 33.3 | 19.4 | 24.4 | 26.7 | 25.7 | 22.7 | 22.4 | 19.9 |
| 新兴经济体 | | | | | | | | |
| 中国 | 35.0 | 38.3 | 36.1 | 41.9 | 35.1 | 42.1 | 48.2 | 48.9 |
| 印度 | 18.8 | 24.6 | 26.6 | 27.1 | 24.8 | 34.7 | 36.8 | 35.0 |
| 印度尼西亚 | 32.2 | 37.7 | 45.0 | 31.9 | 22.2 | 25.1 | 32.3 | 34.6 |
| 泰国 | 26.4 | 28.2 | 41.1 | 42.6 | 22.8 | 31.4 | 25.9 | 30.0 |
| 马来西亚 | 32.4 | 27.5 | 32.8 | 43.6 | 26.9 | 22.4 | 23.3 | 27.1 |
| 智利 | | 18.8 | 26.5 | 27.7 | 22.0 | 22.0 | 22.4 | 25.7 |
| 墨西哥 | 26.6 | 21.9 | 20.4 | 26.1 | 24.8 | 23.9 | 23.6 | 24.2 |
| 巴西 | 21.2 | 17.4 | 18.4 | 18.0 | 18.3 | 16.2 | 20.2 | 19.2 |

续表

| | 欠发达国家 | | | | | | | |
|---|---|---|---|---|---|---|---|---|
| | 1980年 | 1985年 | 1990年 | 1995年 | 2000年 | 2005年 | 2010年 | 2013年 |
| 叙利亚 | 27.9 | 24.1 | 16.5 | 27.2 | 16.5 | 18.4 | 26.7 | |
| 蒙古 | 54.5 | 63.8 | 15.7 | 27.4 | 25.7 | 36.5 | 40.8 | 56.5 |
| 阿尔及利亚 | 32.6 | 27.7 | 24.1 | 30.2 | 25.0 | 31.3 | 41.7 | 43.3 |
| 坦桑尼亚 | 35.1 | 26.2 | 24.5 | 18.5 | 16.8 | 25.1 | 32.0 | 36.7 |
| 尼泊尔 | 6.6 | 21.0 | 16.9 | 23.5 | 22.6 | 26.7 | 37.0 | 31.8 |

资料来源：IMF《世界经济展望》数据库。

投资率过高而居民部门消费率过低，给中国经济和社会带来了严峻的挑战：一方面，投资率过高导致经济过热、资产泡沫和产能过剩的风险大大提高，削弱了经济增长的可持续性（Huang and Wang，2010）；另一方面，过高的投资率还"挤出"了居民消费，居民福利水平没有随着经济增长而同步提升。

尽管投资与消费结构失衡是国际国内多方面的原因造成的，改善投资、消费结构需要综合性政策，但利率市场化改革是其中不可忽视的重要部分。从日本、韩国及我国台湾地区的情况看，利率市场化都发生在经济结构调整的背景下或在此背景下得到进一步推进，利率市场化有助于投资消费结构的改善。

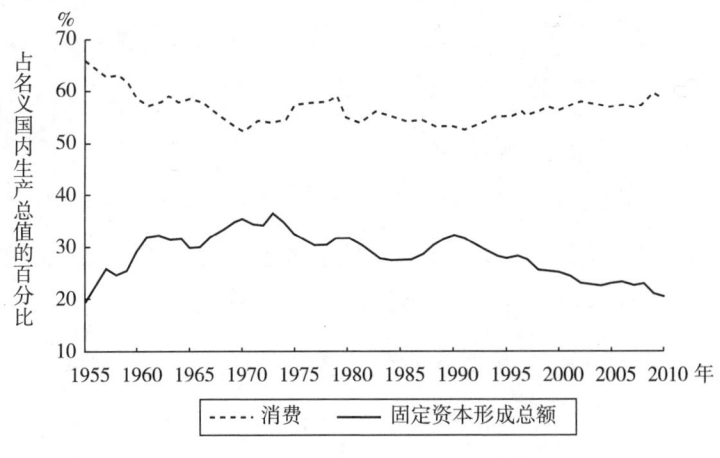

图 4-2 日本的消费与投资

# 第三节 金融创新、金融结构转型与利率市场化改革

## 一、利率市场化改革的动力：金融创新与金融脱媒理论

利率管制抑制了市场竞争，降低了市场的效率，而市场内在的盈利动机促使金融机构寻求各种机会突破管制开展金融创新。应当说，金融创新与金融管制是一个矛盾统一体。金融管制是为了金融体系的安全和稳定而采取的各种管制性措施，主要就是采取防止市场失灵的政策，但这也影响了市场的效率和金融机构的盈利能力。在理论上，凯恩（Kane）于20世纪80年代提出了著名的"规避型金融创新理论"（Circumventive Innovation Theory）。这一理论认为，金融创新主要是由于金融机构为获取利润而规避政府的各种金融管制行为而引起的。虽然政府的很多管制主要是为了公共利益并保证经济的均衡稳定，但很多管制措施实际上却对银行征收了一定的税收，从而阻碍了其经营行为和盈利能力的提高。为此，金融机构必须以创新产品作为突破，通过"管制—创新"的相互作用，提高自身的持续发展能力和经营效率。在凯恩的基础上，西尔柏（Silber）进一步提出了"压抑诱导型创新理论"（Constraint - induced Innovation Theory），他认为金融业回避或摆脱内部和外部金融压抑是金融创新的根本原因。微观金融组织进行金融创新的外部原因源于政府的各种管制，而内部压抑则主要是机构内部的各种规章制度。为寻求利润最大化的机会，金融机构就会努力创新和探索新的产品、服务和管理方法等，以弥补内外部压抑所带来的损失。

上述各种金融创新理论对20世纪70年代各国金融管制时期的各种创新行为进行了有力的解释。

与金融创新相伴随的就是金融脱媒的迅速发展。金融脱媒又称金融去中介化，最早出现于20世纪60年代的美国，指的是当时在存款利率上限管制条件下，当市场利率水平高于存款机构可支付的存款利率水平时，存款机构的存款资金流向收益更高的证券从而限制了银行可贷资金的现象。日本、法国、意大利、德国、英国等西方发达国家随后也相继出现了"金融脱媒"现象。Hester（1969）基于此现象最早提出"金融脱媒"概念，他认为"资产绕过银行而直接通过其他金融机构和资本市场进行配置的现象就是金融脱媒"，这里指的"媒"实际上是狭义的媒介——银行。20世纪70年代，亨德肖特（Hendershott）、弗农（Vernon）、索尔温（Solvin）等学者对金融脱媒产生的原因从理论和实证上进行了讨论。他们的研究表明，正是由于为突破利率管制而导致的金融创新活动，金融脱媒才成为各国金融业发展的一个重要特征。为此，各国纷纷通过加快利率市场化改革的步伐，应对金融脱媒带来的各种问题。

国际利率市场化经验表明，利率市场化与金融创新一直是相互促进、互为因果的。一方面，利率市场化为金融创新提供更广阔的空间，定价市场化推动金融创新形式的多样化；另一方面，在金融监管放松、价格波动加大的过程中，新的风险需要新的金融产品进行管理、定价。从现实来看，利率市场化给商业银行带来了一定的机遇和挑战，在促进金融创新、发展中间业务，提高自主定价水平，增加存贷款收益，促使银行主动管理资产负债，优化银行客户结构，推动银行经营战略转型的同时，也将带来银行利差收窄压缩银行利润风险，以及带来利率波动风险、业务转型风险和系统性金融风险。

金融脱媒既是经济发展到一定阶段的产物，也是利率市场化的必然结果。从实体经济角度来观察，金融脱媒意味着金融产品的多样化、丰富化,使企业得以拓展其融资渠道,完善其资产负债表。从金融部门观察,利率市场化使风险得以释放,为应对风险,金融部门需要提供不同的风险合约。具体来讲:一方面金融脱媒促进了利率从管制向市场化转变、间接融资向直接融资转变,以及金融分业经营向混业经营转变,因而金融脱媒是利率市场化强有力的一个推动力;另一方面利率市场化会使银行与其他金融机构之间发生激烈的市场竞争,在竞争中效率低下的金融中介和金融组织形式就会被"脱掉",被更有竞争力的金融形式所取代,从而形成一个"脱媒"与反"脱媒"的循环。因此从这个意义上讲,利率市场化在一定程度上会推动金融脱媒的进程。

## 二、金融创新与利率市场化改革关系的国际经验

美国的金融创新贯穿利率市场化改革始终,可以作为一个借鉴性的案例。

20世纪60年代后,以Q条例为代表的利率管制乃至金融管制措施越来越不适应经济金融的发展,其弊端逐渐显现。首先,僵化的资金价格不能使资金向优质银行配置,经营能力强的银行难以扩张,无法通过正常的市场竞争实现银行体系内的优胜劣汰。其次,僵化的利率管制不能适应当时通货膨胀的严峻形势,银行经营困难,难以应对证券市场的挑战,金融体系出现不稳定。20世纪60年代,美国通货膨胀率曾一度达20%,市场利率开始明显上升,有时已经超过存款利率的上限,银行存款对投资者的吸引力急剧下降。同时,金融市场的快速发展和金融国际化、投资多样化导致银行存款大量流向证券市场或货币市场,传统银行业务急剧萎缩,一些存款性金融机构出现了生存危机。如1966年、1969年银根紧缩、货币市场利率上升时,Q条例导致存款利率上限调整滞后且不充分,资金大量从银行流向货币市场,造成金融体系不稳定,造成了美国储蓄和贷款协会

危机。最后,金融体系的扭曲限制了货币调控机制发挥作用。银行存款利率上限的制定限制了银行吸收存款的能力,当资金需求旺盛时,造成信用供应不足。如 1966 年后银行接连发生多次信用危机。

为了摆脱经营困境,美国的银行创造了大量新金融工具来逃避管制、扩大资金来源。突出的例子是 1961 年美国花旗银行创造的大额可转让定期存单。它实际上是一种货币市场工具,不受存款利率上限的约束,它的发行既满足了存款人对流动性的需求,又使存款人获得了较高的利率,同时也满足了银行稳定资金来源的需求。商业银行还利用发行商业票据、吸收欧洲美元存款等方式积极吸收资金。此后的 20 年间,为规避利率管制的创新金融工具大量涌现(见表 4-2)。

表 4-2　　　　　1960—1980 年利率管制导致的金融创新

| 时间 | 创新工具 |
| --- | --- |
| 1961 | 大额可转让定期存单(negotiable CDs) |
| 1963 | 附属公司债(subordinated debentures) |
| 1965 | 短期票据(short-term promissory) |
| 1966 | 欧洲美元(eurodollars) |
| 1969 | 与银行相关的商业票据(bank-related commercial paper) |
| 1969 | 不动产贷款(loan RPs) |
| 1969 | 流动资金承兑(working capital acceptances) |
| 1974 | 浮动利率票据(floating rate notes) |
| 1972—1982 | 货币市场共同基金(MMMFs) |
| | 货币市场证书(money market certificates) |
| | 本息分离债券(stripped bonds) |
| | 大幅折价(零息)债券(deep discount (zero coupon) bonds) |
| | 有看跌期权或认股权的债券(bonds with put options or warrants) |
| | 欧洲货币债券(eurocurrency bonds) |

资料来源:Philip Molyneux and Nidal Shamroukh, Financial Innovation, John Wiley & sons, 1999.

从金融脱媒与利率市场化的关系看,20 世纪 60 年代,在高通胀背景下,分业经营和利率管制导致商业银行的竞争力不断下降,银行存款大量流向证券市场，银行脱媒日趋严重，商业银行通过大力发展表外业务和扩展海外分行逃避管制以实现反脱媒，这个现象促成了商业银行的战略和经营转型，同时也开启了美国利率市场化进程。20世纪70年代以来，随着以资本市场为中心的新金融产品的开发和需求的创造，证券市场的直接融资作用日趋凸显。而借贷市场的间接融资功能日趋萎缩，商业银行控制的金融资产在全部金融资产的占比从超过60%下降到不足25%。以投资银行为首的非银行金融机构逐渐取代商业银行占据金融部门中的主导地位，美国形成以资本市场为核心的金融体系。

与美国类似，英、德等国的银行在20世纪60年代末创立了"混合账户"，用以突破利率管制。日本在第二次世界大战后很长一段时期内效法美国，在1975年前对存贷款利率都进行了严格的管制，银行的利差大体相当，这样谁汇集的资金越多，盈利能力也就越大。与美国金融创新以资本市场工具为主不同，由于日本金融体系以间接金融为主，因而日本的金融创新主要是银行通过非利率竞争的方式千方百计吸收存款。例如，在当时金融信息化程度还并不很高的情况下，银行免费为企业发放工资（1969年）、为公共事业账款与税收进行自动转账（1965年）、推广信用卡和ATM等设施（1969年），并逐步引入大额可转让存单（CDs）（1979年）等金融产品（康顺新，1989）。

## 三、金融创新对我国利率市场化改革提出了更为迫切的要求

国际清算银行在对金融创新进行历史性总结的基础上认为："金融创新是按照一定方向改变金融资产特性（收益、风险、期限、流动性）组合的过程。"因此，金融创新是指各种金融工具的采用、新的金融市场及提供金融服务方式的发展（Llewellyn，1985）。从我国当前金融发展趋势看，无论是新的金融工具，还是金融市场及提供金融服务的方式，都经历着日

新月异的变化，成为进一步推动利率市场化改革的强大动力。

（一）金融市场和直接融资稳健发展，金融脱媒初见端倪

随着金融改革的日益深入，我国金融市场稳健发展。目前，我国多层次资本市场体系已具雏形，股票市场、债券市场、期货及衍生品市场和财富管理市场蓬勃发展，产品日益丰富；证券公司、基金公司、期货公司等资本市场中介机构日益发展壮大。截至2014年10月底，我国沪深两市上市公司2584家，总市值达30.05万亿元，股票有效账户约为1.35亿户；截至9月底，"新三板"挂牌公司总数达1153家，累计募集资金共计92.85亿元；目前，全国共有区域性股权转让市场32家，挂牌企业总计7400余家，服务覆盖面不断扩大，15家证券公司开展了柜台市场试点工作，证券公司柜台市场建设成果显著。我国债券市场由银行间市场、交易所市场和商业银行柜台交易市场组成，初步形成了场内场外市场的发展格局，与境外成熟市场较为相似。从债券托管总量来看，银行间市场是我国债券市场的主体，交易所债券市场是中国债券市场的重要组成部分。截至2014年9月底，我国债券市场托管面值总规模34.14万亿元，其中银行间债券市场占比约为90.82%，交易所市场债券占比约为6.97%，银行间柜台交易市场占比为1.70%，其他市场占比为0.51%。同时，债券市场产品创新稳步推进，产品体系不断丰富，涵盖了国债、地方政府债、央行票据、政府支持机构债、金融债、企业债、中期票据、中小企业集合票据、短期融资券、非公开定向债务融资工具、公司债、可转债、可分离债和中小企业私募债等品种，资产证券化稳步推进。

从融资结构来看，人民币贷款在社会融资规模中的比重逐年下降。2002年，人民币新增贷款占社会融资规模的比重为91.9%，2013年则下降至51.4%。金融市场和直接融资的稳健发展，正在逐步改变我国银行业"一家独大"的局面，一个分层多元的金融体系和融资结构正在形成。但从现阶段我国经济发展的要素禀赋结构和推动经济转型的需要看，直接融

资渠道发展仍相对不足，不利于推动实施创新驱动发展战略，仍需要坚持市场化改革的基本取向，加快利率市场化等基础金融改革，在一个价格形成机制合理、公平竞争的市场环境下，有效激发微观主体自身的创新动力。

（二）以理财产品为代表的创新性金融产品大量涌现

我国货币政策体系的特点之一在于利率"双轨"：银行体系中由中央银行管制的存款基准利率与货币和债券市场中由市场决定的利率并存。利率双轨制是中国从计划经济向市场经济过渡的一个组成部分，是中国渐进式改革在金融体系中的实践（何东、王红林，2011）。近几年来，信贷市场利率也出现了"双轨"，主要体现为银行存款利率与理财产品收益率之间的双轨。据统计，2009年全国共有将近8169个（款）的各类理财产品面世，数量上较2008年增长20%左右，理财产品几乎以日均25只新品的速度问世。2013年211家商业银行共发行理财产品4.3万余只，募集资金规模约达28.6万亿元人民币，分别较2012年增长40.3%和29.5%。从收益率看，2011—2013年，一年期人民币存款基准利率为2.75%—3.5%，而一年期银行理财产品预期年收益率为5.14%—5.34%，远远高于同期存款收益率。除银行理财产品外，市场机制的自我扩张能力还表现在产品种类的丰富完善上，外汇理财产品、贷款产品、银行卡产品、基金产品、QDII产品、债券产品、保险产品、信托产品、阳光私募产品、券商集合理财产品等不断涌现。

如果我们把以理财产品为代表的创新金融产品纳入到我国金融发展状况的背景中思考，可以认为理财产品是金融机构或者投资者对金融产品过少下的一种创新，是对金融抑制的自发改革。以银行理财产品为代表的多种金融产品的出现不仅意味着利率正在市场化，而且商业银行因金融产品创新而获得自我定价、自我创新的能力，使其有了发现利率的动力，推动着利率的并轨，并正在成为利率市场化改革的强大推动力。

(三) 新型金融机构和金融业态快速发展

一个时期以来，我国中小金融机构取得长足发展，民间资本开始进入金融业。以新型农村金融机构为例，截至 2013 年底，全国共组建 1134 家新型农村金融机构（含筹建和开业），其中包括 1071 家村镇银行、14 家贷款公司和 49 家农村资金互助社，其中，直接和间接入股村镇银行的民间资本占比达 71%，各项贷款余额中农户贷款和小微企业贷款合计占比 90%。民间资本进入银行业以及金融机构，为建立产权清晰、限制大股东控制和形成良好的公司治理架构的现代银行奠定了基础，同时也为打破银行垄断、创新金融服务方式、扩大普惠金融覆盖面提供了新的契机。近期，点对点信贷（P2P）、电商小贷、第三方支付平台、互联网金融服务等互联网金融创新模式逐渐兴起。其中，以"余额宝"为代表的互联网金融产品的出现对传统金融市场带来了较大的冲击。自 2013 年 6 月推出以来，"余额宝"受到热烈追捧，截至 2014 年 6 月底，投资"余额宝"的用户已超过 1 亿人，规模超过 6000 亿元人民币。天弘基金也借助"余额宝"于 2014 年 1 月成为我国最大、全球第四大的货币基金公司。从金融创新的历史看，以"余额宝"为代表的互联网金融产品正是美国 20 世纪 70—80 年代可转让支付命令账户（Negotiable Order of Withdrawal Account，NOWS）和货币市场共同基金（MMMFs）的"中国版本"，而这两项工具恰恰是推动美国放松利率管制最重要的创新。

新型金融机构和金融业态的出现和发展，一方面是对传统金融的补充，可以为居民提供更多的投资渠道，为企业尤其是小微企业融资提供新的融资窗口；另一方面将会打破原有的金融秩序，与传统的银行等金融机构形成竞争，这在一定程度上会激励传统金融机构进行改革升级，有利于整个金融市场效率的提升，这正是利率市场化改革的动力所在。

## 四、金融结构转型要求加快推进利率市场化改革

从对内的金融深化程度看,以金融相关比率等规模指标衡量,我国金融机构总资产已达到名义 GDP 的 3 倍,总量发展较快。但从结构、效率等质量指标看,我国金融发展水平仍有很大提升空间。融资结构上,尽管近年来直接融资增长较快,但金融结构比率〔银行对私人信贷/(股票市场市价总值+私人债券市价总值)〕不仅仍高于发达国家,更高于巴西、印度、俄罗斯、南非等其他金砖国家。从金融机构主体结构看,尽管我国银行业集中度近年来逐渐下降,但相关研究表明,如果银行业集中度的下降并不以市场公平准入为前提,则这种集中度下降并不能促进市场主体的差异化竞争和提升供给效率(杨天宇等,2013)。从微观主体行为看,金融机构偏好抵押担保、国有部门、融资平台,贷大贷长贷垄断等同质化竞争现象较明显,本质上仍是其信用筛选、定价以及风险管理等核心竞争力尚有不足的反映。

表 4-3　　　　　　　　　金融结构的变化趋势

| | | 银行主导型金融体系 | | | | 市场主导型金融体系 | | |
|---|---|---|---|---|---|---|---|---|
| | | 金融结构比率(fs) | | | | 金融结构比率(fs) | | |
| | 国家 | 1990—2009 年 20 年 年平均值 (a) | 2000—2009 年 10 年 年平均值 (b) | 趋势 | 国家 | 1990—2009 年 20 年 年平均值 (a) | 2000—2009 年 10 年 年平均值 (b) | 趋势 |
| 中等收入和新兴经济体 | 中国 | 4.927 | 2.997 | 下降 | 阿根廷 | 0.932 | 0.315 | 下降 |
| | 希腊 | 1.480 | 1.108 | →1 | 巴西 | 0.891 | 0.544 | 下降 |
| | 匈牙利 | 3.410 | 1.539 | 下降 | 印度 | 0.794 | 0.647 | 下降 |
| | 印度尼西亚 | 1.753 | 0.727 | <1 | 墨西哥 | 0.583 | 0.424 | 下降 |
| | 韩国 | 1.242 | 0.928 | <1 | 俄罗斯 | 0.729 | 0.436 | 下降 |
| | 波兰 | 2.643 | 1.236 | 下降 | 南非 | 0.625 | 0.636 | 稳定 |
| | 土耳其 | 1.242 | 0.743 | <1 | | | | |

续表

| 国家 | 银行主导型金融体系 | | | 国家 | 市场主导型金融体系 | | |
|---|---|---|---|---|---|---|---|
| | 金融结构比率（fs） | | | | 金融结构比率（fs） | | |
| | 1990—2009年 20年年平均值 (a) | 2000—2009年 10年年平均值 (b) | 趋势 | | 1990—2009年 20年年平均值 (a) | 2000—2009年 10年年平均值 (b) | 趋势 |
| 高收入经济体 | | | | | | | |
| | 奥地利 1.886 | 1.550 | 下降 | 澳大利亚 | 0.730 | 0.603 | 下降 |
| | 加拿大 1.142 | 1.028 | →1 | 比利时 | 0.714 | 0.716 | 稳定 |
| | 德国 1.223 | 1.175 | →1 | 丹麦 | 0.538 | 0.800 | 上升 |
| | 爱尔兰 1.638 | 1.762 | 上升 | 芬兰 | 0.752 | 0.438 | 下降 |
| | 意大利 1.031 | 0.907 | <1 | 法国 | 0.862 | 0.683 | 下降 |
| | 日本 1.225 | 0.913 | <1 | 卢森堡 | 0.827 | 0.725 | 下降 |
| | 荷兰 1.154 | 0.907 | <1 | 瑞典 | 0.823 | 0.635 | 下降 |
| | 葡萄牙 2.119 | 1.882 | 下降 | 英国 | 0.928 | 0.994 | 上升 |
| | 沙特阿拉伯 1.175 | 0.792 | <1 | 美国 | 0.757 | 0.736 | 下降 |
| | 西班牙 1.318 | 0.993 | →1 | | | | |

注：（1）金融结构比率数据趋向于1，表明金融结构以银行和市场并重；数据越大，表明金融结构越以银行为主导；数据越小，表明金融结构越以资本市场为主导。

（2）因数据的可获得性不同，一些国家（a）列数据计算的起始年份不是1990年，分别是中国（1992年），匈牙利（1992年），印度（1980年），印度尼西亚（1991年），韩国（1976年），德国（1992年），波兰（1993年），土耳其（1987年），爱尔兰（1996年），沙特阿拉伯（1992年），巴西（1992年），卢森堡（1989年），俄罗斯（1995年）。

（3）卢森堡、波兰、俄罗斯、沙特阿拉伯私人债券数据缺失，金融结构比率为私人信贷融资与股票市值的比率。

资料来源：根据世界银行金融发展和结构数据库数据计算。

根据内生金融发展理论，当经济发展从粗放竞争进入成熟阶段，技术进步在经济发展中的作用日益突出，相应的市场竞争也会加剧，以分散风险和控制交易成本见长的直接融资就会相应增多（Allen and Gale，1999）。

过去一个时期特别是"十一五"以来，随着实体经济转型和金融改革深化，我国金融业在机构、市场和产品结构等诸多层面都在呈现一些积极变化,一个分层多元的金融体系和融资结构正在形成。但从现阶段我国经济发展的阶段特征和转型需要看,中小、民营金融机构发展仍然不足,"三农"、民营经济、小企业,节能环保以及"走出去"的金融支持也待加强;相对于信贷融资,债券市场发挥的作用仍然不够,多层次股票市场有待深化;保险市场深度、密度还明显偏低,管理风险的优势远未充分发挥,一定程度上强化了政府维护社会稳定的责任。

推动形成与经济转型需要相适应的金融结构,关键仍在于加快利率市场化等基础金融改革。在一个价格形成机制合理、公平竞争的市场环境下,微观主体自身的创新动力就能够被有效激发,金融结构自然能在金融机构主动适应经济结构转型中得到优化。相反,如果价格机制不正确、公平竞争环境不具备、监管体制不合理,即使有完善的产业政策和政府规划,金融结构的优化也是一句空话,这方面的教训在产业结构调整领域已不鲜见。从这个意义上看,金融结构优化的关键同样在于搞对价格,实现资金的正确定价以及在此基础上的优化配置。

## 第四节 "三期叠加"背景下利率市场化面临的挑战

当前,我国利率市场化改革面临更为复杂的环境。从国内经济发展态势看,经济处于"经济增速换挡期、经济结构调整期以及前期刺激政策消化期"的三期叠加阶段,长期结构性矛盾与短期周期性矛盾并存,实体经济风险与金融领域风险并存。尤其是在外需和房地产等既有增长动能减弱的情况下,新的经济内生增长动力仍待增强。新世纪以来我国投资率连续十多年保持总体上升态势,尤其是近几年投资率明显高于之前水平,投资继续较快增长的难度加大。目前制造业和房地产投资在波动中趋于下行,经济增长在较大程度上依靠基础设施投资托举，加之低效率企业大量占用资源、资金使用效率不高，全社会债务水平上升较快，实体经济风险正在加快向金融领域传导，在此经济金融背景下推进利率市场化改革，对改革切入点、改革步骤、改革力度的考量应更为充分。从外部环境看，危机以来全球贸易、投资和金融环境正在发生重大变化，基于深刻结构调整的全球经济再平衡方兴未艾，而随着中国与全球经济的融合度不断加深，中国经济的转型与全球经济再平衡的互动加强，并直接内嵌于全球经济再平衡的全过程。在此过程中，各类外部冲击因素，如外需总量与结构的变化、跨境资本流动、汇率和大宗商品价格的波动，甚至突发风险事件的冲击等等，都会对中国产生较强的风险溢出效应，放大了推进国内结构性体制性重大改革的难度。

从技术创新和产业革命的周期变化看，当实体经济处于结构调整期，缺乏新的经济增长点时，更容易出现资产泡沫和经济金融危机[①]。利率市场化改革后，部分金融机构，尤其是中小金融机构因竞争加剧不同程度会出现经营困难，如果政策举措失当容易诱发金融危机。而在"三期叠加"背景下，我国已逐渐步入金融风险敏感期，金融风险治理的复杂程度和难度显著增加，系统性金融风险集聚和突然爆发概率加大，这些因素都对下一步推进利率市场化改革提出了新的挑战。

---

[①] 在经济由复苏走向繁荣阶段时，技术创新、技术革命推动产业革命，进而推动经济高速增长，同时也推动资本市场的繁荣；当技术进入成熟期并向衰退期演进导致实体经济增长趋缓或衰退时，就会出现投资利润率下降，但前期实体经济繁荣会刺激整个社会继续追逐高利润的欲望，并且前期的经济繁荣也大大扩充了社会可供投资的资金量，这些资金急于寻找可投资的领域。当实体经济领域缺乏新的增长点或新的赢利项目时，投资者为了继续获得高额利润，就会采取急功近利的做法，将资金投入能够"很快见成效"的金融和房地产市场。当投资资金集中涌入股市和房市时，就会造成这些虚拟市场脱离实体经济而自我循环，从而出现泡沫膨胀，虚假繁荣，直至泡沫破灭，危机爆发。金融危机的爆发又反过来对实体经济产生负面效应，加剧实体经济衰退（方堃：《日美金融危机和经济衰退的根源与规律探讨——基于产业革命周期理论》，载《金融研究》，2011（8））。

中国金融改革报告2015——中国经济发展与改革中的利率市场化

## 一、经济增速放缓需要利率市场化改革的步伐更加审慎

利率市场化改革的国际经验表明,在经济下行阶段推进改革应更为审慎。由于利率长期处于管制状态且大多低于市场均衡水平,取消管制初期,大多数国家和地区利率总体水平都有不同程度的上升。在名义利率资料比较完整的20个国家中,15个国家名义利率上升,仅有5个国家名义利率下降;在实际利率资料比较完整的18个国家中,有17个国家实际利率均有不同程度的上升,只有1个国家实际利率出现下降(萨奇,1996)。从这些国家和地区的情况看,美国在放松管制初期利率上升幅度较大,1978年存贷款名义利率分别为8.2%和9.06%,以后逐步上升,在1981年分别达到15.91%和18.87%的高峰,同期存贷款实际利率也分别从0.6%和1.46%,上升到5.61%和8.57%,以后开始回落并趋于稳定。韩国在第二阶段利率改革期间,存款名义利率由1993年初的8.5%上升到1996年末的9.81%,实际利率则由3.8%上升到4.91%;贷款名义利率由8.5%上升到11.1%,实际利率则由3.8%上升到6.2%。我国台湾地区银行存贷款加权平均名义利率分别从1985年末的5.96%和9.18%上升到1990年末的7.22%和10.5%,但实际利率分别从1985年末的5.99%和9.21%下降到1990年末的3.12%和6.4%。在实行激进改革的拉美国家,利率上升幅度则很大,波动幅度剧烈,出现了利率"超调"现象,如智利从1976—1982年,存款实际平均利率达到32%,阿根廷1981年存款实际平均利率达到52.57%。

从我国经济发展的阶段性特征出发,经济发展"新常态"的首要特征表现为经济增速从高速增长逐步向中高速增长过渡。在这样的阶段性特征下,需对利率市场化改革产生的影响有更为充分的考量,避免由于利率上行导致的过度紧缩效应,进而影响经济的平稳有序运行。

## 二、预算软约束部门的溢出效应有可能弱化利率市场化改革的实际效果

从我国投资以及资金来源的微观结构看,利率不敏感的预算软约束部门和行业投资需求高,占用金融资源较多。一是利率不敏感行业投资需求较高。2004年以来,我国固定资产投资中,基础设施投资占比均在20%以上,房地产开发投资占比均在18%左右。2013年,我国基础设施投资占比为21.4%,比2012年高0.5个百分点。2013年,我国房地产开发投资占比为19.7%,与2012年持平,比2009年提高1个百分点。二是房地产业和基础设施投资资金来源中国内贷款的占比较高。2006年以来,在房地产业投资资金来源中,国内贷款的占比一直高于整体投资资金来源中国内贷款的占比水平。2006—2013年平均高出1.0个百分点,其中2013年高出2.4个百分点。2004—2013年,在城市市政公用设施建设投资资金来源中,国内贷款占比平均为30.5%,比同期整体投资资金来源中国内贷款占比的平均值高14.2个百分点,其中2013年高13.9个百分点。三是国有企业融资较多,负债率较高。2013年末,国有工业企业资产负债率为65.1%,比规模以上工业企业平均资产负债率高7.3个百分点。2013年,国有工业企业资产负债率比2012年提高0.63个百分点,而规模以上工业企业资产负债率比2012年下降0.03个百分点。2013年末,我国国有企业贷款余额占全部企业贷款余额的比例为46.5%,占用了大量贷款资源。四是考虑到社会融资规模中人民币贷款只占50%左右,实际上基础设施行业和房地产行业占用的金融资源更多。据审计署数据,截至2013年6月底,各级地方政府对7170个融资平台公司负有偿还责任的债务40756亿元,负有担保责任的债务8833亿元,可能承担一定救助责任的债务20116亿元,与2010年末相比,分别年均增长11.0%、3.3%和31.3%。2013年末,资

金信托余额为 10.3 万亿元。其中投向房地产的为 1.04 万亿元，占比为 10.0%。信政合作金额为 9607 亿元，占比为 8.81%，比 2011 年、2012 年分别提高 3.5 个和 2.1 个百分点。

预算软约束是转轨经济体体制弊端的集中体现。尽管改革开放以来我国投资主体预算软预算问题有了很大改观，但毋庸讳言这一问题至今仍不同程度存在。当前无论是一些政企信用难分的融资平台、房地产信贷的快速扩张，还是银行过度追求资产和利润扩张，本质上都是微观主体预算软约束的表现。近期有关利率市场化改革速度"快与慢"的讨论，正反双方实际都是在强调硬化微观主体预算约束的重要性，否则，如果政策应对失当，有可能进一步放大预算软约束部门的溢出效应，加剧金融资源配置的扭曲，弱化利率市场化改革的实际效果。

## 三、货币信贷的快速增长使得利率市场化改革的风险加大

作为前期危机应对和刺激政策的直接后果，2008 年以来，我国银行信贷和社会融资规模经历了新一轮的快速扩张。2008—2013 年，金融机构本外币贷款余额从 32 万亿元增长到 76.74 万亿元，年均增长为 19.1%，社会融资规模从 2008 年的 6.98 万亿元增长到 2013 年的 17.32 万亿元，年均增长为 19.9%，而同期 GDP 平均名义增速仅为 13.4%。

与此同时，我国居民部门、非金融企业和政府部门的杠杆率出现了较大幅度的提升，非金融企业杠杆率上升的幅度尤为明显。根据不同机构的估算，我国非金融企业负债占 GDP 比率目前在 110%—130%，而 2012 年美国、英国、法国、德国、日本、澳大利亚非金融企业部门的杠杆率分别为 72%、109%、111%、49%、99%、59%，均低于我国。人民银行监测的 5000 户企业资产负债率从 2007 年末的 58.3%，上升至 2014 年 9 月末的 62.0%，提高了 3.7 个百分点。

高负债对应着高投资。在外需强劲、经济潜在增长率较高的条件下，企业的投资回报可以覆盖融资成本并实现企业的持续发展。但在当前形势下，随着我国经济由原来的高速增长模式逐步向中速、调结构、转型式增长转变，众多行业、企业都将面临考验。企业盈利能力和自身造血功能的下降，导致其对外部资金的需求加大，企业融资短期内难以收缩，信用风险趋于扩张。

一是企业投资回报和盈利能力下降。从宏观上看，我国投资的产出弹性已经呈下降趋势，单位增量投资所带来的单位增量GDP产出，已由2000年的4.03下降到2013年的2.08。从微观上看，人民银行5000户工业企业调查数据显示，被调查工业企业的销售成本利润率已经由危机前的超过10%的水平，降至目前5.5%左右的水平，低于目前的1年期贷款基础利率（Loan Prime Rate，LPR）的报价。此外，从企业现金流管理思路看，2011年以来，企业活期存款占比持续下降、定期存款占比不断上升，也说明实体经济活跃度下降、企业扩充经营的动力不足。

二是实体经济对债务的依赖持续上升。近年来，银行理财、信托、城投债、政策性金融债和企业债券等负债类金融工具的到期规模占新发行规模的比重均处于历史高位。2013年，银行理财到期4.7万亿元，信托到期5162.5亿元，政策性金融债到期近1万亿元，企业债券到期2.03万亿元，到期偿还占发行比重分别为103.65%、82.84%、46.41%和55.16%，借新还旧特征明显。2009年是我国信用债市场的第一个扩容高峰，由于当年发行的5年期债券较多，导致2014年成为第一个长期债券偿债高峰。同时伴随信用债市场存量的快速扩张，2014年付息规模也创历史新高。据不完全统计，2014年非金融类信用债到期量达到2.1万亿元，比2013年增长16%，此外还有2000亿元债券于2014年进入回售期。全部信用债2014年总付息规模约4700亿元，比2013年增长24%，这在一定程度上说明有相当一部分新增债务用于借新还旧或被展期。

三是债务借新还旧的"庞氏"特征正是明斯基"金融不稳定假说"的直接表现。明斯基（Minsky，1975）将融资者分为三类：第一类是抵补性企业（hedge-financed Firm），这些企业只根据自己未来的现金流做抵补性融资，是安全的借款者；第二类是投机性企业（speculative-financed Firm），这些企业的收入不足以偿还到期本金，但能偿还利息；第三类是高风险的庞氏企业（ponzifirm），它们没有足够的收入来支付应付的本息，而需用借新还旧或变卖资产的方式进行还款。在此基础上，明斯基以"商业周期诱使企业进行高负债经营"为框架，对金融危机进行了阐释：在一个新周期开始时，绝大多数企业都属于抵补性企业；随着经济的进一步繁荣，市场显现出一派利好气氛，企业预期收益上升，纷纷扩大借款，投机性企业和庞氏企业迅速增多。其结果是高风险的后两类借款人的比重越来越大，而安全的第一类借款人所占比重却越来越小，金融脆弱性也愈来愈严重。而我国当前企业债务的形势正是表现为后两类借款人增多，其背后隐藏的系统性风险不容忽视。

四是庞大的货币信贷存量及其隐藏的金融风险使得利率市场化改革的风险加大。一方面，从国际经验看，在放松利率管制后，由于利率水平的上扬，利差缩小，刺激了银行的贷款投放，信用总量都有不同程度的扩张。日本1984—1990年$M_2$平均增速为9.7%，比1984—1994年$M_2$平均增速高出3.4个百分点。我国台湾地区商业银行贷款和垫款余额（loan and advance）从1985年17453.27亿新台币上升到1990年46452.32亿新台币，平均增速为21.6%，比1980—1990年17%的平均增速高出4.6个百分点。韩国1990—1996年$M_2$平均增速为19.8%，比1990-2000年$M_2$平均增速高出2.7个百分点。即使在金融市场发达的美国，贷款和货币供应量增速也高于整个20世纪80年代，美国1980—1986年贷款和货币供应量平均增速为9.35%和9.32%，比1980—1990年贷款和货币供应量平均增速高出1.05个和1.89个百分点。因此，如果我国推进利率市场化改革过程中出现了类似的现象，则与当前形势下"去杠杆"以消化货币信贷存量的趋势相悖。另一方面，一般来说全面放开利率管制之前，必须要有稳定的宏观经济金融环境，以便应对改革之后可能出现的经济波动和金融动荡。我国当前已步入风险敏感期和改革阵痛期，因此，要推进利率市场化改革，需要更好地处理改革与防范风险之间的关系。

## 四、影子银行快速发展，在推动利率市场化自发改革的同时又加大了继续推进改革的潜在风险

近年来，"三期叠加"对金融领域的显著影响之一是影子银行及其业务快速发展。由于影子银行产品结构复杂、信息披露不透明，国内外各方机构很难对"影子银行"体系有准确的估算。2012 年末，可监测的影子银行资产总规模 20.7 万亿元，净规模约 17.8 万亿元；2013 年末，影子银行资产总规模 30.8 万亿元，净规模约 24.2 万亿元；2014 年 6 月末，影子银行资产总规模达到 37 万亿元，净规模约 27.8 万亿元（见表 4 - 4）。

表 4 - 4　　　　　　　中国影子银行规模明细表

| 传统金融体系的影子银行业务 | | | | 传统金融体系外影子银行 | | | |
|---|---|---|---|---|---|---|---|
| 机构类型 | 资产规模（亿元） | | | 机构类型 | 资产规模（亿元） | | |
| | 2014 年 6 月末 | 2013 年末 | 2012 年末 | | 2014 年 6 月末 | 2013 年末 | 2012 年末 |
| 银行表外理财 | 74512 | 63157 | 46984 | 私募股权基金 | 15100 | 25000 | 24000 |
| 资金信托投资计划 | 119015 | 103089 | 70697 | 融资性担保公司（估算） | 12145 | 10400 | 15000 |
| 证券公司资产管理业务 | 68200 | 43750 | 672 | 小额贷款公司 | 9626 | 8856 | 6701 |
| 基金公司资产管理业务 | 54274 | 38505 | 29086 | 典当行 | 1402 | 1382 | 950 |

续表

| 传统金融体系的影子银行业务 | | | | 传统金融体系外影子银行 | | | |
| --- | --- | --- | --- | --- | --- | --- | --- |
| 机构类型 | 资产规模（亿元） | | | 机构类型 | 资产规模（亿元） | | |
| | 2014年6月末 | 2013年末 | 2012年末 | | 2014年6月末 | 2013年末 | 2012年末 |
| 其中：证券投资基金 | 39241 | 29612 | 28662 | 非银行系融资租赁公司 | 9500 | 9500 | 13000 |
| 保险资产管理产品 | 6300 | 4500 | | 第三方支付机构 | 1302 | 1302 | |

注：（1）第三方支付机构为2013年末数据；
（2）融资性担保、非银行系融资租赁公司、典当行为估算数据。

我国资本市场起步较晚，资产证券化还处于起步阶段，因此我国影子银行基本上都以传统的商业银行体系为依托，项目、资金来源、产品销售以及流动性保证大多依靠银行，是对银行信贷业务的替代，而且，我国影子银行基本处于监管的范围内，除部分民间借贷外，很少出现完全游离于监管之外的机构、业务和产品。总体看，我国影子银行的发展在很大程度上是金融体系自下而上的自发改革，客观上对推动金融市场化改革和满足多样化投融资需求有积极作用，也受到一定程度的监管，风险也是总体可控的。

就规模和风险而言，我国的影子银行与正规银行体系相差甚远，远低于欧美国家的水平，但我国影子银行的实际风险大于其名义风险，这些潜在风险点都对进一步推进利率市场化改革产生了一定的阻力，提醒我们对改革可能产生的后果考虑得更加充分一些。

第一，批发业务模式导致影子银行产品资产负债期限错配，进而形成违约风险。在批发业务模式下，投资者具有很大的定价权，为追求资金的低成本，影子银行机构会通过有价证券的规模发行来低价进行短期融资，而不会选择高价的长期融资。为追求高收益率，影子银行机构从不同渠道购买基础资产和各类有价证券等期限较长、预期收益较高的资产。这就使影子银行产品的负债期限较短，而资产期限较长，从而形成了影子银行产品的期限错配。一旦金融市场出现不稳定因素，投资者会恐慌性抽离资金，由于影子银行机构无法将其持有的流动性较差的长期资产立即变现，或者即使能立即变现也面临着较高的收益损失，这就难免出现影子银行产品的流动性困境，这时影子银行机构就会面临类似商业银行的挤兑风险，形成影子银行产品的违约风险。

第二，投资标的高风险性形成的违约风险。影子银行将大量资金配置于房地产、地方政府融资平台、股票市场、境外金融市场等高风险标的资产，这样的资产配置方式在博取高收益的同时也面临着很高的风险，一旦这些高风险标的资产进入价格下行的通道，影子银行产品收益率会出现明显的下滑，可能出现影子银行产品投资收益率低于预期收益率的情况，形成影子银行产品的违约风险。例如，2014年3月中国建设银行山西省分行代销和资金托管的吉林信托松花江（77）号山西福裕能源项目6期信托产品，总计9.727亿元已全部违约。

第三，关联性交易加速了违约风险在影子银行内部的传递。近年来，随着金融体系混业经营的发展，金融机构自营业务与影子银行业务界限日益模糊，双方互相依存、互相渗透，自营业务通常为影子银行业务的期限转换及流动性转换提供资金支持，同时也会投资于各类影子银行产品，这种关联性交易加大了风险传染的可能性。在流动性充足和资产价格上升的条件下，这种关联交易活动对提高资源的配置效率有积极作用。然而，一旦金融市场出现不可预见的波动，资产价格急速下跌，市场流动性就会出现逆转，影子银行业务与自营业务就会通过关联交易相互传递。

第四，过长的信用链条加大了违约风险在金融系统的传递。影子银行的高违约风险会通过复杂的信用链条传递到各个相关的投资主体，由于金融系统本身的脆弱性，影子银行产品的风险可能会迅速扩大化，影子银行产品的违约可能扩散为金融体系的系统性违约，造成金融体系的动荡。首先，影子银行产品的违约风险会传导到投资者，造成投资者流动性紧张，投资者的债务违约风险会加大。其次，影子银行产品投资者债务违约风险的加大会形成投资者债权人流动性的紧张，投资者债权人的债务违约风险也会增大，这种恶性循环周而复始，如果处理不当，可能会给金融系统的稳定造成不良的影响。

通过分析不同经济发展阶段经济金融发展的不同特征及其对利率市场化的要求和影响，可以发现，随着经济金融的发展，我国推进利率市场化改革的内在要求越来越强，条件也越来越成熟，但我国当前所处的"三期叠加"环境，也对利率市场化改革提出了挑战，一方面需要加快推进利率市场化改革，另一方面也需要有效防范各种风险。

# 第五章 利率市场化改革与相关配套制度建设

我国的体制改革和经济市场化过程是一项系统性体制转轨工程，改革对整体配套关系的要求比较高，推进利率市场化改革需要通盘考虑。作为一个系统性改革，需要宏观审慎政策框架、市场准入和退出机制、深化金融市场、汇率形成机制改革和资本账户可自由兑换、金融消费者保护和风险教育等一系列相关配套制度的建设（周小川，2012）。胡晓炼（2012）指出，在推进利率市场化的过程中也要考虑一些条件，只有在其中的主要条件，比如说金融机构的公司治理、自我约束、财务的硬约束能力都满足后，才能在利率市场化之后保持一个公平的竞争环境。对于市场化后由于竞争加剧而可能出现的金融机构市场退出，亟须存款保险制度以实现金融机构的平稳退出和存款者保护，避免系统性金融风险。除了金融体系的配套制度外，周昆平（2012）认为，实体部门的改革需要同步开展，税收制度的改革还需推进。利率市场化后，投资规模比较大且资金依赖银行的政府部门和企业如果没有形成有效的财务约束，利率波动对这些部门将产生较大的影响，不利于宏观经济的稳定。目前，我国对各类商业银行实行统一的税制，并未根据各类银行的风险程度采取差异化的税制，进而保护中小银行。这些都是制约利率市场化推进的因素，在利率市场化推进中必须加以解决。

当然，也并不是要等各方面的条件完全成熟了，才能推进利率市场化改革（周小川，2012）。不过，一些必要的配套制度仍是制约利率市场化全面开展的重要因素。因此，如何处理利率市场化改革与相关配套改革的关系是非常重要的问题。目前，利率市场化改革受相关配套制度不完善的掣肘较大，本章针对几个较为突出的问题进行讨论，以便为更好地推进利率市场化改革提供基础。

## 第一节　增强微观主体预算约束与利率市场化改革

利率市场化的一个重要条件是相关经济主体的市场化。经济主体必须成为真正的市场主体，具备内部的所有权约束和外部的市场竞争约束，并根据利润最大、成本最小的原则参与资金市场活动，才能形成反映资金供求关系的市场化利率机制和水平；经济主体也才能对利率变动具有灵敏反应，及时调整自己的生产经营行为，并采取有效措施来管理利率风险，最终实现"市场化利率形成——利率的市场化传导——金融资源的最优配置——宏观调控有效"的目标。

然而，在经济运行和实践中，与利率市场化相关的各方微观主体并未成为有效的市场化主体，其中很重要的一个表现就是存在财务预算软约束。例如，作为资金供给方，金融机构的成本软约束导致面对利率市场化时不计成本地盲目提高存款利率，产生"劣币驱逐良币"的恶性竞争结果；作为资金的融入方，国有企业和地方融资平台缺乏有效的财务成本约束机制，对利率变动不敏感，只关注资金的可得性，而不注重资金的成本，扭曲了资金供求关系，不利于形成真实的市场利率。同时，资金供求双方的财务软约束，使得资金供求在不敏感领域存在超高弹性，导致信贷总量盲目扩张、信贷结构不合理、信贷垄大户等后果，既不利于金融资源的市场化优化配置,更加大了金融风险。因此,要进一步推进利率市场化,必须进一步强化微观经济主体的财务预算约束,通过财务硬约束创造价格变化的灵敏通道,稳步推进利率市场化进程。

## 一、微观主体预算软约束的内涵及表现

科尔奈在研究中央计划经济存在的诸多经济现象时,于 1980 年创造性地提出"预算软约束"这一概念(Kornai,1980)。所谓预算软约束,是指当一个经济组织遇到财务困境时,借助外部组织的救助得以继续生存的经济现象。与之相对,预算硬约束即优胜劣汰的市场机制,是指经济组织的一切活动都以自身拥有的资源约束为限。

预算软约束的存在需要两个主体:预算约束体和支持体(Kornai,2002)。预算约束体是指在以自有资源为限的前提下,如果收不抵支产生赤字,在没有外部救助的情况下不能继续存在的组织。例如,国有企业。但是,国有企业发生亏损时,政府会通过各种方式提供财政或金融支持,使本来通过市场机制将被淘汰的企业得以继续生存。支持体是指受政府控制,可以直接转移资源来救助陷入困境的预算约束体的组织。一般而言,国有银行的支持体为政府和中央银行,国有企业的支持体通常为政府和国有银行。

从国内经济发展进程看,长期以来投资导向的经济发展模式以及发展初期严重的短缺经济导致了微观主体的预算软约束,尽管随着公司化治理的推进、市场化经济体制的建立有所改善,但以国有企业和地方政府为代表的微观主体,仍然存在明显的预算软约束问题。

(一)国有企业的预算软约束是政府追求经济利益之外的额外政策收益的必然结果

当前的国有企业改革,其实质是政府在追求政策收益和处理预算软约

束、道德风险等国企问题之间寻找平衡。由于国有企业承担着部分政府职能，政府会有意识地维护和强化国有企业的垄断地位，人为增强其盈利能力，对其帮助或救助，从而产生预算软约束的经济问题。一方面，国有企业预算软约束阻碍资本结构调整速度。研究表明，国有企业预算软约束程度越大，它们的资本结构调整速度越慢，实际资本结构与目标资本结构之间的偏离程度也越大。预算软约束的存在，导致国有企业改善资本结构的动力减弱，从而阻碍了它们的资本结构调整行为，形成了国有企业因制度原因经营低效的现状。另一方面，预算软约束的存在使得国有企业对于投资运营成本和收入不关心，对资金价格和市场供求反映迟钝，从而导致企业对贷款需求的利率弹性较低，难以根据市场利率信号变动及时调节投资策略和融资方案。

（二）地方政府的预算软约束源自于中国式分权治理模式下的地方政府竞争的需要

改革开放后，中国特有的政治体制及对地方政府领导人的考核机制，大大激励了地方政府发展经济的积极性，对于促进中国经济的高速增长发挥了重要作用。但是也有很多消极的副产品，其中地方政府对于资源的过度争夺就是其一。在分税体制下，地方财权与事权存在严重不对等，基于地方政府的竞争需要，地方政府与中央政府之间存在博弈，一旦地方无法或假装无法弥补债务亏损时，最终要由中央来承担，把地方支付债务转嫁到中央。地方政府开始通过自上而下地索取资源来突破预算限制，将债务转嫁给其管辖范围内的组织和个人，形成预算软约束的现状。一方面，地方政府债务收支未完全纳入预算管理，债务监管不到位；部分地区和行业偿债能力弱，存在风险隐患，而这种财政风险在地方对中央政府的救助预期下被弱化了。另一方面由于缺乏有效的民主监督，纳税人无法控制财政资源的流向和用途，而政府垄断了公共财政资源的裁量权，造成地方预算软约束现象十分普遍。

国有企业、地方政府等微观主体的预算软约束，带来了企业生产经营的不计成本和地方政府的过度负债，弱化了利率工具对社会资金和经济活动的调节作用，不仅资金难以流向更有效益的项目，弱化利率对资源的优化配置作用，还会造成潜在金融风险和经济转型困难，这都将对利率市场化改革的稳步推行产生影响。

## 二、微观主体预算软约束与利率市场化的关系及影响

利率市场化旨在通过资金价格的市场化，引导社会资金在不同主体、不同领域、不同期限间实现均衡配置，从而达到实现各层面资金供求平衡以及资金体系风险收益匹配的目的。但是资金融入方的预算软约束，使得资金承受主体并不严格遵循"以收定支"的预算要求，从而对资金价格并不敏感，利率也无法体现真正的资金供求关系，阻碍了利率市场化的稳步推进。微观主体的预算软约束对利率市场化的影响及作用关系主要体现在四个方面。

（一）微观主体预算软约束难以体现资金供求关系，阻碍市场化利率的形成

利率形成机制的科学性直接决定了资金价格的合理性与资金市场的有效性，进而对融资格局和金融稳定产生深远影响。市场化利率形成的目标包括两个层次：一是市场基准利率的确定；二是基于市场主体自主定价能力和市场竞争关系决定的市场均衡利率水平的确定。当前，国内利率形成机制的市场基础较弱，利率对资金市场供求关系的反映能力有所欠缺，表现在基准利率尚未确定，且存在基准利率多样化和唯一性的争论；对均衡利率的估算因方法、样本等差异较大，均衡利率水平的发现仍处于摸索中。

因此，推进市场化利率的形成，需要结合国内经济运行特点、实体经

济的资金需求特征以及利率双轨制的影响，找到能够反映资金供求平衡的自然均衡状态的参照系，例如与当前利率市场化攻坚阶段最直接相关的信贷市场利率，应与潜在的经济增长率保持一致。但是，国内微观主体的预算软约束掩盖了微观主体的真实资金偏好，并对投资主导的国内经济增长产生了异化作用，最终阻碍了反映真实供求关系的市场化利率的形成。

一是国有企业的预算软约束在货币政策调控的国有经济投资渠道效应影响下，改变国有投资比重和经济增长效率，影响市场化均衡利率的形成。在间接融资为主的国内金融体系下，国有企业是信贷资源的最主要融入方。相比于非国有经济"天然硬化"的预算约束，及其投资决策对于市场前景、价格预期和资金成本等经济因素比较敏感，国有经济的所有权虚置扭曲委托—代理机制和治理结构，以及与政府、商业银行间的政治关联和共生性，使其预算存在明显的软约束，不仅投资决定往往偏离利润最大化目标，而且控制权回报、职务晋升等经理人利益与规模紧密正相关，强烈激励了国有经济部门的扩张冲动，表现出逆市场预期的非理性。国有经济在预算软约束下的投资决策机制与融资弹性，使货币政策更多地通过国有经济投资实现预期调控目标，表现为银行信贷规模涨落与消除趋势后的国有经济投资比重基本呈现同步变动。可以说，所有制属性决定了国有经济投资的增减变化与信贷变化、资金供求变化以及资金价格变化紧密相关，但预算软约束下的国有经济投资往往缺乏理性，不能体现真正的投资偏好和实体经济资金需求，因此，严重制约和影响了市场化利率的资金供求基础，并使利率均衡水平偏离真实水平。

二是缺乏预算法约束的地方政府融资平台导致过高的经济债务率，虚化资金供求关系，影响市场化均衡利率的形成。在财权、事权不对等的分税体制下，地方政府财力捉襟见肘，应对转轨和发展进程中不断强化的地方有偿筹资的现实需要，地方融资平台应运而生。由于以地方政府信用为保证，以财政收入为还款来源，缺乏预算约束的融资平台往往不计成本，更难以根据市场利率变动调整市场结构、投资规模和投资方向,因此存在过度资金需求。据2013年12月30日审计署公布的《全国政府性债务审计报告》,截至2013年6月末,地方融资平台债务规模总计6.97万亿元,占全部地方债务规模的38.96%。可以说,缺乏预算约束带来的虚高的资金需求在提高经济债务率和增大或有金融风险的同时,扭曲了资金供求关系,难以形成科学、准确的市场化均衡利率。

(二) 微观主体预算软约束导致对信贷资金价格缺乏敏感性,降低市场化利率传导有效性

当信贷市场上同时存在软约束主体和硬约束主体时,由于对信贷资金价格敏感程度不同,造成了信贷资金价格"双轨制"的存在:一方面,地方政府、国有企业等预算软约束主体,由于财政补贴、红利减免、偿债主体缺位等原因,使其在使用信贷资金时更多考虑资金的可得性,对于资金价格(利率)并不敏感,可以承受更为剧烈的利率变化。另一方面,现有信贷管理体制下,以中小微企业为代表的诸多非国有经济存在被动的信贷风险收益配比,资金价格波动带来的财务成本变化往往会对企业的正常经营产生关键影响,因而其在使用资金时考虑偿还的成本与时机,对信贷资金价格(利率的变化)非常敏感,信贷利率的轻微变化便会影响小微企业的贷款需求,形成"天然硬化"的预算约束。

利率市场化的本质是通过市场化的机制决定利率的波动,进而调节信贷主体的资金供求状况。这种信贷资金价格双轨制尤其是预算软约束主体的存在,使得利率的变化遭遇到新的"流动性陷阱",削弱了利率市场化对信贷资金供求调节效率的增进。即利率不敏感企业投资的利率弹性低,利率上升对其资金需求影响很小,因而无论利率如何变化都是无效的。在某种程度上,这些资金需求几乎无穷大,资金需求并不随利率上升而下降。无论资金价格如何变化,最终影响的只是中小微企业等预算硬约束的主体,而那些在国民经济中占据主导地位的预算软约束主体,并不会因为

利率的变化而调整资金的需求，利率调控的传导作用得不到充分体现，严重影响利率市场化改革的效果。

（三）微观主体的预算软约束排挤市场化主体，导致金融资源配置失衡

在信贷资金价格"双轨制"下，利率不敏感的一方推升了信贷资金的整体价格，而商业银行在盈利的压力下势必将资产配置向这些部门倾斜，进而对小微企业等利率敏感程度较高的市场化经营主体产生挤出效应，从而制约利率市场化的进程。

一是国有企业信贷资源占有度与利润贡献不匹配。由于国有企业在占有信贷资源方面享有优势地位，缺乏预算约束和利率弹性，其信贷资源使用效率较低，过多占用信贷资源拉低了贷款对经济增长的贡献度。2013年末，国有企业贷款余额占全部企业贷款余额的比例为46.5%。同年，国有工业企业利润总额占全部工业企业利润总额比例仅为38.3%。同时，国有企业资产负债率也高于社会平均水平，2013年末，国有工业企业资产负债率为65.1%，比规模以上工业企业平均资产负债率高7.3个百分点。

二是地方政府存在强烈的负债冲动。从中国过去三十多年的已有经验看，在20世纪80年代至90年代，利息率受到严格管制的背景下，地方政府直接参与、干预信贷资金的分配，促进更多信贷资金投入当地企业和地方。随着金融业改革的不断深化，地方政府直接参与、干预信贷资金分配的程度得到一定的遏制，但地方政府争夺、获取更多信贷资金的特征并没有从根本上改变，地方政府融资平台就是地方政府规避各种规定获得更多信贷资金的创新之举。只要制度性、体制性因素产生的地方政府投资预算软约束存在，其资金饥渴症也将继续存在，利息率弹性仍将很低。根据审计署公布的审计结果，截至2013年6月底，地方债务资金来源中56.6%为银行贷款，信贷资金仍是债务资金的主要来源。

三是商业银行存在强烈的信贷配给。无论商业银行是否为完全的市场主体行为，在地方政府和国有企业债务不违约的前提下，商业银行为获得

更大的利润，这些信贷需求都将是商业银行争夺的优质资源。在利率市场化和缺乏利率弹性的情况下，相对于利率非市场化的情况，地方政府和国有企业能够获得的信贷资源可能更多，因为这些几乎无弹性的资金需求者相对于其他经济主体可以提供更高的收益。

（四）微观主体的预算软约束掩盖借贷风险，加剧利率市场化风险

越来越多的证据表明当前的利率高企已经不是一个简单的周期性问题，而是结构性问题，主要与中国利率市场化过程中形成的风险和收益的不对称有关。个人追求回报，银行追求利润、地方政府投资导向，各自合理的逐利行为最终导致利率上行、社会融资成本高企和债务风险聚集。尤其是国企和地方融资平台存在政府的信用背书，银行在盈利压力下势必导致资产配置向上述部门倾斜，而上述部门实际运行效率低下，实际还款能力弱会加剧金融体系脆弱性。一是债务违约风险上升。伴随利率市场化的推进，尽管长期看，利率会回归正常水平，但在短期内利率的上升应是一个大概率事件。这将加大地方政府融资平台偿债负担。根据审计署公布的审计结果，截至2013年6月末，全国各级政府负有偿还责任的债务20.69万亿元。其中，地方债务10.88万亿元。地方政府融资平台贷款逐步进入还债高峰期，约37.5%的贷款在2013年至2015年内到期。推进利率市场化在短期内推高利率，将对地方政府融资平台还债产生一定的冲击。二是经济下行风险上升。信贷资金对于经济的拉动作用已经下降，经济下行期这种情况将会进一步加剧。2003—2007年，中国贷款的经济增长弹性为0.73，即人民币贷款增速提高1个百分点，经济增速提高0.73个百分点。2008—2013年，中国贷款的经济增长弹性为0.47，即人民币贷款增速提高1个百分点，经济增速仅提高0.47个百分点。

综上分析，微观主体的预算软约束带来的融资不计成本、对资金价格不敏感、难以反映真实资金需求偏好等行为弊端，使得信贷市场利率相对于均衡利率的偏离形成的冗余在体系内积聚，难以转移和出清，进而造成

资金在不同主体、不同领域、不同期限间的错配，难以实现市场化利率的差序均衡。因此，要改变微观主体的预算约束机制，通过硬约束来倒逼微观主体的市场化，有效支撑和推进利率市场化进程。

## 三、强化预算硬约束推进利率市场化的建议

"能否让国有企业和地方融资平台成为真正的自负盈亏、风险自担的市场主体是利率市场化改革能否成功的关键"（管清友，2014）。要使其成为市场化主体，首当其冲应使财务预算硬约束，并加强预算监督与管理，辅之市场化的风险补偿机制，为此，建议如下：

（一）改善国有企业治理结构，增强财务预算硬约束

诸多研究表明我国国有企业存在预算软约束，其中国有企业的政府责任归属、政策性负担和内部人控制等一系列问题，是预算软约束的主要原因。解决这些问题，强化国有企业预算硬约束，需要尽快建立现代企业制度，完善企业治理结构，强化企业股东会、董事会、经理人和监事会分权制衡的组织制度和运行机制，引入多方投资者，推进混合所有制，建立优胜劣汰的激励和约束机制。同时，切断国有企业与国有商业银行、地方政府的隐性关联关系，减少隐性补贴和救助，使其真正成为自负盈亏的市场化运行主体，从而增强其在资金借贷中的价格敏感性，使其基于资金的成本收益显示资金偏好并进行融资安排，避免资金积聚和过度授信引发金融风险与产能过剩，为利率市场化的稳步推进奠定基础。

（二）理顺中央与地方的财事权边界，改变地方政府考核模式

1994年推出的分税制改革，是一种旨在提高中央财政主动权的调整。分权导致的以经济增长为标尺的地方政府投资冲动，是导致地方政府预算软约束的重要原因。为此，增强地方政府预算硬约束，应着重解决地方投资导向造成的支出扩张和财事权不匹配造成的过度负债问题，从而使地方

政府基于预算合理收支，履行公共财政的职责和义务。一是改变以 GDP 为核心的政绩指标考核，由单纯依据 GDP 等指标逐步过渡到民生、人文、社会和可持续发展等方面的指标，并将是否合理控制和有效化解地方政府债务纳入考核体系，抑制地方经济中持续存在的"投资饥渴"。二是进一步明确中央与地方政府间事权与支出责任，以推进"营改增"为契机加快财税体制改革，落实结构性减税，为地方增强预算约束留出适应和转变空间。三是抓住政府职能转变及预算绩效管理改革契机，加快调整财政支出结构，压缩直接投向一般竞争性领域的支出，突出公共财政导向，严格规范地方政府的投资范围和资金流向。四是按照新《预算法》的要求，规范清理地方政府债务存量，合理拓展债务增量，鼓励地方政府继续进行市场化投融资体制的制度创新试点，如允许有条件的地方政府试点发行债券等，市场化的投融资体制具有更高的透明度，市场信号对政府借贷通常能进行更有效的监督，有助于硬化预算约束。

(三) 建立国有企业落实社会责任的风险补偿机制

国有企业是体现国家意志的企业，作为国有经济的骨干和支柱，在支撑、引导和带动经济社会发展，发挥国有经济的控制力、影响力、带动力方面，有着不可替代的作用。国有企业的独特属性决定了其在实现自身发展的同时，承担着一定的社会责任，比如落实宏观调控、吸纳就业、促进环境保护、执行"走出去"战略等，应当对国有企业社会责任建立分类管理制度和绩效考核制度，并根据预算约束强度建立市场化融资中的财政风险补偿机制，科学、合理、有限度地保障硬约束后的国有企业利益，促使其加快向完全市场化主体转变，成为自负盈亏、优胜劣汰的市场主体。

(四) 强化市场化过程中微观主体的权益保障机制

利率市场化带来的价格波动不可避免会对有融资安排的企业及地方政府带来影响，为保证利率市场化的推进，保障相关市场化微观主体的利益，应加快权益保障机制建设。2015 年 5 月正式推出的存款保险制度正是在这方面作出的努力。一方面存款保险制度有利于形成根据金融机构经营状况变动而对存款人的保护和风险分担机制；另一方面存款保险制度对银行信用的维护有利于稳定金融秩序，平抑资金价格，进而稳定借款人预期，更好更合理地安排融资计划和正常的生产经营。另外，鼓励银行贷款进行投贷结合，赋予商业银行在特定产品上的定价自由裁量权，降低金融市场进入的主体限制、发展结构化的金融产品促进市场分层和融合等，畅通市场化资金价格的形成和传递渠道，为微观主体提供预算硬约束下更多的融资选择权和价格选择权，从而在成本收益和风险收益匹配的基础上实现最优财务安排。

## 第二节 利率市场化与银行竞争程度、破产倒闭制度

在推进利率市场化改革过程中，银行体系的竞争程度、破产倒闭制度及成本安排也是值得考虑的重要方面。首先，只有在资金市场上竞争比较充分的情况下，才能形成真实合理的市场利率。其次，是否具有银行破产倒闭的制度安排对利率市场化改革也有重要意义。在缺乏破产倒闭制度的情况下，银行存在道德风险，定价行为容易产生扭曲。并且，在利率放开的情况下，银行体系的竞争加剧，必然有些经营不善的银行在财务上破产。这时是否允许银行破产，无论是对风险处置，还是对其他银行今后的经营活动都有重大影响。从这次国际金融危机的教训看，由于银行的外部性很强，因此银行破产成本的分担是个非常重要的问题。存款保险与国家注资对银行道德风险的影响还值得进一步研究。但目前在我国的信贷市场上，大型国有商业银行仍占主导地位。这种情况导致信贷市场上缺乏充分的竞争，难以形成真实的供求关系和市场利率。同时，在存款保险制度缺

失的条件下，长期存在政府隐含担保，金融机构破产倒闭的案例很少，存在较为突出的道德风险和逆向选择问题。因此，在利率市场化过程中，如何加强多元化的金融机构建设问题，强化金融机构的外部约束，是必须要考虑的前提性问题。

## 一、我国银行业竞争程度及其对利率市场化改革的影响

（一）关于银行业竞争程度对利率影响的理论分析

党的十八届三中全会提出要让市场在资源配置中起决定性作用，企业在不同市场结构中的竞争程度和社会效率存在显著差异。在完全竞争的市场结构中，企业是市场价格的接受者，单个企业的市场需求曲线是水平线，企业按照价格等于边际成本的原则生产，企业长期利润为零，资源配置达到最佳状态，不存在社会福利损失。在完全垄断的市场结构中，企业市场需求曲线向下倾斜，均衡时垄断价格高于完全竞争时的市场价格，垄断产出低于完全竞争时的产出水平，企业获得垄断利润并造成净社会福利损失。

银行服务业是竞争性领域，但不是完全竞争，在任何国家金融服务都是一种特许经营权，开办银行必须通过审批、竞标或招标等方式具备相关资质。我国银行业既包括工农中建交5家大型商业银行，还包括招商、浦发、中信等股份制商业银行，众多城市和农村信用社改制而成的城市商业银行、农村商业银行，以及社区银行、村镇银行等微型金融组织。因此我国银行业属于垄断竞争的市场结构，各家银行不是市场利率的接受者，而具有一定的利率自主定价权，并获取一定的垄断利润。

在垄断竞争的银行市场结构中，假定存在两家寡头垄断银行并进行古诺竞争。市场资金需求曲线为 $p = A - BQ = A - B(q_1 + q_2)$，$p$ 为市场利率，$Q$ 为银行贷款总量，$q_1$、$q_2$ 分别为两家银行的贷款量。则两家银行放贷的

边际收益分别为 $MR_1 = A - 2Bq_1 - Bq_2$，$MR_2 = A - Bq_1 - 2Bq_2$。假定两家银行的资金边际成本相同均为 $c$，则均衡时两家银行的贷款量和利润相同，即 $q_1^* = q_2^* = \dfrac{A-c}{3B}$，$\pi_1 = \pi_2 = \dfrac{(A-c)^2}{9B}$。此时市场均衡利率为 $p^* = \dfrac{A+2c}{3}$，银行总贷款量为 $Q^* = \dfrac{2(A-c)}{3B}$。

现假定市场上存在 $n$ 家资金边际成本为 $c$ 的银行，则市场资金需求曲线为 $p = A - BQ = A - B\sum_{i=1}^{N} q_i$，单个银行放贷的边际收益为 $MR_i = (A - BQ_{-i}) - 2Bq_i$，$Q_i$ 表示除第 $i$ 家银行以外的金融市场贷款总量，则均衡时每家银行贷款量为 $q_i^* = \dfrac{A-c}{(N+1)B}$，市场均衡利率水平为 $p^* = \dfrac{A}{(N+1)} + \dfrac{N}{(N+1)}c$，银行总贷款量为 $Q^* = \dfrac{N(A-c)}{(N+1)B}$。可以发现银行数量不断增加，即 $N \to \infty$ 时，市场均衡利率水平 $p^* \to c$，价格趋近于边际成本；$Q^* \to \dfrac{(A-c)}{B}$，市场总贷款量趋近于完全竞争时的水平。因此通过增加银行数量、提高金融机构间的竞争程度能有效改善金融市场结构，降低市场均衡利率水平，增加银行贷款总量，并有效降低社会净福利损失。

与股份制商业银行以及其他银行业金融机构相比，工农中建交 5 家大型商业银行在贷款规模、资产总量、客户数量等方面占据绝对优势。更合理的假定是金融市场上存在两家垄断竞争银行，第 1 家为大型商业银行，是垄断竞争的"领导者"，第 2 家为股份制商业银行，是大型商业银行的"追随者"，两家银行在信贷市场上进行斯坦克尔伯格（Stackelberg）竞争。市场需求曲线为 $p = A - BQ = A - B(q_1 + q_2)$，银行 2 的反应函数为 $q_2 = \dfrac{A-c}{2B} - \dfrac{q_1}{2}$，将追随者的反应函数代入市场需求曲线可得到领导者面临

的市场需求曲线 $p = \dfrac{A+c}{2} + \dfrac{Bq_1}{2}$，利润最大化时领导者的贷款总量 $q_1^* = \dfrac{A-c}{2B}$，代入追随者的反应函数可得其均衡贷款量为 $q_2^* = \dfrac{A-c}{4B}$。因此 Stackelberg 均衡时银行贷款总量为 $Q^* = \dfrac{3(A-c)}{4B}$，高于古诺均衡产出水平，银行均衡利率为 $p^* = \dfrac{A+3c}{4}$，低于古诺均衡利率。

(二) 我国银行业的市场结构及竞争程度

在计划经济时期，我国只有中国人民银行一家银行，兼具中央银行与商业银行的功能。改革开放以来，我国银行业的市场结构经历了较大变化，1979 年至 1984 年期间，四大国有专业银行得以恢复或设立，打破了人民银行独家垄断的传统金融体制格局，形成了四大国有银行（专业银行）并立的局面，但彼此之间存在着专业化的分工，业务条块分割，相互之间并不存在竞争关系；从 20 世纪 90 年代中期开始，政策性信贷被逐步从四大专业银行中分离出来成立了政策性银行，同时，成立了一些地方性银行和非银行类的金融机构；2002 年以后，主要大型国有商业银行开始进行股份制改革，同时，根据加入世贸组织时的承诺，我国银行业对外资银行的进入壁垒和业务限制逐渐降低。整体来看，改革开放之后我国银行业的集中度不断降低，银行业组织体系更加健全，银行机构种类、数量持续上升，根据《中国金融年鉴（2013）》相关统计，截至 2012 年末，我国共有城市商业银行 144 家、农村商业银行 337 家、农村合作银行 147 家、农村信用社 1927 家、村镇银行 876 家，其中五家大型商业银行资产占比为 44.93%，比 2011 年下降 2.41 个百分点。

度量银行业竞争度的方法主要包括 H 指数和 Lerner 指数等，其中 H 指数通过宏观数据计算银行业整体的竞争度，而 Lerner 指数基于微观数据，可以对每家银行每年的竞争度进行估算，反映的信息量更大。张晓

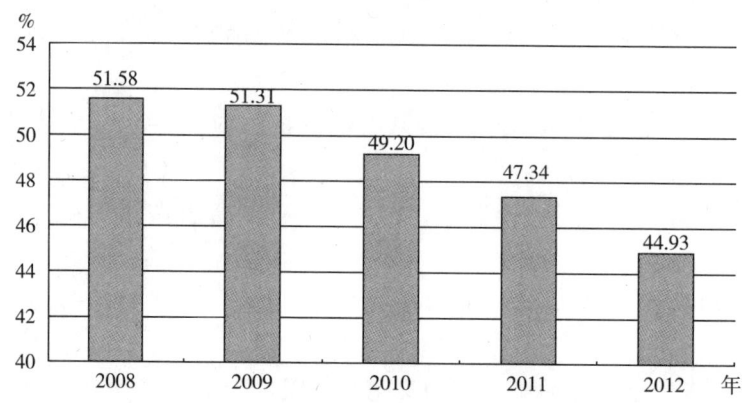

图 5-1 五家大型商业银行资产占比

玫、潘玲（2013）的研究发现，2004—2010年间我国银行业的存款、贷款业务的 HHI 指数不断下降，竞争程度不断加大，说明我国已形成以大型商业银行为主体，股份制商业银行、城市商业银行、农村商业银行、外资银行并存，适度集中的银行业市场结构。杨天宇等（2013）对银行业 Lerner 指数的计算结果表明，1995—2010 年，中国国有商业银行及股份制银行的竞争度平均值呈上升趋势，而城市商业银行、农村商业银行和银行业整体的竞争度平均值不断下降。张旭涛等（2010）基于 panzar – rosse 模型的 H 统计量的研究表明，1996—1999 年间，我国银行业市场结构处于垄断竞争状态；2000—2005 年间，我国的银行业市场处于需求大于供给，倾向于完全垄断的市场；2005 年之后处于垄断竞争的市场结构下。

（三）我国银行业市场结构对资源配置及利率市场化改革的影响

银行业市场结构是金融结构中的一个重要研究领域，对银行业市场结构与资源配置效率之间关系的研究也越来越深入。通常基于产业组织理论的 SCP（Structure – Conduct – Performance，结构—行为—绩效）范式认为，市场势力或集中度会对信贷供给和成本产生负面影响。这是因为在市场集中度高的不完全竞争市场中，具有垄断势力的银行可以制定高于边际成本的价格，进而通过降低信贷供给数量、支付较低的存款利率和索取较高的贷款利率以获得超额利润，因此市场集中度过高会导致市场效率降低，社会福利损失。当前我国城市商业银行及农村商业银行相继成立，由于城市商业银行、农村商业银行自身的经营特点等因素，我国银行业出现了独特的银行集中度、银行竞争度同时下降的局面，这种局面的出现导致银行对大型国有企业客户的市场争夺加剧，而中小企业融资难、融资贵的现象却普遍存在。因此，在当前利率市场化改革加快推进的背景下，我国应优化银行业结构，大力发展区域性中小银行，降低大型商业银行的市场份额，提升中小金融机构的市场份额，以有利于优化信贷结构，提高信贷资金的配置效率。

从银行业市场结构对利率市场化改革影响的角度来看，在垄断竞争的市场环境下，中小银行处于相对不利的竞争地位。在完全放开利率管制的情况下，可能出现一些中小银行在存款市场上的过度竞争现象，从而推高社会融资成本，进一步恶化当前中小微企业融资难、融资贵的状况。另外，根据相关研究，市场结构对银行业利差水平有显著影响，即市场结构是影响商业银行利率定价的重要因素之一，因此可以采取降低行业壁垒等有助于改善市场结构的措施，以进一步巩固利率市场化改革的积极成效。

（四）有关政策建议

1. 营造促进银行业有序竞争的政策环境，提高银行的运营效率

减少政府的行政干预，强化银行的独立性，使银行拥有更多的自由决策权。逐步放松对银行业的管制，降低民间资本发起设立民营银行、进入银行业的壁垒，完善相关法律体系建设，创造一个富有竞争和有弹性的市场环境，促进银行业多元化发展。

2. 持续优化银行业市场结构，提高利率市场化改革效果

积极推进建立不同经营规模、经营区域和所有制结构的商业银行，降低中小商业银行的市场进入壁垒，明确中小商业银行特别是城市商业银行

的市场定位，有效改善银行资金供给模式与企业融资需求不匹配问题。改善我国当前城乡二元金融结构，即城市地区银行业市场集中度呈下降趋势，竞争程度逐年提高；而县域银行业市场集中度却呈上升趋势，竞争程度下降，县域中小企业融资状况进一步恶化。

3. 提高商业银行利率定价及风险管理能力

促使商业银行加强研判宏观经济金融走势，结合银行自身实际明确利率风险管理目标，制定科学的利率决策机制，实行以利率风险管理为中心的资产负债管理，探索相关新工具和新方法。深入研究风险补偿、费用分摊、提前还款以及违约概率等因素对利率水平的影响，降低利率水平与风险不匹配的概率。加大对利率定价与风险管控专业人才的培养力度。

4. 加快业务转型和经营模式转变，提升综合竞争水平

通过打造集存、贷、汇、卡、代理、租赁、信托、债券等为一体的综合金融服务平台，加快业务和经营模式转型。积极利用互联网等新兴媒介加快发展对小微企业、个人客户等的零售金融业务，针对不同客户开展差异化的金融支持。积极创新资产负债业务，加快发展资产证券化、供应链金融和应收账款抵押贷款等，创新发展各种理财业务，在合规、风险可控前提下实现客户与银行双赢。围绕结算平台和各种交易环节，大力发展代收代付、手机银行、咨询服务等中间业务。

## 二、利率市场化与银行破产倒闭制度

（一）银行道德风险问题及对利率市场化的影响

道德风险问题在经济活动中存在已久。早在1776年，亚当·斯密就在《国富论》中提到："无论如何，由于这些公司的董事们是他人钱财而非自己钱财的管理者，因此，很难设想他们会像私人合伙者照看自己钱财一样地警觉，所以，在这类公司事务的管理中，疏忽和浪费总是或多或少

存在的。"20世纪80年代，阿罗在《承担风险的理论文集》中广泛应用道德风险这一概念，即在经济活动委托—代理关系中，委托人难以完全观察代理人全部行为，由于监督成本很高，委托人也无法对代理人的实际工作实施有效监督，因此，委托人只能按照代理结果确定代理人的报酬，从而使得代理人出现由于"经济人"特性作出损害委托人利益行为的可能。

道德风险的实质是制度软约束和个人追求收益最大化之间的矛盾所导致的。道德风险在金融行业中也广泛存在。商业银行的道德风险问题比其他风险更难预防和控制。商业银行道德风险是指商业银行管理层人员或普通从业人员，在信息不对称的情况下，作为代理人以掌握信息的优势，在不完全承担相关风险和后果的情况下，为实现个人利益最大化而作出的损害银行股东利益的行为。道德风险是导致市场失灵的原因之一。银行道德风险问题也是影响推动利率市场化进程的因素之一。

从委托代理关系来看，随着我国大部分商业银行股份制改造完成，商业银行公司治理结构进一步完善，所有权和经营权（实际控制权）逐步分离，从而产生了委托代理关系。股东是商业银行资产的所有人，是委托代理关系中的委托人。商业银行管理层和普通从业者是商业银行资产的经营者，拥有银行资产的实际控制权，是委托代理关系中的代理人。商业银行股东通过合约约束激励代理人为实现商业银行股东利益最大化而努力工作。商业银行管理层和普通从业者作为代理人在提供金融服务时，会展现"经济人"属性，存在机会主义思想和行为。商业银行股东与管理层和普通从业人员之间存在不同程度的信息不对称，商业银行管理层和普通从业人员具有相对的信息优势，是知情者，而商业银行股东由于不直接参与经营，在获取经营管理信息方面处于相对劣势地位，是不知情者。商业银行管理层和普通从业人员以信息优势实现自身利益最大化，而这种利益最大化的行为可能会损害股东的利益，即商业银行股东要承担管理层和普通从业人员可能损害自身利益的风险。如果商业银行股东对管理层和普通从业人员经营管理行为实施监管的成本过高，那么商业银行的道德风险问题就不可避免，此时管理层和普通从业人员会提高风险偏好程度，偏爱能够带来高收益的高风险金融业务。盲目加快利率市场化进程可能会加剧商业银行的管理层和普通从业人员的道德风险问题，利率市场化后，商业银行管理层和普通从业人员短期内会更倾向于开展高风险金融业务，以提高自身业绩。

从不完全契约的角度来看，由于商业银行管理层和普通从业人员是有限理性的经济主体，提供金融服务的过程信息是不完全的，提供金融服务的结果也存在着不确定性，因此拟订完全明晰的契约是不可能的。不完全契约是市场经济中的普遍现象。因为如果契约要将所有的特殊事项都明确，会使得契约的签订成本和执行成本太高，所以为实现成本最小化和收益最大化的目标，市场主体通常签订的都是不完全契约。在现代商业银行发展过程中，无论是商业银行股东与银行管理层人员，还是商业银行管理层和普通从业人员与客户之间，签订的合约都是不完全契约。商业银行股东关注的是长远收益，商业银行经营者除了关注受到股东契约约束的收益目标之外，还会关心个体自身的收益。签订完备契约的成本过高且在实际执行过程中很难实施，因此银行道德风险的监管成本和避免发生道德风险问题的激励成本都很高，商业银行的道德风险问题是大量客观存在的。如果盲目实行利率市场化，那么商业银行经营者可能会利用不完全契约中的漏洞，扩大银行道德风险问题，追求个人利益最大化。

无论是从委托代理关系的角度，还是从不完全契约特性的角度来看，商业银行的道德风险问题都是客观存在的，是市场经济中无法避免的现象。银行道德风险问题将会对利率市场化产生不稳定影响，同时国际经验表明，过度市场竞争还会扭曲资金价格。美国在利率市场化和放开银行业竞争后，存款竞争加剧，活期存款向定期存款和机构存款转化，抬高银行负债成本。银行管理层和普通从业人员为增加自身利益提高风险容忍度，选择收益较高但风险更大的客户和融资主体，以提高净息差。同时，不可忽视的是，在存款保险制度下，商业银行与存款客户之间也会存在道德风险问题。如果商业银行出问题，部分负债将由存款保险机构赔付，商业银行可能会更偏好高风险的资产，进而提高贷款利率，使风险加大和利率波动加剧。因此，如何防范商业银行道德风险是利率市场化过程中需要考虑的问题。

（二）利率市场化后银行业竞争加剧、优胜劣汰在所难免

利率市场化有利于提高商业银行的利率自主定价能力，银行可根据自身实际和市场环境灵活调整利率水平，增强市场竞争力和抗风险能力。同时，利率市场化将使价格竞争成为商业银行间争抢资金、客户与市场份额的重要手段，缺乏竞争力的银行和金融产品将在竞争中失去市场份额和客户资源。长期以来国内利率管制造成资金价格扭曲，利率不能准确反映市场资金供求状况。近年来兴起的影子银行、互联网金融等新型金融业态使金融脱媒势头加快，银行存款分流现象普遍，商业银行"存款立行"的传统经营模式受到严峻挑战。利率市场化后，商业银行很有可能通过提高利率来吸引储蓄资金和客户资源，进一步遏制新兴金融业态对银行存款的分流趋势。可以预见，利率市场化后商业银行之间，商业银行与新兴金融业态间的价格竞争将加剧。

利率市场化将冲击国内商业银行存贷利差为主的传统盈利模式，加剧各银行在创新金融产品与服务、大力发展中间业务方面的竞争。利差收入一直是我国商业银行业务收入的主要来源，利率市场化后商业银行一方面需要提高存款利率以吸引市场资金和客户资源，造成负债端成本上升；另一方面针对不同客户群实行差别化的贷款利率，优质客户议价能力较强，商业银行必须提供更优惠的利率才能吸引和留住这些客户。同时，尽管可以提高高风险客户的贷款利率，但贷款利率过高会加剧贷款申请的"逆向选择"问题，增加银行信贷的违约风险，因此商业银行对高风险客户的贷

款利率上浮空间有限。总体而言，利率市场化后，商业银行优质客户的贷款利率有望降低，高风险企业的融资成本增加但增加幅度有限。国际经验表明，利率市场化通常会导致商业银行竞争加剧，利差收入大幅减少，非利息收入显著增加。因此利率市场化会冲击国内商业银行传统的依赖利差收入的盈利模式，加快银行微利时代到来。商业银行只有加快经营方式转型，大力发展中间业务和表外业务，寻求新的利润增长点，积极提高非利息收入占总收入的比重，形成竞争力强、特色鲜明的可持续经营模式和业务类型，才能在后利率市场化时代的市场竞争中胜出。

利率市场化还将对商业银行的定价能力和风险管控能力提出更高要求。利率市场化后市场利率波动频率和幅度将明显提高，利率期限结构和定价管理将更加复杂。银行利率定价必须综合考虑宏观经济金融形势、自身流动性状况、市场竞争程度等多重因素，科学正确判断市场利率走势，防范利率异常波动造成收入损失和经营风险。利率市场化后，银行资产负债结构将更加多元，同时由于短期利率波动相对较大，银行"短借长贷"将使资产负债结构错配问题更加严重，资产负债组合管理难度加大。提高定价管理能力和资产负债管理能力是商业银行应对利率市场化的重要举措，银行需要变革现有的制度、机制和流程，真正构建符合利率市场化要求的现代资产负债管理体系。

利率市场化还将加大商业银行的流动性管理难度，使中小银行破产倒闭风险增加。利率市场化后储户对利率波动更加敏感，存取款更加频繁，这将进一步增加银行头寸管理难度。利率市场化竞争加剧还将促使银行更多为高风险项目和企业融资，增加银行信贷风险，一旦资金不能及时足额回收将形成流动性风险，因此商业银行在利率市场化后的流动性风险管理难度将加大。同时，资金规模较小、管理制度不完善、定价和风险管控经验不足等将使中小银行在利率市场化后的市场竞争中处于不利地位，经营环境更加复杂严峻。国际经验表明利率市场化后通常会出现中小银行经营困难甚至破产倒闭,我国在利率市场化后也很可能出现银行优胜劣汰现象。

(三)我国隐性担保、刚性兑付等问题对利率市场化的影响

对商业银行提供隐性担保是我国在改革发展过程中的特定历史产物。在改革开放前的计划经济体制下,国内银行业总体发展水平非常落后。与高度集中统一的计划经济体制相对应,银行主要是为财政部门服务的。改革开放之后,随着计划经济体制向市场经济体制的转变,为有效发挥各类资金对经济增长的促进作用,国家设立了多家国有银行,并通过依靠国家信用为银行提供免于破产的隐性担保动员全民储蓄。同时,政府通过行政干预,将银行的资金贷款给国有企业,解决了企业发展的融资问题,国内银行业通过政府隐性担保的方式也迅速发展壮大。这种以国家信用为担保的隐性担保制度解决了我国特殊历史时期经济发展的资金瓶颈问题。

但在现代商业银行发展中,存款是商业银行的一种负债,实际上是有风险的,其风险来自于银行的经营模式,过去政府的"隐性担保"使市场主体基本忽略存款风险。银行通过短借长贷,先以较低利率吸收储户的短期存款,再转手贷给其他个人或企业用于长期投资,获取更高收益。由于贷款需要较长周期才能收回,银行存贷资金期限不匹配的风险始终存在。目前,人们认为储户存款一直处于政府信用的无形担保之下,存款是绝对的零风险资产,存款利率也基本上属于无风险利率,不管银行经营好坏,储户存款都能得到"刚性兑付"。隐性担保无形中增加了市场主体信心,最大限度地降低了银行挤兑风险,但同时也使商业银行存有"赢了归自己、输了归国家"的侥幸心理,失去了控制风险的内在激励和约束。尽管大部分银行理财产品属于非保本型,但由于刚性兑付在市场主体预期中根深蒂固,理财产品在当今全民理财时代的发展也是如火如荼。虽然不能承诺百分之百保本保收益,但是多数理财产品在营销时均有银行的隐性担保,而且大部分理财产品还没有出现过无法兑付或亏损的情况。许多投资

者错误地认为,购买银行理财产品就等同于在银行存款,没有任何投资风险,且到期均能实现预期收益率。"客户当存款买,银行当存款卖"已成为潜在的行业规则。

由于历史因素影响,国内商业银行应对风险能力较弱。在传统观念中,市场主体普遍预期"银行太大不会倒",银行基本不可能破产。即使出现能让银行破产的特殊情况,国家也会利用行政权力出台相应的政策来扶持,帮助银行渡过难关。目前,我国银行业金融机构破产倒闭的法律依据主要有《企业破产法》、《中国人民银行法》、《商业银行法》、《银行业监督管理法》、《防范和处置金融机构支付风险暂行办法》和《金融机构撤销条例》等,银行破产适用《企业破产法》设定的一般程序规则。我国破产立法的程度和水平还远远落后于西方发达国家,同时由于涉及到公众利益,商业银行一旦破产倒闭,法律程序执行会比较困难。我国现行的以《企业破产法》为主的银行破产规定因忽视银行特有属性而缺乏实践操作性,申请破产倒闭的标准、破产管理人选任和监督、破产清算债权偿还顺序以及存款保险机构的代位求偿权等制度还未明确。海南发展银行1998年倒闭但至今还未清算完成的事实生动地阐释了我国银行破产倒闭制度执行过程是何等艰难。

隐性担保、刚性兑付和银行市场退出机制的缺失必然使商业银行的行为缺乏有效的约束,造成市场利率的扭曲。既不利于中央银行利率调控目标的实现,还会妨碍市场利率形成机制建设、加大金融风险,不利于利率市场化改革的推进。利率市场化改革的重要配套条件之一就是要将存款保障从隐性担保切换到显性担保,建立完善的存款保险制度,打破刚性兑付,建立和完善商业银行破产倒闭制度。

(四)相关建议

1. 尽快完善显性的存款保险制度相关安排

逐渐完善风险差别费率等激励相容的制度安排,防范道德风险,为利率市场化等各项金融改革打造完善的金融安全网。

2. 明确银行破产标准，设立破产前置程序

完善现有法律法规，量化商业银行破产申请的特殊技术标准。由人民银行、银行监管机构和存款保险公司三方协作，共同判断银行发生危机的程度，共同制定实施救助的具体措施。依据《商业银行法》的有关规定，履行行政监管机关的破产审批程序，即行政前置程序，有效规避程序启动的任意性。

3. 完善商业银行破产制度

一是完善法律法规中商业银行破产管理人制度，明确管理人资格、管理人组成等具体规定；二是完善以商业银行重组为主要内容的制度建设；三是完善商业银行破产清算制度。

4. 严格界定银行救助措施的使用条件

如果国家无限度地救助面临关闭的商业银行，那么必然会扩大商业银行道德风险。因此，采取救助措施重整银行时，应明确并严格限制实施援助的条件。

## 第三节 金融市场发展与利率市场化改革

### 一、金融市场发展对于利率市场化的重要意义

不少研究者都阐明了金融市场发展对于利率市场化的重要意义。例如，樊卫东（2002）认为，有没有一个功能完备、结构合理、高效运转的金融市场，是决定银行存款利率市场化改革顺利进行的关键；许健

(2003)认为金融市场基础与金融监管是利率市场化改革的前提。具体而言,只有在发达的货币市场上,才能形成完善的短期基准利率,中央银行也才能运用货币政策工具引导市场利率;只有在金融工具品种齐全、结构合理、金融市场主体充分竞争的情况下,才能形成完整的、联动的市场利率体系,中央银行的利率调节也才能有效传导。因此,金融市场的发展对于利率市场化具有重要的基础作用。

从国际经验看,金融市场的发展往往是利率市场化的催化剂。日本在经过了第二次世界大战后二十多年的高速发展后,经济增长速度放缓,企业对资金的需求逐步降低,部分企业出现了"余裕"资金,为提高资金的使用效率,这些企业将大量存款转向了交易较为自由的债券回购市场,导致债券回购市场迅速膨胀,仅1978年的交易规模就已经超过4万亿日元。与此同时,为刺激经济增长,财政支出日渐增加,政府成为当时社会资金的最主要需求者,而扩大国债发行规模成为日本政府最便利的选择(张健华等,2012)。1975年,日本政府为了弥补财政赤字重新发行国债,此后国债规模不断扩大。这促进了金融市场的交易品种和规模的发展,日本银行也以招标方式在二级市场进行国债买卖。国债市场的发展促进了货币市场的利率市场化。1977年4月日本大藏省正式批准各商业银行承购的国债可以在持有一段时间后上市销售,国债交易利率和发行利率自由化;继之,1978年4月,日本银行允许银行拆借利率弹性化,6月又允许银行之间的票据买卖利率自由化。

从美国及其他一些国家的情况看,尽管银行利率市场化的触发因素表现为金融创新与金融脱媒,但实际上也是金融产品与市场的新发展。20世纪60年代,在高通胀背景下,美国分业经营和利率管制导致商业银行的竞争力不断下降,银行存款大量流向证券市场,金融脱媒日趋严重,商业银行通过大力发展表外业务和扩展海外分行逃避管制以实现反脱媒,这个现象促成了商业银行的战略和经营转型,同时也开启了美国利率市场化进程。20 世纪 70 年代以来，随着以资本市场为中心的新金融产品的开发和需求的创造，证券市场的直接融资作用日趋凸显。而借贷市场的间接融资功能日趋萎缩，商业银行控制的金融资产在全部金融资产的占比从超过 60% 下降到不足 25%。以投资银行为首的非银行金融机构逐渐取代商业银行占据金融部门中的主导地位，美国形成以资本市场为核心的金融体系。

吸收其他国家的经验，我国在推进利率市场化的过程中，始终比较重视金融市场的发展问题。从利率市场化的过程看，我国首先是通过发展货币市场、实现货币市场的利率市场化来从边际上引入利率市场化改革的。并且，在利率市场化改革的过程中，始终重视发展金融市场，通过金融市场利率的市场化，来进一步推动存贷款利率的市场化。

目前，我国多层次资本市场体系已具雏形，股票市场、债券市场、期货及衍生品市场和财富管理市场蓬勃发展，产品日益丰富；证券公司、基金公司、期货公司等资本市场中介机构日益发展壮大。截至 2014 年 10 月底，我国沪深两市上市公司 2584 家，总市值达 30.05 万亿元，股票有效账户约为 1.35 亿户；截至 2014 年 9 月底，"新三板"挂牌公司总数达 1153 家，累计募集资金共计 92.85 亿元；目前，全国共有区域性股权转让市场 32 家，挂牌企业总计 7400 余家，服务覆盖面不断扩大，15 家证券公司开展了柜台市场试点工作，证券公司柜台市场建设成果显著。我国债券市场由银行间市场、交易所市场和商业银行柜台交易市场组成，初步形成了场内场外市场的发展格局，与境外成熟市场较为相似。从债券托管总量来看，银行间市场是我国债券市场的主体，交易所债券市场是中国债券市场的重要组成部分。截至 2014 年 9 月底，我国债券市场托管面值总规模为 34.14 万亿元，其中银行间债券市场占比约为 90.82%，交易所市场债券占比约为 6.97%，银行间柜台交易市场占比为 1.70%，其他市场占比为 0.51%。同时，债券市场产品创新稳步推进，产品体系不断丰富，涵盖了国债、地方政府债、央行票据、政府支持机构债、金融债、企业债、中期票据、中小企业集合票据、短期融资券、非公开定向债务融资工具、公司债、可转债、可分离债和中小企业私募债等品种,资产证券化稳步推进。从融资结构来看,人民币贷款在社会融资总额中的比重逐年下降。2002年,人民币新增贷款占社会融资规模的比重为91.9%,2013年则下降至51.4%。金融市场和直接融资市场的稳健发展,正在逐步改变我国银行业"一家独大"的局面,一个分层多元的金融体系和融资结构正在形成。

但目前我国的金融市场条件还不能很好地满足利率市场化改革的需要。李扬(2010)认为,我国直接融资比例低,货币市场不发达,导致金融体系的很大一个问题就是没有核心市场,因此利率市场化改革难以推进。具体看,金融市场和基础设施建设不健全,市场分割、多头监管、信息不透明等因素仍然存在;金融产品仍不够丰富,金融市场的规范程度还有待提高,市场深度还有待拓展;金融市场传导效率不高,各类产品的利率没有形成很好的联动,有些产品反映的利率信号甚至还可能存在矛盾,利率关系亟待理顺;基准利率体系仍不完善,受货币市场交易基础不够雄厚影响,中长端Shibor的基准地位还不坚实;由于国债关键品种未实行滚动发行,还不能很好地为中长期金融产品定价提供有效参考;金融市场为定价提供的信息不够充分,利率传导机制不完善,在此情况下,中央银行也很难通过金融市场实施利率调控。因此,要进一步推进利率市场化进程,我国还需要加强金融市场的建设和发展。首先要加强国债市场的发展,逐步改变国债市场规模较小、品种不够齐全、结构扭曲、市场分割的状况,将国债市场的发展与货币政策操作的需要协调考虑,以更好地形成基准利率体系。其次,要进一步推动多层次金融市场的发展,形成多样化、具有竞争性、具备足够深度且反映实体经济需求的金融体系,为利率市场化提供完善的市场基础。

## 二、金融市场发展与利率市场化具有相互促进关系

由于金融市场发展在利率市场化改革中具有重要的基础性作用,因此对于如何处理金融市场发展与利率市场化改革的关系,存在不同看法,这主要集中在是否要等直接融资市场发展到一定程度再推进利率市场化改革上。

一种观点认为,要通过改善外部条件来推进利率市场化。樊卫东(2002)认为,在一定意义上,利率市场化改革成功的基础条件,是用金融市场的发展逐步打破以商业银行为主的金融中介机构在全社会融资活动中的统治地位,发展出一个结构合理、运行高效的金融市场体系。黄金老(2013)认为,制约我国存贷款利率市场化的根本障碍是间接融资占绝对主导模式。由此,我国利率市场化的路径,只能是设法促进融资模式转变,以直接融资工具大发展促进贷款利率市场化,以直接工具大发展促进存款利率市场化。李扬(2010)认为,首先要发展直接融资,通过银行体系外的压力和竞争,促使银行实现利率市场化目标;其次要发展货币市场,建立金融体系的核心市场以形成基准的短期利率;最后要发展影子银行体系,通过各种融资途径形成市场化的利率。缪建民(2010)认为,推进利率市场化改革,首先要完善Shibor的运作机制,形成核心的市场利率和传导机制,其次,发展银行中间业务,减少银行对存贷利差的依赖。还有人提出,通过人民币离岸市场的发展来促进境内人民币利率市场化。

另一种观点则认为,在银行利率管制的条件下,通过发展银行外部金融市场的方法来倒逼银行业利率市场化改革,只会增加银行业的风险,美国20世纪80年代的银行业危机就是例证(鲁政委,2010)。姚洋等(2014)认为,我国利率市场化改革的负面效应不容忽视。"近些年来我国的金融创新,很大程度上以规避行政管制为目标。这带来了影子银行的迅

速膨胀，以及随之而来的金融风险的快速积累。而在金融大发展的同时，金融体系与实体经济却显得更为脱节，实体经济融资难、融资贵的问题更加凸显。"尽管他们认为造成这个问题的主要原因是实体经济中大量存在利率不敏感需求主体和显性存款保险制度缺失，但实际上也说明在目前的制度环境下通过影子银行的发展来推进利率市场化存在较大风险。黄金老（2013）也认为，现阶段直接融资发展速度过快，已经呈现出一种非理性状态，"应规制无声的利率市场化"。

重新审视其他国家利率市场化的经验教训，我们发现，尽管金融市场的发展对于利率市场化改革非常重要，但并不是只有等金融市场发展成熟了才能推进利率市场化，金融市场发展与利率市场化之间存在相互促进关系。利率市场化需要金融市场的发展，反过来，利率市场化也会进一步促进金融市场的发展。例如，英国在利率市场化改革后，社会融资结构向以股票为代表的直接融资工具转换，股票市值与GDP之比出现较快上升。1981年，银行信贷/GDP为42%，股票市值/GDP为39%；到1995年，股票市值/GDP为123%，已经超过了银行信贷/GDP（120%）。从日本的情况看，虽然国债的发行催生了利率市场化，但取消国债发行利率管制和债券市场非价格限制后，日本国债发行市场迅速扩大，流通市场也日益活跃。利率市场化还促进了其他直接融资形式的发展。从金融机构的资产构成看，包括银行在内的储蓄类机构资产占比呈下降趋势，其中银行资产占比从1979年的54%下降到1999年的39.3%，整体储蓄类机构资产占比从1979年的65.5%下降到1999年的52.5%；保险与养老金机构的资产占比从1979年的9.2%上升到1999年的15.2%，包括投资信托、金融交易商与经纪人等其他金融机构的资产占比同样上升较快，从1979年的25.3%上升到1999年的32.3%。

此外，金融市场发展与利率市场化改革的相互促进关系并不一定表现为融资结构的根本性变化。以德国为例，德国的社会融资结构以间接融资为主，利率市场化改革后，直接融资规模有所扩大，但银行贷款在非金融部门融资中仍占主导地位。1970年，德国非金融部门负债中有55.2%是银行贷款，到1995年这一比例仍高达52.8%；企业负债中银行贷款的比例则由1970年的51.3%上升到1995年的56.2%。利率市场化对金融市场发展的促进作用主要表现为住户部门金融资产结构发生了显著变化，储蓄存款转变为保险资产和证券资产，银行资产占比从20世纪60年代的56.5%下降到90年代的32.8%，保险资产占比从15.9%上升到29.5%，证券资产占比从13.7%上升到28.9%。同时，适应这一变化，商业银行的资产负债结构作出了调整，银行更重视股票、债券等融资手段，并成为证券市场上最重要的机构投资者。

对比德国、日本、美国存贷款利率市场对金融体系的影响，可以发现，存贷款利率市场化是否会导致银行体系出现较大风险，并不在于利率市场化改革是从银行体系内推进还是从银行体系外推进；金融体系是否健全、监管是否充分才是决定金融风险大小的最主要因素。从我国来说，银行的体制机制尚不完善，通过发展直接融资可以在一定程度上促进银行改革和经营方式转变。但目前我国实体经济中还存在较为突出的软预算约束问题，金融监管与风险防范机制尚不完善，发展金融市场并不能完全解决问题，在此过程中，金融市场的发展还可能出现扭曲。目前，我国金融结构的扭曲很大程度上是金融非市场化的后果：一是在现有市场中，各类金融机构市场准入的行政限制问题；二是各种金融产品的行政审批问题，包括债券和股票发行的行政审批。与此同时，以市场化为导向、市场自发形成的各种金融活动却缺乏监管。因此，要顺利推进利率市场化改革，必须大力推进微观主体的市场化改革，规范市场运行制度，加强金融监管，从多方面改善市场的基础条件。

引入一些不受利率管制的新的金融产品是利率市场化改革的重要策略，但要处理好利率双轨的关系，如果双轨间的套利导致资源配置出现较大扭曲，就要及时纠正。因此，要妥善处理金融创新、金融市场的发展与利率市场化改革的关系，金融市场发展与利率市场化改革应交叉进行，形成相互促进发展的关系。

## 第四节 利率市场化与金融监管体制改革

利率市场化改革是一个系统工程，涉及到宏观与微观、体制与机构、货币政策与金融监管等多个层面。国际经验表明，在利率市场化改革进程中，如果监管体制改革不能及时跟进，有可能导致银行业危机，甚至触发严重的经济危机。为了顺利推进利率市场化，需要监管理念、监管规则、监管方式和手段、监管组织体系等实现全方位改革。尤其是本轮国际金融危机的教训表明，"单一利率工具、单一价格稳定目标"的传统价格型货币政策框架面临挑战，宏观审慎的理念得到进一步强化，这就要求下一步的利率市场化改革必须广泛吸取国际金融危机的经验教训，在防范系统性金融风险和维护宏观金融稳定的基础上，与金融监管体制改革系统协调推进。

### 一、利率市场化改革对金融监管体制提出新挑战

（一）完善金融监管体制是适应利率市场化条件下金融综合经营趋势的现实需要

当前，我国的金融创新日趋活跃，利率市场化进程无疑会进一步加快金融综合化经营的趋势。在这一背景下，无论是近年来银行理财等表外业务的迅速扩张，还是房地产、产能过剩、地方政府性债务等领域潜在风险

的积聚，都对健全金融监管协调机制及监管体制改革提出了更为迫切的要求。同时，随着我国金融业的快速发展，银证合作、银保合作、证保合作大量存在，作为综合经营载体的金融控股公司和影子银行活动不断涌现，互联网等非金融行业与金融业的相互融合和渗透日益深入，分业经营的界限在实践中逐步被突破。但由于缺乏统筹金融业全局的制度安排，我国现行的监管体制存在两种较为明显的弊端：一是分业经营引致的监管真空。金融控股公司（集团）、综合经营中各类交叉性金融产品以及涉及交叉性金融产品的互联网金融，大多处于监管盲区。二是机构监管引致监管割据。机构监管理念下的分业监管中，金融机构"谁批谁管"、"谁的孩子谁抱"，造成机关部门地盘意识强烈，普遍存在"重发展、轻监管"、"重事前审批、轻事中事后监管"问题，导致监管专业性不足和监管水平不高。而且，我国现行的金融监管还不能将防范系统性风险贯穿于金融创新全过程，在妥善处理创新、发展与风险之间的关系方面也存在一定的缺失。

（二）完善金融监管体制是提高利率市场化条件下危机应对及时性和有效性的有效保障

国际经验表明，在利率市场化推进过程中，商业银行业的经营风险不断增加。贷款利率上升导致逆向选择和道德风险加剧，严重挤压中小型金融机构的生存空间。胡新智、袁江（2011）对美国经验的考察表明，美国正式推进利率市场化的1980年成为美国银行业格局变迁的重要分水岭。在此之前，美国的利率市场化尚未正式启动，美国每年国内银行倒闭的数量基本都在20家以下。但是，伴随着利率市场化改革的全面展开，美国国内每年倒闭的和接受美国联邦存款保险公司（FDIC）救援的银行数量较以前明显增多，并出现逐年上升态势，到1989年，美国当年倒闭银行数量高达531家，创历史之最。因此金融安全网的构建和完善的系统性风险应对机制对于利率市场化改革来说具有非常关键的作用。而自20世纪80年代开始的金融自由化和去监管化，引发了中央银行专司货币政策职能的改革潮流，最终形成了以英国为代表的全面剥离中央银行金融监管职能和以美国为代表的过度淡化中央银行金融监管职能的两种格局。这种中央银行专司货币政策职能改革隐含的假设是，金融市场是有效的，中央银行只需维持低通胀率就可以维护金融稳定，不需要履行金融监管职能。但本次危机暴露了这一制度安排的缺陷，中央银行金融监管权的缺失，使其难以准确获取金融机构信息，并影响到危机处置时的权威性和执行力，无法充分发挥作为最后贷款人在维护金融稳定上的优势。从这个意义上讲，中国在加快推进利率化改革进程中如何构建新的金融监管协调以提高危机应对的及时性和有效性，仍是一个值得重点关注的问题。

（三）完善金融监管体制是满足利率市场化条件下宏观审慎管理和微观审慎监管相统一的内在要求

在利率市场化条件下，金融业的潜在风险有可能加大，风险既可能来自微观，也可能来自宏观。在微观金融监管和宏观金融稳定的关系上，传统看法认为只要单个微观机构是健康的，加总起来整个金融体系也必然是健康的。但这次危机告诉我们，个体健康的总和不见得等于总体健康，甚至有时针对个体机构监管的加强，还可能因顺周期性加剧宏观金融体系的不稳定。比如在原有资本充足率监管框架下，经济下行、金融风险上升时所有个体机构的资本充足率约束同时增强，这种系统性的合成力量就很可能带来整个金融体系资产负债表的同时衰退，从而危及整体金融稳定。

而且，中国面临另一个特殊的难题，即微观监管职能有时候泛化为宏观调控，使得利率调控难度加大。在宏观金融管理以及监管协调机制上，人民银行与监管部门的关系和组织架构以及相应的调控手段安排仍有待明确，职责与权限失衡、制度不配套等问题仍不同程度存在，实践中也出现了微观监管职能泛化为宏观调控的现象。现行的"一行三会"协调机制定位不明、职责不清、手段不足，市场利率受到多种因素干扰，调控难度也进一步加大。例如，受存贷比等监管考核因素的影响，金融机构对存款的依赖程度较高,货币市场作为金融机构融资来源的重要性不够,加大了货币市场利率向债券市场、信贷市场利率传导的难度。此外,近年来监管部门有关于银行理财业务、同业业务合规性监管规定的调整,也都对当时的货币市场利率造成了较大影响。

本轮危机的经验和教训表明,宏观审慎管理和微观审慎监管相结合是维护金融稳定的有效方式。传统微观监管主体过于注重单体机构安全,缺乏宏观视角,一旦忽视监管协调的重要性,容易造成监管重复和监管漏洞,无法及时识别并有效监管系统性金融风险,最终酿成灾难性后果。但是,宏观审慎管理和微观审慎监管之间并不是完全相互兼容的,尤其是这两项职能分别由不同的监管机构实施时,信息不对称和部门利益博弈可能会影响到识别和防范系统性金融风险的决策过程。此外,宏观审慎管理的基础是宏观审慎分析,其依据是对系统性金融风险的判断,这需要集中、统一、高效的信息来源和微观审慎监管部门的支持配合。因此,完善宏观审慎政策框架、建立较高层次的监管协调机制,有利于保障宏观审慎管理和微观审慎监管部门间的沟通顺畅,防止监管冲突和监管疏漏,有效防范系统性金融风险。

(四)完善金融监管体制是利率市场化条件下界定中央和地方金融监管职责、加快政府职能转变的重要途径

包括利率市场化改革在内的金融体制改革的核心问题是处理好政府和市场的关系,使市场在资源配置中起决定性作用和更好发挥政府作用。在利率市场化改革进程中,金融管理体制改革的关键也是要着力解决政府干预过多和监管不到位问题。从我国中央与地方金融管理体制现状看,金融管理事权过于集中于中央,不能很好地适应地方差异化的经济发展实际。而地方政府的行政干预仍然过多,一些地方政府本身就是资金的需求方,出于加快发展本地经济的考虑,直接或间接干预金融资源配置,影响了金融机构的自主经营,也在一定程度上导致了财政金融风险的交织。在当前

统筹"稳增长、调结构、促改革"的大形势下,进一步推进金融监管体制改革,充分调动中央和地方两个积极性,有利于加快推进政府职能转变,也有利于形成长期稳定制度化的金融体制保障,为实体经济发展创造相匹配的金融服务体系。

## 二、利率市场化条件下我国金融监管体制改革的方向

(一)强化公平竞争、功能监管、标准统一等监管原则

公平有效的市场竞争是抑制利率市场化条件下金融风险的治本之策。金融业作为竞争性的服务行业,应该按照"负面清单"的准入制度和扩大服务业开放的要求,为各类投资主体准入提供公平竞争的市场环境,引入不同风险偏好的机构,建立多层次、广覆盖的金融机构体系。应顺应金融创新和金融功能深化融合的趋势,对功能性质相似的金融业务按信托、债券、股权、基金等标准分类,统一监管原则以减少监管套利,包括准入标准、信息披露程度、风险隔离要求以及投资者资格界定等,重点厘清各参与方及监管方的权责关系和风险承担关系。

(二)建立健全宏观审慎管理政策框架

借鉴国际经验并结合我国国情,进一步构建和完善逆周期的宏观审慎管理政策框架,有效防范系统性金融风险。把货币信贷和流动性管理等总量调节与强化宏观审慎管理相结合,进一步完善差别准备金动态调整机制。完善系统性金融风险监测评估框架,建立具有前瞻性的风险预警体系,构建层次清晰的系统性风险处置机制和清算安排。研究制定系统重要性金融机构的评估方法,完善系统重要性金融机构管理制度。

(三)改革并完善适应现代金融市场发展的金融监管框架

近年来,我国金融业发展明显加快,形成了多样化的金融机构体系、复杂的产品结构体系、信息化的交易体系、更加开放的金融市场,特别是

综合经营趋势明显。但是，金融控股公司（集团）、综合经营中各类交叉性金融产品，以及涉及诸多交叉性金融产品的互联网金融大多处于监管盲区，这对现行的分业监管体制带来重大挑战。近来频繁显露的局部风险特别是2015年6-8月间资本市场的剧烈波动说明，现行监管框架下金融分业监管、货币政策和审慎监管分离的制度框架弊端暴露无遗：A股市场的高杠杆涉及多市场、各类金融机构和非金融组织，单个监管机构和分业统计监测体系无法准确识别风险来源、无法准确预判风险扩散程度、无法有效管理市场流动性。

国际金融危机发生以来，主要经济体都对其金融监管体制进行了重大改革。主要做法是统筹监管系统重要性金融机构和金融控股公司，尤其是负责对这些金融机构的审慎管理；统筹监管重要金融基础设施，包括重要的支付系统、清算机构、金融资产登记托管机构等，维护金融基础设施稳健高效运行；统筹负责金融业综合统计，通过金融业全覆盖的数据收集，加强和改善金融宏观调控，维护金融稳定。我们应在研究和借鉴的基础上，要坚持市场化改革方向，加快建立符合现代金融特点、统筹协调监管、有力有效的现代金融监管框架，坚守住不发生系统性风险的底线。

（四）健全金融监管法律体系

健全的法律体系是金融监管体制有效运行的保障。在我国现有分业监管体制下，不论是宏微观审慎监管部门还是中央或地方监管部门，各监管主体都从自身防范风险的角度出台了相应法律法规，部分关联性制度规定存在衔接性和一致性问题。未来应与监管体制的改革相一致，建立健全完善的金融监管法律体系。

（五）界定中央和地方金融监管职责与风险处置责任

坚持中央金融管理部门对金融业的统一管理，督促地方政府改变"重发展、轻监管"的倾向，遵循"区域性"原则履行好相关职能。明确地方政府对地方性金融机构和地方性金融市场的监督管理职责，以及在地方金融风险处置中的责任,强化日常监管和区域性金融风险防控。规范地方政府对金融机构出资人职责,避免对金融机构商业性经营活动的行政干预。

# 第五节 利率、汇率改革与资本项目开放的关系

如何处理利率市场化改革与汇率形成机制改革、资本项目开放之间的关系,是很多国家利率市场化改革过程中都需要面对的重要问题,也是我国长久以来一直都存在争论的一个重要问题,并且是现阶段改革过程中必须要解决的问题。

## 一、利率、汇率改革与资本项目开放顺序的理论与国际经验

关于利率、汇率、资本项目开放三者之间关系的经典理论集中体现在蒙代尔的"不可能三角"理论和相关的利率、汇率平价理论中。按照"不可能三角"理论和利率平价理论,在利率市场化和汇率形成机制改革前放开资本管制,跨境套利资金将自由进入国内市场,削弱国内货币政策的有效性。因此,金融改革的最优顺序是先进行利率市场化、汇率形成机制改革,再开放资本管制。Sachs(1987)、Mckinnon(1984)和 Fisher(1987)认为,"先内后外"是一种理想的金融改革方式,即先稳定国内经济,随后改革对外部门。麦金农(1991)在总结了 20 世纪七八十年代阿根廷、智利和韩国,以及东欧、越南、俄罗斯等转轨国家的金融自由化经验后,发现"经济的自由化有一个'最佳'的顺序","在"成功地进行了国内贸易和金融的自由化以后,外汇的自由化就有了一个适当的进度","实现资本项目的外汇可兑换性应该是经济自由化最佳次序中的最后一步"。但

Guitian（1997）认为，资本账户开放不应等到所有条件都满足才进行，相反资本账户开放有助于这些条件的形成。约翰斯顿、桑德拉拉加（2000）在总结多国金融部门改革的经验时发现，事实上，不少国家并没有教条地采用"先内后外"的金融改革方式，而是"采用协调的和综合的步骤进行金融改革"。

从国际经验看，各国在改革次序的选择上确实存在不同。以下是几个国家的具体情况。

（一）日本

日本的资本项目、利率、汇率以及国内金融部门的改革经历了一个很长的过程。粗略说来，首先基本完成了汇率改革，随后同时逐步开展了利率、资本项目和国内金融部门的改革，但存款利率的放开进行得较为审慎，经历了较长时间。

日本的改革进程大致可以分为20世纪70年代和80年代后两个阶段。

第一阶段（20世纪70年代）：这一阶段的主要特征是日元由固定汇率变为浮动汇率，资本管制随着短期资本流向的不同而频繁变化，而利率和国内金融部门的改革并未全方位展开。日元在第二次世界大战后一直紧盯美元。但在进入70年代后，伴随着布雷顿森林体系的崩溃，日元和美元脱钩，汇率开始浮动。不过，日本政府仍然保持着对汇率的干预。这一时期，由于国际经济环境高度不确定，特别是出现了两次石油危机，日本的短期资本流动出现了大进大出的情况，汇率也因此出现了大幅的波动。针对这一状况，对资本管制政策的调整成为日本政府的应对工具之一。通过放松或者收紧对资本流入和流出的控制，日本政府试图在资本大量流入（出）和汇率升（贬）值的时候来控制流入（出）的规模。

第二阶段（20世纪80年代后）：这一阶段的主要特征是资本项目和国内金融部门的自由化迅速平行推进，存款利率改革进行得较为审慎，汇率在《广场协议》后一次性大幅度升值。日本在1980年大幅度修改其资本管制的法律，在很短的时间里基本实现了资本项目下的自由兑换。存款利率的自由化起始于 1979 年 5 月，利率不受管制的 CD 被允许发行。随后，在 1985 年，大额定期存款利率被放开。直到 1994 年，存款利率才最终被完全放开。国内金融部门的自由化体现为一系列新的市场和产品的出现和改革，包括商业票据市场和公司债市场。

但这一阶段的改革出现了两个重要的问题：一是改革的不对称性。资本项目的放开和其他融资手段的出现，使得很多机构可以不需要通过银行进行融资，而可以通过债券、股票或者海外市场融资，这里资金的主要来源是非银行金融机构。而由于新的市场和产品对零售客户的准入放开的速度较慢，使得银行存款仍然是日本家庭的主要投资手段。这种不对称造成了银行资产和债务增长不平衡，迫使银行开始大幅增加向房地产和小企业的贷款。二是《广场协议》后宏观经济政策的失误。日元在《广场协议》后大幅度升值，日本中央银行保持了十分宽松的货币政策，即便在房地产泡沫已经显现的状况下，仍然没有及时收紧银根，造成了泡沫的进一步膨胀。在 20 世纪 90 年代初，随着房地产泡沫的破裂和经济增速的大幅下降，日本银行业资产负债表的问题开始暴露，银行业陷入危机。日本经济从那时起，开始进入了低增长和通货紧缩的时期，直到今日。

表 5-1　　　　　　　　　　日本金融改革的顺序

| 时间 | 利率改革 | 汇率改革 | 资本项目开放 | 配套改革 |
| --- | --- | --- | --- | --- |
| 1970 | | | | |
| 1971 | | | | |
| 1972 | | | 允许对外证券投资，继续放开外国直接投资 | |
| 1973 | | 日元与美元脱钩，但对汇率仍有很强干预 | | |
| 1974 | | | | |
| 1975 | | | | |
| 1976 | | | | |
| 1977 | | | | |

续表

| 时间 | 利率改革 | 汇率改革 | 资本项目开放 | 配套改革 |
|---|---|---|---|---|
| 1978 | | | | |
| 1979 | | | | |
| 1980 | | | 资本项目由报批制改为备案制 | |
| 1981 | | | | |
| 1982 | | | | |
| 1983 | | | | |
| 1984 | | | 日元兑换上限取消 | |
| 1985 | 存款利率按照从大额到小额、从长期到短期的顺序逐步放开 | 自1978年起，日元实现实质上的自由浮动 | | |
| 1986 | | | | |
| 1987 | | | | |
| 1988 | | | | |
| 1989 | | | | |
| 1990 | | | | |
| 1991 | | | | |
| 1992 | | | | |
| 1993 | | | | |
| 1994 | | | | |
| 1995 | | | 资本项目基本实现完全开放 | |
| 1996 | | | | |
| 1997 | | | | |

## （二）智利

智利的汇率、利率、资本项目和金融自由化改革是一个较为成功的例子。其改革次序为：首先对国内的银行体系进行了重组，然后在资本项目仍然受保护的情况下逐步增加利率和汇率的灵活性，并同时发展国内的金融市场，在利率、汇率和各项配套改革基本完成后，同时实现资本项目的放开和汇率的自由浮动。

表 5-2　　　　　　　　　　　　智利金融改革顺序

| 时间 | 利率改革 | 汇率改革 | 资本项目开放 | 配套改革 |
|---|---|---|---|---|
| 1985 | | | | 银行注资，重组和私有化 |
| 1986 | | | | |
| 1987 | 央行票据利率由拍卖决定 | | 采取鼓励资本流出的措施 | |
| 1988 | | | | |
| 1989 | 中央银行独立 | | | |
| 1990 | | 多次调整比索币值，并逐步增大浮动范围 | | |
| 1991 | | | | |
| 1992 | | | | |
| 1993 | 在货币政策中引入明确的通货膨胀目标，以隔夜利率为基准利率 | | 采取鼓励流出，但是限制流入的措施 | 不断增加资本市场的产品种类 |
| 1994 | | | | |
| 1995 | | | | |
| 1996 | | | | |
| 1997 | | 浮动范围缩小 | | |
| 1998 | | | | |
| 1999 | | 自由浮动 | 限制流入措施取消 | |
| 2000 | 通胀盯住 | | | |

在经历了早期自由化的挫折和20世纪80年代初的危机之后，智利开始重启改革。其改革首先着眼于国内银行的重组以及选择性地开放了一些资本流入的项目。在银行业重组完成后，改革转向发展国内的金融市场（货币、债券和股票市场），以及逐步增加利率和汇率的灵活性，资本项目也逐步开放，但在开放的过程中引入了一些限制特定资本流入的措施。在汇率、利率和资本项目开放三项改革上，智利的经验是，首先通过逐步增加汇率的灵活度以及保持对资本项目的一定控制，保证了利率改革的顺利进行以及与之相对应的通过间接工具调控的货币政策框架。在此基础上，汇率的灵活度开始得到进一步放大，并最终实现了自由浮动，而资本项目的彻底放开则是等到国内金融市场得到一定时间的发展之后才真正实现的。在面对大量短期资本流入的时候，智利还引入一些临时性的管制措

施。不过,这些措施的有效性至今仍然存在争议。另一个重要的事实是,智利比索在20世纪80年代一直面临贬值压力,而在90年代又一直面临升值压力,智利在很大程度上允许了比索在速度可控的情况下逐步地贬值和升值,并进行了几次一次性的幅度较大的币值调整。

(三) 韩国

韩国在亚洲金融危机之前的利率、汇率、资本项目以及国内的金融改革是不完全的改革,且在最初是缺乏统一计划的。其改革顺序大致是有限的利率自由化伴随着较为显著的资本项目放开,而汇率改革自始至终没有改变其相对固定的汇率制度。

表5-3　　　　　　　　　　　韩国金融改革的顺序

| 时间 | 利率改革 | 汇率改革 | 资本项目开放 | 配套改革 |
|---|---|---|---|---|
| 1983 | | | | |
| 1984 | | | | |
| 1985 | 逐步从长期到短期放开各种利率 | | 鼓励资本流出 | 市场逐步对外资银行开放 |
| 1986 | | | | |
| 1987 | | | | |
| 1988 | | | | |
| 1989 | | | | |
| 1990 | | | | |
| 1991 | | | | |
| 1992 | | 汇率更多地由市场决定,浮动范围增大,但总体弹性不大 | 鼓励资本流入 | |
| 1993 | | | | |
| 1994 | | | | |
| 1995 | | | | |
| 1996 | | | | |

在20世纪80年代,韩国对银行进行了私有化,但私有化的结果是银行的所有权集中在了几个大企业手中,同时很多非银行金融机构也受这些企业控制,这些非银行机构受到的监管较为薄弱。

1990年,韩元汇率开始由盯住一篮子货币变为市场平均汇率体系

（MARS），韩元对美元的浮动范围也逐步扩大，引入了更多的市场机制来决定韩元汇率。不过，尽管如此，韩元的汇率仍然是高度管制的。

1993年，韩国开始逐步放开利率，但放开得并不彻底，政府始终保持了对利率的很多干预，这在很大程度上是因为韩国经济中的一些部门对利率较为敏感。

资本项目也是逐步放开的。但整个过程中最大的错误在于资本流入开放采取的顺序是先放开短期的流入，而仍然对长期流入保持控制。这直接导致了韩国积累了大量的短期外债。

1997年的亚洲金融危机使得韩国金融改革中的问题得到了充分的暴露。大量短期外债到期；很多银行的贷款因为借给了缺乏活力的关联企业，坏债大幅增加；韩元的大幅贬值，使得非银行机构货币错配的问题也变得十分突出。这些问题使得韩国陷入了国际收支和国内金融的双重危机。

（四）墨西哥

墨西哥在20世纪80年代的债务危机之后进行的利率、汇率、资本项目以及国内金融业的改革，是在一个较短的时间里用很快的速度同时推进的，基本上没有先后次序。资本项目和利率的放开较为彻底，而汇率制度则没有脱离相对缺乏弹性的汇率制度。在1994年，墨西哥遭遇了比索危机。

在汇率上，墨西哥允许了比索逐步贬值并加大浮动范围，但仍然没有放弃相对固定的汇率制度。这在一定程度上缓解了墨西哥比索高估的汇率水平。但是，由于通胀率的差异，比索在贬值后仍然处于高估状态。

在资本项目上，在1989—1993年短短的四年间，墨西哥先后放开了对外国直接投资（FDI）、股票投资和政府债券投资的管制。

在利率上，墨西哥于1989年取消了对利率的管制。此外，墨西哥在1991—1992年间对18家银行进行了私有化，并强化了监管。但监管改革并没有到位且存在很大漏洞。

墨西哥的比索危机在很大程度上是一场宏观危机,即汇率高估、经常项目赤字太大、外债增加过快所致。但在这场危机中,由于监管不到位,银行业货币错配的问题被暴露,并对危机起到了推波助澜的作用。

表 5-4　　　　　　　　　　墨西哥金融改革的顺序

| 时间 | 利率改革 | 汇率改革 | 资本项目开放 | 配套改革 |
|---|---|---|---|---|
| 1988 | | | | |
| 1989 | 利率自由化 | | 大幅放开资本项目,保留对外国直接投资,银行间和货币市场的一些限制 | |
| 1990 | | | | |
| 1991 | | 汇率浮动范围增大,但仍受到比较严格的控制 | | |
| 1992 | | | | 私有化18家银行,加强监管 |
| 1993 | | | | |
| 1994 | | | | |

### (五) 印度尼西亚

印度尼西亚对汇率、利率、资本项目和国内金融体系改革的背景是其希望通过一揽子的改革,增加私有经济的活力,改变对石油部门的依赖,并使得本国成为一个出口导向的国家。在改革前,印度尼西亚的资本流出已经基本放开,但对资本流入仍有严格控制;利率受到严格管制,信贷存在限额;政府对银行借贷存在很多的干预,银行业的主体是五大国有银行。其改革的次序总体上为利率自由化首先进行,随后逐步开放资本流入和增加汇率弹性,但相对固定的汇率制度并没有得到根本改变。

改革的第一阶段是 1982—1986 年。这一阶段的改革包括,汇率的大幅贬值(1983 年和 1986 年),使得汇率水平重新回到具有竞争性的水平;利率于 1983 年实现自由化,对银行信贷的干预也部分取消;在国内金融市场方面,货币市场工具于 1984 年被引入。

改革的第二阶段是 1987—1992 年。这一阶段的改革主要是针对国内金融体系和资本项目的开放。针对国内金融体系的改革包括减少对银行经营的干预,减少对外资银行的限制以及提高监管水平。资本项目的主要改革发生较晚,对金融机构资本流入的限制于1989年得到了放宽,银行被允许从国外借款,外资被允许投资国内的股市。

改革在早期是成功的,但在改革的过程中,银行的公司治理始终未得到有效改善,银行的贷款仍然大量流向了关联企业和高风险和产能过剩部门,银行的风险控制薄弱。在资本项目开放后,大量短期资本通过银行流入国内,银行承担了大量的汇率风险。

信贷风险、期限和汇率错配在1997年的金融危机中使得印度尼西亚发生了一场系统性的银行危机,多家银行倒闭,一些状况较好的银行也必须通过大规模的政府注资才得以生存。

表5-5　　　　　　　　印度尼西亚金融改革的顺序

| 时间 | 利率改革 | 汇率改革 | 资本项目开放 | 配套改革 |
| --- | --- | --- | --- | --- |
| 1983 | 利率自由化 | | | |
| 1984 | | | | |
| 1985 | | 汇率在20世纪80年代中期一次性贬值后,始终为相对固定的汇率,改革主要以增加浮动范围为主 | 对资本流入的开放程度不断加大,对资本流出的控制一直很少 | 不断放开市场,增加竞争,加强监管,但漏洞仍然明显 |
| 1986 | | | | |
| 1987 | 利率灵活性增加,但政府干预始终存在 | | | |
| 1988 | | | | |
| 1989 | | | | |
| 1990 | | | | |
| 1991 | | | | |
| 1992 | | | | |
| 1993 | | | | |
| 1994 | | | | |
| 1995 | | | | |
| 1996 | | | | |

(六) 瑞典

瑞典的利率、汇率、资本项目和国内的金融改革主要发生于20世纪70年代末到90年代初。其顺序基本上是利率改革先行,其后是资本项目的开放，而国内的金融改革和解除管制则伴随进行。瑞典的汇率则始终保持相对固定，其改革主要是对浮动区间的调整和币值的阶梯性变动。

在1978年至20世纪80年代初，瑞典逐步放开了利率和对信贷规模的限制。到1985年，对利率和信贷的管制基本完全放开。瑞典的资本项目开放则于1986年开始加速进行，主要是取消资本流入和流出的规模限制。至1989年，瑞典的资本管制完全取消。

瑞典的改革存在的问题是在解除管制后出现了信贷激增，外资大量流入，汇率缺乏灵活性，发生了资产价格泡沫。在监管不到位的情况下，风险开始积聚。最终，随着资产价格泡沫的破裂，瑞典在20世纪90年代初发生了银行和货币的双重危机。

瑞典的例子并非特例，类似的改革和危机还曾发生在北欧国家芬兰和挪威。

表5-6　　　　　　　　瑞典金融改革的顺序

| 时间 | 利率改革 | 汇率改革 | 资本项目开放 | 配套改革 |
| --- | --- | --- | --- | --- |
| 1978 | 利率和对贷款规模的限制逐步放开 | 始终保持相对缺乏灵活性的汇率制度，仅对浮动区间进行过调整和币值的阶梯性变动 | | |
| 1979 | | | | |
| 1980 | | | | |
| 1981 | | | | |
| 1982 | | | | |
| 1983 | | | | |
| 1984 | | | | |
| 1985 | | | | |
| 1986 | | | 加速放开资本项目，基本开放资本项目 | 对外资银行在瑞典的经营管制逐步放开 |
| 1987 | | | | |
| 1988 | | | | |
| 1989 | | | | |
| 1990 | | | | |
| 1991 | | | | |
| 1992 | | | | |

通过研究日本、韩国、印度尼西亚、智利、墨西哥、瑞典等多个国家的汇率、利率、资本项目可兑换的改革顺序，我们发现，尽管这些国家分布在不同的地区，处于不同的发展阶段，改革的时间、方式、顺序选择和效果存在差异，不少国家在改革过程中甚至爆发危机，但这些国家仍有诸多经验教训值得我国借鉴。

一是放之四海而皆准的改革顺序并不存在，机械地按照某一既定顺序进行改革不可取。不同的起始条件、国内外政治经济环境和改革思路都要求改革顺序的选择必须符合一国国情。实际改革过程中必须根据当时当地的实际条件，具体分析、灵活执行和择机推进改革，并没有固定的范式。

二是必须对利率、汇率、资本项目开放和各项配套改革的推进速度和顺序有通盘考虑，充分协调好各项改革进程。改革的速度和顺序存在问题是许多在改革过程中遭遇危机国家的共同教训。在韩国，资本项目开放采取了"先短期，后长期"的不合理顺序，导致了高风险的短期外债大幅增加；汇率的灵活度没有随着资本项目的放开得到充分增加；国内金融体系的改革也非常滞后，银企关系过于密切，大量关联贷款最后变成坏账，上述因素共同导致了危机的发生。在瑞典，监管的加强落后于金融管制放松和利率市场化进程，听任大量资本流入和信贷高速扩张，最终发生银行和货币危机。在日本，对银行资产和负债的改革措施不对称，顺序上存在问题，导致银行优质资产流失而存款仍然持续增长，迫使银行将资金大量投向高风险的房地产业和小企业，为后来的危机埋下隐患。在印度尼西亚，公司治理改革和监管严重滞后于其他改革，导致在国内金融体系和资本项目管制已经大幅放开的情况下，银行行为未完全商业化，风险在银行体系积聚并最终爆发危机。这些国家的经验都表明，合理选择改革顺序和保证不同改革之间的协调配合对改革成败至关重要。

三是许多国家选择"先内后外，平行推进"的改革顺序。"先内后外"即先进行利率、汇率和相关配套改革，然后再允许资本项目大幅开放。好处是可以保证国内改革进程少受国际市场波动和资本流动影响,通过适当资本管制为国内改革顺利进行赢得时间和创造条件。"平行推进"则是指多项改革可以同时交替展开。例如,在资本项目不完全开放的条件下,跨境资本流动相对有限,利率和汇率改革的相互制约较小,这两项改革就可以平行推进。智利是一个采取"先内后外,平行推进"较为成功的例子。智利20世纪90年代的大部分时间保持了限制资本流入的措施。在资本项目有一定保护的前提下,智利同时交替推进了增加汇率弹性、利率自由化、建立盯住通胀的货币政策框架以及发展国内金融市场和产品等改革,最后在90年代末期实现了汇率完全自由浮动和资本项目的基本开放。

四是汇率水平和汇率弹性都非常重要,如果汇率存在明显失衡,应先调整汇率水平。如果汇率大幅偏离均衡水平,易造成国内经济和国际收支失衡,这种失衡通常会在金融体系中有所体现。随着风险积聚或者经济受到来自国内外的冲击,风险就可能集中爆发。墨西哥的改革和比索危机就是一个很好的例证。危机前,墨西哥快速推进了利率和资本项目改革,但比索估值过高,经常项目赤字巨大,外债持续增加,银行体系存在严重的货币错配问题。在比索由于资本外流大幅贬值之后,银行体系因此陷入严重困境。与墨西哥相反,智利和改革前期较为成功的印度尼西亚,在改革初期先大幅度调整了本币汇率水平,使之趋于均衡,然后再对汇率制度进行根本改革。另一方面,汇率弹性也很重要,即便汇率没有显著偏离均衡水平,若汇率缺乏弹性,难以应对短期资本流动的冲击和国内外利差的变化,货币政策独立性将受到较大影响。发生过货币危机的国家如韩国、印度尼西亚、墨西哥、瑞典和阿根廷,采用的都是相对缺乏弹性的汇率制度。

五是关键改革宜在宏观经济环境较好时推进,资本项目开放进程要服务于国内经济金融改革和平稳运行。不合理的货币、财政、汇率和其他宏观政策会增加经济运行的风险,不利于改革的推进和协调。这些风险也会在金融体系有所体现,例如,过度宽松的货币政策可能导致流动性过剩,金融机构可能因此追逐更大的风险,最终影响金融体系的稳定。因此,在改革过程中如果宏观经济条件不合适或者宏观经济政策存在问题,改革出现差错的可能性会大幅增加。墨西哥在汇率高估、高通胀和高财政赤字条件下进行改革,是比索危机发生的直接原因。这说明改革需选择合适时机,在条件不成熟的情况下强推改革易发差错,而选择国内外经济金融条件比较稳定的时期推出关键改革则有利于顺利推进改革。另外,国际资本流动的波动性、随机性和巨大规模有时可能会与国内经济的稳定运行发生冲突,此时可以把放缓资本项目开放速度甚至恢复部分资本管制作为应对手段。智利在20世纪90年代通过引入资本管制措施来应对短期资本大量流入。最近两年,巴西等国也使用资本管制应对大量资本流入和汇率升值。IMF(2011)也指出,资本管制可以作为应对资本流入的一个政策工具。

六是实体经济和金融基础设施等相关配套改革必须到位。汇率、利率和资本项目可兑换的改革是涉及整个宏观经济和金融体系的重大改革,改革成败不仅取决于改革自身,还取决于诸多配套改革的到位。这些配套改革包括实体经济部门的改革、基础制度环境、公司治理结构的改善、加强监管、宏观审慎措施、金融市场发展等等。配套改革不到位,是绝大多数在改革过程中发生危机国家的共同特点。韩国的大企业集团对成本较为敏感,利率变动对这些企业影响较大,因而制约了利率市场化的进行。韩国和瑞典监管体系存在漏洞,对非银行金融机构监管不到位。墨西哥会计准则存在缺陷,使银行外汇敞口头寸的统计不能真实反映银行的货币错配风险。韩国和印度尼西亚的例子突出了国内制度环境和公司治理的重要性。公司治理缺失使得这些国家的银行和企业行为严重扭曲,缺乏控制风险的激励和能力,而资本项目开放和资本大幅流入让这些问题变得更加突出,成为危机爆发的重要原因。

## 二、利率、汇率改革与资本项目开放的顺序分析

(一) 观点综述

针对我国人民币汇率、利率和资本项目开放改革的关系，一些观点认为，汇率和利率改革应先于人民币资本项目可兑换。余永定（2011）认为，当务之急是调整汇率政策实现国际收支平衡，其次是实现国内货币政策由数量调控到价格调控的转变——即实现利率自由化，再次是推进资本项目自由化，最后才是人民币国际化。并认为，在金融领域，"以开放促改革"的笼统说法可能导致重犯过去盲目"闯关"的错误。薛宏立（2003）认为，在中国金融市场"动态开放"的过程中，汇率制度应实施主动变迁。国际货币基金组织和世界银行（2011）在对中国的金融部门评估（Financial Sector Assessment Program，FSAP）中指出，中国应首先完成汇率和利率改革，资本账户完全开放应是改革进程的最后阶段，但随着金融市场发展以及制度改进，应当实行相匹配的渐进式开放。

也有观点认为，资本项目开放有利于提高货币政策有效性，促进国内相关改革，可适当先行推进。谢平（2012）认为，汇率市场化和利率市场化之间没有先后顺序，也不互为前提条件，都属于市场建设、放松对交易过程和行为的政治约束；关于汇率市场化和人民币可兑换的关系，人民币可兑换主要针对资本项下的用汇需求，对汇率形成有影响，但不是汇率市场化的根本条件；关于人民币可兑换和利率市场化的关系，两者孰先孰后，理论基础是"利率平价"论。可以试错，利率先维持现有体制，根据资本项目可兑换后利率发生的变化，再研究对策。实际情况也许没这么复杂，因为国内可对利率采取灵活的管制措施和市场调控手段。李波（2012）认为，当我们深入到细节后，就可以发现资本项目可兑换与其他改革不是简单的顺序问题，它们是彼此相互推进的关系。因为不管是利率

还是汇率的市场化，最终都需要解除外汇管制，而解除管制则是实现资本项目可兑换的具体步骤。如果资本项目不可兑换，意味着没有完全理顺外汇市场供求关系，也就很难让人相信汇率已经市场化。改革顺序不能完全按照教科书，应根据现实情况有一定灵活性，要参照市场需求。这几年国际上对人民币的使用需求比较大，如果等汇率改革和资本项目可兑换完全到位之后，才允许货币"走出去"，可能就会错过机会。可以在风险可控的前提下，先放开一些风险容易控制的渠道，比如贸易结算和直接投资，当然这些渠道也可以反过来推进可兑换进程。

还有观点认为，应该根据现实情况来决定改革的先后次序。金中夏（2013）等认为，汇率均衡与利率均衡密切相关，利率政策与汇率政策相互影响，利率失衡会导致汇率失衡，而汇率失衡也会反映到利率失衡当中。汇率与利率失衡后的动态最优调整路径需要基于利率和汇率相对于均衡状态的失衡程度，先调整失衡程度较大的，后调整失衡程度较小的。赵锡军（2012）认为，汇率市场化、利率市场化和资本项目开放谁先谁后，可能不存在哪个先做哪个后做的问题。基础好、准备充分的先推进。汇率市场化的基础更好一些，进展可能也会快一些。在资本项目开放方面，我们取得了比较大的进展，也具备了继续推进的条件。比较难做的可能是利率市场化改革。

目前，越来越多的人认为，汇率市场化、利率市场化和资本项目可兑换之间没有先后顺序，可协调推进。盛松成（2012）认为，"先内后外"观点存在局限。首先，没有充分考虑大国情形。大国的汇率主要受产品竞争力、贸易结构、货币购买力以及通货膨胀预期等影响，大国的利率水平及其变化主要决定于其国内的经济金融环境，因此大国的利率和汇率的变动主要不决定于国际资本的冲击和流动，而决定于这个国家国内的基本经济状况以及本国与外国的贸易条件。其次，市场并非完全有效。利率平价理论假定市场只有一种金融资产，或者各种金融资产之间可以相互替代，因此市场只有一种利率。实际情况是，利率有很多种。对于利率平价理论，学者们主要是理论推导，实证结果有一些，但是反证更多。所以，利率平价理论和不可能三角定理在理论上很完美，但是在实践中往往是有局限性的。最后，没有充分考虑经济中大量存在的"中间状态"。不可能三角中的"三角"分别为资本完全管制（或完全自由流动）、固定汇率制（或浮动汇率制）和货币政策有效（或无效）。然而，这些绝对状态并非常态。固定汇率制至今少有国家问津，真正实行自由浮动汇率制的也不多。我国的汇率形成机制不能说是固定汇率制，也不能说是完全浮动汇率制。这些都是"中间状态"。从历史上已经完成了金融改革的国家来看，美国是"先外后内"，日本是"先内后外"，英国和德国改革顺序基本相同，结果却很不相同。所以，从国际经验来看，金融改革开放并没有固定的顺序。实践表明，我国金融改革开放往往是协调推进的。因此，应协调推进利率、汇率改革与资本账户开放，防范人民币资本账户开放风险。管涛（2012）认为，资本项目可兑换、汇率市场化、利率市场化也没有谁先谁后的问题，它们是互为条件、相互促进的。有一段时间我国有那么多套利资金流入，一是因为人民币有升值预期，二是因为人民币利率比美元利率高，所以在两个剪刀差的吸引下套利资金源源不断地进来。反过来，汇率改革不敢大步迈进，一个很重要的原因是我们的资本项目不可兑换，外汇市场因制度障碍无法出清。成熟市场的国际收支平衡调节机制是汇率浮动与资本流动。经常项目顺差必须对应资本项目逆差，而我们迄今对于资本流出仍有许多限制。如果汇率自由浮动，就很可能在贸易顺差的情况下，出现汇率超调。

（二）人民币利率、汇率改革与资本项目开放推进的实际情况

从时间顺序看，人民币利率市场化的探索较早，但实质性的推进却是在汇率改革之后。1994年1月官方汇率和外汇调剂价格并轨，开始实行以市场供求为基础的、单一的、有管理的浮动汇率制度；1994年4月建立银

行间外汇市场,开始实行银行结售汇,建立全国统一规范的银行间外汇市场。而利率改革到1996年才取得实质性突破,放开了银行间市场利率。资本项目的开放则是在1996年经常项目开放后,到2002年已加入世贸组织后才逐步推进的。之后,人民币利率、汇率改革与资本项目开放交叉进行,目前每项改革都取得了明显成就,但都还没有完全完成。从表5－7可以看出,改革之初,我国基本遵循了汇率—利率—资本项目开放的顺序,但目前我国三项改革都在同步推进,可以说是交替实施、协调推进的。

表5－7　　　　　　　　　　我国金融改革进程

| 时间 | 利率市场化改革 | 汇率形成机制改革 | 资本账户开放 |
| --- | --- | --- | --- |
| 1979 | | 汇率双轨制(除官方牌价外,制定贸易内部结算价) | 建立四个经济特区;制定合资企业法律,吸引外国直接投资 |
| 1985 | | 官方汇率与调剂外汇价格并存 | |
| 1993 | 流动资金贷款利率下浮幅度10%,上浮幅度20% | 官方汇率与调剂汇率并轨 | |
| 1996 | 放开同业拆借利率;国债发行利率市场化 | | 实现经常项目可兑换 |
| 1997 | 债券回购和现券交易利率市场化 | | |
| 1998 | 放开贴现、转贴利率;政策性金融债市场发行 | | |
| 1999 | 放开外资银行人民币借款利率;放开保险公司存款利率 | | |
| 2000 | 放开外币贷款利率;300万美元以上大额外币存款利率市场化 | | |
| 2002 | | | 引入合格境外机构投资者 |

续表

| 时间 | 利率市场化改革 | 汇率形成机制改革 | 资本账户开放 |
|---|---|---|---|
| 2004 | 不再设定金融机构（不含城乡信用社）人民币贷款利率上限；允许人民币存款利率下浮，实行上限管理 | | |
| 2005 | | 实行以市场供求为基础、参考一篮子货币的、有管理的浮动汇率制 | |
| 2007 | 启动货币市场基准利率（Shibor）建设 | 即期外汇市场人民币兑美元交易价浮动幅度由0.3%扩大至0.5% | 引入合格境内机构投资者 |
| 2008 | | 人民币实质转为盯住美元 | |
| 2009 | | | 试点人民币跨境使用 |
| 2010 | | 人民币重新有管理浮动 | 香港离岸人民币市场建设，开放境内债券市场 |
| 2011 | | | 引入人民币合格境外机构投资者（RQFII） |
| 2012 | 存款利率上浮区间扩大至基准利率的1.1倍；贷款利率下浮区间扩大至基准利率的0.7倍 | 人民币兑美元汇率波动幅度由0.5%扩大至1% | 伦敦离岸人民币市场建设启动；QFII和RQFII额度扩大；允许境内银行开展境外项目人民币贷款 |
| 2013 | 放开贷款利率下限 | | 上海自贸区试点 |
| 2014 | 存款利率上浮区间扩大至基准利率的1.2倍 | 人民币兑美元汇率波动幅度由1%扩大至2% | "沪港通" |

（三）人民币利率、汇率改革与资本项目开放的前提条件分析

人民币汇率形成机制、利率市场化、资本项目开放三项改革之间的关系错综复杂，厘清不易。但如果换个角度，从每项改革顺利推进各自需要

的条件看,某项改革的顺利推进可能需要其他改革全部或部分完成作为前提,三项改革的相互关系会因此变得清晰,改革顺序也会趋于明了。所以,本节拟从分析每项改革顺利推进各自需要的前提条件出发,来探讨三项改革之间的关系。

1. 实现真正有管理的浮动汇率制度需要的基本前提条件

一是汇率基本达到均衡水平。市场上不存在强烈的单边升(贬)值预期。否则,一旦实行真正的有管理的浮动汇率制度,货币必然会在短期内大幅升(贬)值。这样会对外贸、通货膨胀控制、货币政策操作和金融稳定带来负面影响,不利于宏观经济和金融稳定。

二是金融机构、企业和居民等微观经济主体可以基本有效地应对汇率波动幅度上升带来的冲击,外汇市场和相关的金融工具已经发展得较为完备。在有管理的浮动汇率制度下,双边汇率和名义有效汇率的波动幅度通常较大,这在一定程度上会增加金融机构、企业以及居民所面对的汇率风险。这就要求这些微观经济主体的资产负债表不存在明显的货币错配等对汇率波动敏感的问题,且已经积累了一定的应对汇率波动的经验和能力,可以应对汇率波动上升带来的冲击。一个相对成熟、交易主体和产品多元、成交量较大、流动性较好的外汇市场可以有效地发现市场价格,减少汇率的过度波动,满足不同经济主体管理汇率风险和结汇售汇的需求。

三是宏观审慎管理和金融业的监管到位。在汇率波动增加的条件下,汇率风险在一些企业、部门或金融产品上积聚的可能性并不能排除,这就要求宏观审慎管理和金融业的监管必须到位,在风险暴露之前就能够及时发现并采取有效措施予以排除。

2. 利率完全市场化需要的基本前提条件

一是汇率基本达到均衡水平。在失衡的汇率下进行利率市场化会引发国内平衡和国际收支平衡的冲突。这是因为市场化的利率在有利于国内平衡的同时可能会加剧国际收支不平衡,带来宏观的不稳定。例如,在汇率低估的条件下,经常项目顺差较大,资本流入较快,国内通胀压力增加。在这样的条件下,利率上升虽然有利于应对通胀,但会进一步加剧资本流入,从而导致国际收支不平衡加剧。这里更为严重的问题是,市场利率在汇率失衡条件下也很难是均衡利率。在这样的情况下实现利率的市场化,未必能带来应有的好处,反而有可能增加经济中已有的结构失衡。

二是通过货币政策工具影响市场利率的传导机制基本建立。实现利率的完全市场化,并不意味着中央银行放弃对利率的引导和调控。但是在利率市场化的条件下,由中央银行直接确定存贷款基准利率的做法将被通过数量和价格工具间接调控基准利率的方式所代替,且基准利率可以传导到市场的其他利率上。这些都依赖于有效的货币政策传导机制。

三是利率放开前,利率水平已经接近当时宏观经济条件下的均衡水平。市场利率水平的大幅变动,将不利于宏观经济和金融稳定。这就要求在利率完全放开前,利率水平处于一个基本接近于均衡的水平,宏观经济也处于相对稳定的时期,保证利率放开后国内利率不会在短时间里发生大起大落。

四是金融机构、企业和居民等微观经济主体可以基本有效地应对利率波动幅度上升带来的冲击。在市场条件下,利率的波动是对市场条件的反映,对不同的微观经济主体产生不同的影响是市场经济条件下的应有之义。而且,微观经济主体对利率变动作出充分合理的反应是最终实现通过价格工具进行宏观调控的必要条件。但如果微观经济主体的资产负债结构不合理,对利率风险的管理水平和能力不足,利率波动则可能会产生不必要的负面影响,引发金融风险。

五是宏观审慎管理和金融业监管到位。高息揽储、过度竞争、向高风险行业过度贷款、信贷增长过快和期限错配等情况都有可能在利率市场化过程中出现,从而增加金融风险。要防止金融风险的过度积累,就必须加强宏观审慎管理和对金融机构的监管,及时发现风险并有效处置。

### 3. 实现资本项目可兑换需要的基本前提条件

一是汇率基本达到均衡水平且有充分弹性。在资本项目可自由兑换的条件下保持货币政策独立性，必然要求汇率基本达到均衡水平且有充分的弹性。这是"不可能三角"和"三元悖论"理论的基本结论。

二是利率已经基本实现市场化。在资本项目可兑换的条件下，利率管制将会由于金融机构、企业和个人通过境外金融市场规避管制而失效。非市场化的利率将会引发脱媒和套利等一系列问题，且可能会导致汇率偏离均衡水平。虽然逐步开放资本项目可以成为推动利率市场化改革的一个动力，但在利率没有市场化之前就完全放开资本项目，很可能会导致利率市场化的进程缺乏可控性，带来不稳定的因素。

三是金融机构、企业和个人等微观经济主体可以基本有效地应对汇率、利率和资本流动波动幅度上升带来的冲击。实现资本项目下可自由兑换，除了汇率和利率，资本流动的波动也可能加大，微观经济主体需要能够有效地应对这些风险，否则将不利于经济金融的稳定。

四是国内金融体系的内部控制、公司治理、市场发展、会计准则等基本已经实现与国际接轨。资本项目的开放意味着国内金融体系既要面对国内的风险，同时也要直接面对国际经济金融的风险。从各国的经验看，资本项目开放往往会放大金融体系中已有的问题，并产生新的问题。这就对国内金融体系在内部控制、公司治理、市场发展和会计准则等方方面面提出了更高的要求。

五是宏观审慎管理和金融业监管到位。在资本项目开放条件下，金融体系面对的风险会更多、更复杂，出现问题的后果也会更严重。因此，只有宏观审慎管理和监管到位，才能使风险最小化。

### （四）汇率、利率、资本项目可兑换改革之间的相互关系

图 5-2 总结了汇率、利率、资本项目可兑换改革之间的相互关系。概括地说，汇率改革是利率和资本项目可兑换两项改革的共同前提；利率

改革为资本项目可兑换创造条件,资本项目可兑换反过来又可以促进利率改革;配套改革的到位是各项改革顺利推进的必要条件。

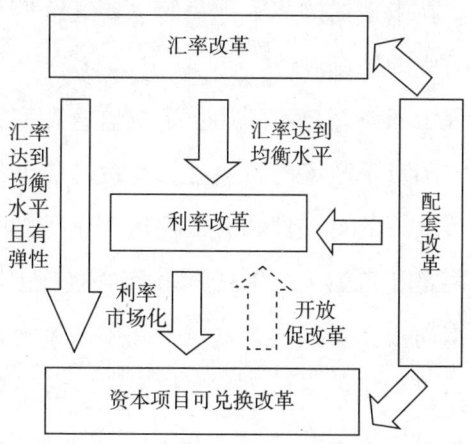

图 5-2　汇率、利率、资本项目可兑换改革相互关系

## 三、协调推进利率、汇率改革与资本项目开放的基本原则

在改革顺序设计时,除了要充分考虑各项改革自身的内在逻辑和彼此之间的协调配合之外,还需明确改革所必须遵循的基本原则。这些原则将为改革顺序的设计指明基本的方向。我们认为任何改革顺序安排都应遵循以下几条原则:

一是金融改革应该适应实体经济发展状况,根据实体经济发展需要和改革情况适时调整。从我国金融改革的历程可以看出,我国在主要几项金融改革的次序安排上,既遵循了金融改革的基本规律,也契合了我国实体经济发展的需要。改革开放初期,我国实施出口导向型发展战略,因此金融改革首先在汇率改革上取得突破,同时还建立经济特区,吸引外国直接投资。随着国内经济的发展和企业改革、价格改革、金融企业改革的推进,我国利率市场化的步伐相应加快。2005年,在经济的外部失衡表现较

为突出时，我国又进一步推进汇率改革，并有序推进资本项目开放。同时，注意外部失衡与内部失衡的关系，积极创造条件，为加快存贷款利率市场化改革做准备。在未来的改革中，我们也要继续遵循金融改革与经济发展和经济改革相适应的原则。

二是在改革过程中始终坚持不断加强金融监管和完善货币政策调控框架，以确保金融稳定和货币政策的自主性、有效性。如果在改革的过程中金融的稳定或者货币政策的自主性和有效性遭到了破坏，这样的改革是不能算成功的。金融稳定和自始至终保持货币政策的自主性和有效性是任何改革必须满足的基本前提。要实现这一点，除了改革自身的推进要合理以外，不断加强金融监管和完善货币政策调控框架也必不可少。

三是整体协调推进，先易后难，注重发挥以开放促改革的重要作用，在风险可控的前提下以资本项目逐步开放和人民币"走出去"促进国内金融改革和发展。从各国的经验及汇率、利率和资本项目可兑换改革自身的需要都不难看出，这三项改革需要整体协调推进，这样才能最小化改革的风险，确保改革的平稳有序推进。同时，这三项改革在推进过程中很难避免会遇到各种阻力，这就要求在改革策略上可以采取先易后难，以开放促改革的方式，保证改革顺利进行。首先要进一步完善汇率形成机制，实现人民币在合理均衡水平双向波动。由于利率改革可为资本项目可兑换创造条件，资本项目可兑换反过来又可以促进利率改革，两者存在相互促进的关系，因此可协调推进利率改革与资本项目开放。

# 第六章 对利率市场化改革的总体评价与政策建议

## 第一节 对中国利率市场化改革的总结

利率市场化的实质是由市场取代货币当局成为利率定价的主体。具体而言，利率市场化包括三层含义：一是利率水平、风险结构和期限结构由资金供求双方在市场上通过竞争来决定；二是具备联动的利率体系，其中，基准利率处于关键地位并发挥着主导作用；三是货币当局通过市场化手段影响利率的走势。2003年，党的十六届三中全会《关于社会主义市场经济体制若干问题的决定》明确指出我国利率市场化改革的目标："稳步推进利率市场化，建立健全由市场供求决定的利率形成机制，中央银行通过运用货币政策工具引导市场利率。"

为了实现利率市场化目标，毫无疑问必须放开利率管制。但利率市场化改革不仅仅是将利率的决定权由政府转向市场和金融机构，它还要求市场在一定的市场纪律下形成有序的竞争；利率水平由市场供求决定也不意味着中央银行完全对利率放任不管。也就是说，利率市场化既要"放得开"，更要"形得成"和"调得了"，也即利率决定和利率管理的市场化，这就需要在逐步放松存款利率管制的同时，在培育基准利率体系、形成市场化利率调控和传导机制、建立存款保险制度以及发展利率风险管理工具等方面，进行必要的技术性准备工作（周小川，2013b）。

从"放得开"的要求看，我国在渐进式改革方针下，考虑到不同层次金融市场对金融资源配置的影响不同，放开利率管制是按照风险最小原则从影响较小的市场上开始逐步进行的。由于"在间接融资为主的融资格局下，资金批发市场利率市场化不会影响企业的融资成本，同时还有利于提高资金配置效率"（易纲，2009），因此我国的利率市场化首先从资金批发市场取得重要突破，1996年放开银行间市场同业拆借利率，至1999年基本实现了债券发行和二级市场利率市场化。同时，"与管制利率并行，在边际上引入利率的市场化，使得改革具有帕累托改进的特征，在未触及实体经济部门利益的同时，提高了银行金融资源的配置效率"（易纲，2009）。因此，在利率市场化改革过程中，我国的利率体系具有明显的双轨制特征：银行体系中的管制利率和银行体系之外的市场利率并存。市场定价的利率范围不断扩大、银行管制利率的范围逐步缩小，是我国利率双轨制的变化特征。继2012年贷款利率管制基本全部放开后，2015年10月存款利率上限放开，利率管制已基本取消。

在逐步放开利率管制和发展市场利率的同时，为了实现"形得成"的目标，中央银行大力培育市场基础条件，建立健全市场化的利率形成机制。一方面加强金融机构定价机制建设，另一方面不断推进金融市场基准利率体系建设。目前，商业银行的定价机制包括内部资金转移定价（FTP）机制及风险定价机制。随着利率市场化改革的深入，国内银行纷纷加强利率定价管理的组织建设，完善利率定价管理制度，研究开发利率定价模型，建设定价支持系统，健全利率定价管理机制。在基准利率体系建设方面，我国已建立了以Shibor为代表的短期基准利率和以国债收益率曲线为代表的中长期基准利率体系。在贷款利率管制完全放开后，我国建立了贷款基础利率集中报价和发布机制。目前,贷款基础利率总体运行平稳,在金融机构信贷产品、衍生产品定价中的运用也在不断扩大。从实证结果看,市场利率与基准利率走向的一致性较强,并且利差结构也完全反映了风险结构。但 Shibor 作为基准利率的地位仍有待进一步确立,在中长期基准利率体系建设方面也还需要通过进一步发展金融市场形成完整合理的收益率曲线。总体而言,我国利率水平、风险结构和期限结构在很大程度上由资金供求双方在市场上通过竞争来决定,但在过去利率管制尚未完全解除、金融市场发展的广度和深度还不够的情况下,利率水平仍不是完全由市场决定,风险结构和期限结构也不尽合理,利率传导机制仍存在梗阻,利率体系之间的联动性仍不够强。目前存款利率管制刚解除,完善利率的市场形成机制、改善利率体系之间的传导关系,仍是我国利率市场化改革的重要内容。

从"调得了"看,在利率市场化改革过程中,中央银行一方面通过调整存贷款基准利率及其浮动区间来实施利率调节,另一方面通过回购、逆回购交易、发行央行票据等公开市场操作,以及存款准备金率等货币政策工具,调节金融体系的流动性状况,间接影响市场利率和金融机构存贷款利率,同时还通过中央银行利率引导市场利率。但中央银行利率调控机制还不完善,以中央银行基准利率带动市场利率运行的机制尚未建立,货币市场与信贷市场之间的利率传导渠道不畅。因此,中央银行通过运用货币政策工具引导市场利率、进而影响金融机构存贷款利率的机制尚不健全,利率传导机制存在梗阻,利率调控政策不能通过联动的利率体系有效地传导至整个经济系统。并且,利率决策机制不灵活,对存贷款基准利率的调整需要经过较长的决策过程和比较复杂的程序,因此利率调整难以做到灵活及时,常常滞后于形势的变化。加之利率政策要考虑到多个目标,要经过多方面的利益协调,因此调控政策往往折中,调节力度经常会打折扣,导致达不到应有的效果。

因此，无论是从"放得开"看，还是从"形得成"、"调得了"看，我国利率市场化改革都取得了很大成就，尤其是"放得开"的目标已基本实现。但利率市场化改革尚未最终完成，建立健全利率形成机制和调控机制，提高中央银行调控市场利率的有效性，仍是利率市场化改革有待完成的任务。需要指出的是，我国的利率市场化改革是在经济体制改革不断推进和经济金融日益发展壮大和开放的背景下展开，利率市场化既是建立社会主义市场经济体制的重要组成部分，也是中国经济改革和发展的成就的重要表现。目前利率市场化改革的进展，无论是其成就还是与目标的差距，都反映出了我国作为转轨和发展中国家的特点。

## 第二节 对中国利率市场化改革的总体评价

### 一、对中国利率市场化进程的不同评价

目前，社会上对中国的利率市场化改革有很多看法。总的来看，大部分主流观点都从减少金融抑制、优化金融资源配置、改进货币政策传导机制等角度，积极肯定利率市场化改革。例如，黄金老（2013）认为，我国利率市场化改革16年来，虽然颇受诟病，但由于对无声模式的坚守，进展良好，又没有发生金融危机和经济衰退，与人民币汇率市场化改革一样，堪称发展中国家金融价格改革的典范。目前在金融机构资金运用方面，已经实现了利率市场化。在资金来源方面，市场化利率筹资快速发展，各项人民币存款利率也不是铁板一块。易纲（2013）认为，从企业角度看，当前许多企业抱怨财务成本过高、中小企业融资困难。按之前的分

析,利率市场化会进一步推高贷款利率,对企业不一定有利。从居民角度看,中国家庭和广大存款人当前面临的存款利率较优。目前我国一年期存款利率为 3.3%,处于全世界可靠货币的最高水平。从金融机构的角度分析,金融机构补充了大量资本金。1998 年到 2000 年间,中国许多银行濒临技术性破产,而当前全世界盈利能力最强的前 10 家银行中有 5 家来自中国。银行业的发展也为政府带来了税收利好。综上,目前的利率制度对企业、居民、银行等金融机构和政府税收均有益处。

但是,毕竟利率市场化改革是牵扯到各方面利益的一项重大改革,并且改革尚未完成,因此对改革的进程现阶段还存在着完全相反的两种观点。一种观点认为,我国利率市场化改革已持续了很长时间,至今尚未完全市场化,而正是利率市场化改革进程缓慢,导致我国金融发展滞后,这与我国世界第二大经济体的地位极不相称。利率市场化改革滞后导致了一系列不利影响。例如,谢平(2013)认为,虽然我国人民币存贷款利率逐步放开,但利率管制仍然很严,存款利率赶不上物价涨幅,存款贬值,催长了银行理财产品、银信合作产品等"影子银行"业务;受管制的贷款利率无法抑制投资冲动,降低了资源配置效率;受保护的存贷款利差使银行很容易获得高额利润,一定程度上引发了社会上对银行业暴利、不合理薪酬及金融与实体经济背离的意见。尼古拉斯·罗迪(2013)指出,利率渐进自由化进程在 2004 年到 2012 年 6 月期间是停滞的,自 2003 年开始金融抑制有所加重,中央银行的低利率政策限制了居民收入和消费的增长,使得经济增长失衡,除此之外,这一政策也造成了经济其他方面的失衡,比如 2003 年之后居高不下的投资率。低利率政策还成为刺激房地产投资高速增长的原因之一。联合国全球经济监测中心主任洪平凡(2012)认为,中国利率管制形成的金融抑制程度非常严重,导致经济结构不合理,一部分行业产能过剩,另一部分行业投资不足。与上述观点类似,张明(2013)也认为,存款利率管制是中国金融抑制的重要方式,是居民财富向政府和企业转移的重要渠道，也是中国以投资主导和外贸趋动的传统增长模式基石之一。世界银行和国研中心课题组（2013）则指出，过低的存款利率导致过量的信贷需求和供给，扭曲了风险定价机制和金融机构激励机制，阻碍了资本市场发展，货币政策不得不依赖数量手段和人为干预纠正价格信号的失真。

另一种与之相反的观点则认为，当前我国尚不完全具备存款利率放开的条件，贸然放开利率管制将在经济下行条件下进一步加剧"融资贵、融资难"，不利于实体经济增长，银行利差收窄还将为金融危机埋下隐患。例如，很多学者都指出（如吴晓灵，2013；徐高，2015），当前我国还存在着大量地方融资平台、国有企业和房地产等对利率不敏感的部门，它们更多地依赖影子银行体系融资，变相提高了社会利率水平，即使利率放开也无法真正实现金融资源的优化配置。同时，由于利率市场化过程中利率中枢不可避免地出现上升，在经济下行过程中"融资贵、融资难"问题进一步引起人们的广泛关注，利率市场化的副作用不应忽视（万晓西，2014）。同时，从国际经验来看，由于大部分国家银行利差将缩小，在激烈市场竞争压力下，很多中小金融机构将面临更大的冲击，因而贸然放开利率管制很可能出现金融恶性竞争并引发系统性金融风险（如连平，2014）。王国刚（2014）认为，一方面，存贷款利率市场化改革有着牵一发而动全身的效应，因此，需要审慎出战；另一方面，存贷款利率市场化改革所需要的各种条件并未有效形成。应通过"外科手术式的措施"，即通过发展存贷款及其利率的替代产品（如公司债、资产证券化和各种财富管理产品等），通过渐进路径，在促使条件成熟的过程中，逐步推进存贷款市场利率体系和机制的形成。

## 二、对利率市场化改革评价方法的分析

从对我国利率市场化改革的评价观点看，其分析方法可大体上分为两

类：一是按利率是否完全放开的标准来评价，其中一类观点从取得的进展看，在肯定了我国利率市场化改革成就的同时，认为我国仍不完全具备利率市场化的条件；另一类观点则从与完全放开的差距看，认为利率市场化改革不够快。二是将利率政策与经济金融发展、收入分配等问题联系起来分析，一类观点从经济中存在的一些问题，特别是近些年来表现突出的结构失衡问题出发，认为利率市场化改革滞后；而另一类观点则从我国取得的成就出发，肯定了利率市场化改革在改善资源配置、促进经济金融发展等方面的积极作用。可以看出，这些方法都有道理，只不过看问题的角度不同。

评价利率市场化改革是否成功是个非常复杂的问题。按利率是否完全放开的标准来衡量，可以说明利率市场化改革进行到了哪个程度、与目标的差距还有多远，但以此衡量中国利率市场化改革是否成功可能失之简单。一方面，我国经济体制改革尚未完成，并不只是利率市场化改革没有完成，还有很多方面的改革尚未完成，改革都在进行中，因此以离最终目标的差距来衡量改革是否成功是不现实的；另一方面，完全放开了利率管制，并不见得就意味着利率市场化改革成功了。不少国家在利率市场化过程中虽然放开了利率管制，但由于改革是失败的，最后又不得不再次进行管制，这说明利率市场化改革绝不只是放开利率管制这么简单。对于那些放开利率管制的国家，评价其利率市场化改革是否成功，往往看放开利率管制后金融市场是否剧烈波动，有没有引起银行危机或金融危机，有没有引起经济的剧烈波动。因此，评价利率市场化改革不能只看利率体制本身，需要将其与经济金融的发展联系起来看。

在整体改革尚未完成的情况下，利率市场化是否可以率先实现？完全放开利率管制是否会导致经济金融的剧烈波动？这也是评价利率市场化改革时需要考虑的问题。如果在现有体制条件和经济条件下利率管制放开并不会导致经济金融剧烈波动和潜在金融风险加大，则可以说目前的利率市场化改革滞后；如果在现有体制条件和经济条件下，利率管制放开会导致经济金融剧烈波动和潜在金融风险加大，则对利率进行一定的管制就是正确的选择。因此，不能按理想状态来评价利率改革，而应从现实条件出发来评价利率市场化改革。

从经济中存在的一些问题，特别是近些年来表现突出的结构失衡问题出发，认为利率管制导致了结构失衡，这种分析方法也是值得商榷的。首先，对于中国的消费率是否过低存在争论，不少学者认为中国的消费率被低估了。如果中国投资与消费结构失衡的问题并不严重，那么指责利率体制也就失去了基础。其次，即使结构失衡问题存在，是否完全由利率管制引起或多大程度上由利率管制引起，也是需要分析的问题。经济中出现的宏观性问题，往往是很多因素共同作用的结果，而不是某个单一因素作用的结果。我国在经济高速增长中出现的结构失衡问题，是一系列因素共同作用的结果，包括企业制度、政府的作用、投融资机制、金融制度、财税政策、收入分配政策、土地政策等等。利率制度和利率政策是这些因素中的一个组成部分，对于结构失衡问题的出现难辞其咎，但将结构失衡完全归因于利率管制则有失偏颇。最后，不能将利率市场化改革与利率调控政策完全混为一体。利率是否长期过低、利率调整是否滞后，这些问题与利率体制有很大的关系，但更多的是利率政策的问题。而对于中央银行的利率政策，往往存在不同的评价，例如，对于美联储的利率政策，往往存在批评意见。

## 三、如何正确评价中国利率市场化改革

（一）从国际比较看中国的利率市场化改革

中国的利率市场化改革采取了渐进式推进的改革策略，因此历时较长。从 1996 年放开银行间市场同业拆借利率算起，利率市场化改革已走

过18年历程，如果从早期的探索算起，则利率市场化改革进行的时间更长。

从国际经验来看，采取渐进改革的国家利率市场化的过程都较长，例如，美国从1970年放开90天以内10万美元以上大额存单利率管制起，至1986年Q条例取消，经历了16年；日本1977年允许国债上市流通并于1978年放开银行间同业市场拆借利率起，至1994年取消所有存款利率限制，同样经历了16年；韩国从1981年放开商业票据贴现利率起，经过两个阶段的市场化改革后，至1997年利率市场化全面实现，也用了16年的时间（张健华等，2012）。法国自1965年4月起取消6年以上定期存款利率上限，到1984年利率自由化全面推开，用了19年时间；印度从1992年启动利率市场化改革，直到2011年10月25日才放开储蓄存款利率，完全实现利率市场化，也用了19年时间，而实际上印度早在1985年就允许银行对期限在15天到1年期的存款以8%为上限自由设定利率，尽管这一措施很快就夭折，但说明印度利率市场化改革的时间实际上也是很长的。

但实际上我国与这些国家并不完全具有可比性。作为全球最大的发展中转轨经济体，中国在利率市场化改革的过程，需要进行企业、银行等微观主体的改革，使之成为自主经营、自担风险的市场主体，而国有企业的产权改革是其中的重点和难点，至今仍在探索中；需要进行一般商品和资源价格的改革，尽管一般商品价格已基本市场化，但资源价格的改革还在进行中；并且中国金融市场起步较晚，金融发展基础较为薄弱，金融机构定价水平和风险管理能力相对较低，在利率市场化过程中，需要大力建设和培育金融市场基础设施和金融市场机制。因此，考虑到中国作为转轨国家的这些特殊情况，20年左右的利率市场化进程并不算慢。毕竟，即使是经济金融发育水平较高的法国，以及并不存在经济转轨问题的印度，都经历了约20年才完成利率市场化改革。

与俄罗斯等采取激进式改革的转轨国家相比，中国走的是另一条道路。从目前两国的发展情况及国际社会的评价看,中国渐进式的改革之路应该更有优势。

（二）从对经济金融的促进作用看利率市场化改革

利率市场化改革的目的是要解除金融抑制,改变利率管制下的低利率水平导致储蓄水平低下和投资需求强烈的状况,通过放开利率控制,实现利率市场化,使其充分反映资金的实际供求情况,促进利率提高至均衡水平,促进储蓄和投资增长,实现金融体系和经济发展间的良性循环。

改革开放以来,我国的储蓄率和投资率总体上呈上升趋势,特别是近10年来,储蓄率和投资率上升明显,促进了工业化的发展、基础设施投资和房地产业发展,积累了大量固定资本存量,为经济增长奠定了物质基础。1978—2013年,中国以不变价计算的资本存量年均增速高达10.8%,比GDP增速高1个百分点,2013年资本存量是1978年的36.4倍,而2013年的GDP总量则是1978年的26.1倍。正是资本的积累,有力支撑了中国年均近10%的高速经济增长。因此,从储蓄、投资及经济增长的角度看,我国不存在金融抑制、阻碍经济增长的现象。对此,罗迪和一些IMF官员的解释是,中国居民存在储蓄的总量目标,当储蓄存款利率降低时,居民可能会增加储蓄。易纲（2013）认为,这一说法尚存争议,存在很多反例,还需要积累更多数据。罗迪（2013）也承认这一说法存在争议,认为实际利率与储蓄之间的相对趋势只能反映相关性,不能表明因果性。魏尚进（2013）也不认同实际利率降低刺激了储蓄的观点,认为对于中国的高储蓄,除了预防性储蓄外,还有其他几种解释,如加入世贸组织、婚前性别比例失衡。这些情况说明,从储蓄和投资及经济增长的角度来说明中国利率市场化改革滞后,理由是不充分的。

从对金融发展的影响看,正如我们在第一章中所指出的,我国放开利率管制是与金融发展同步进行的。改革开放以来,我国金融机构实现了"从一到多"的裂变,金融市场实现了"从无到有"的发展,货币化程度

第六章 对利率市场化改革的总体评价与政策建议

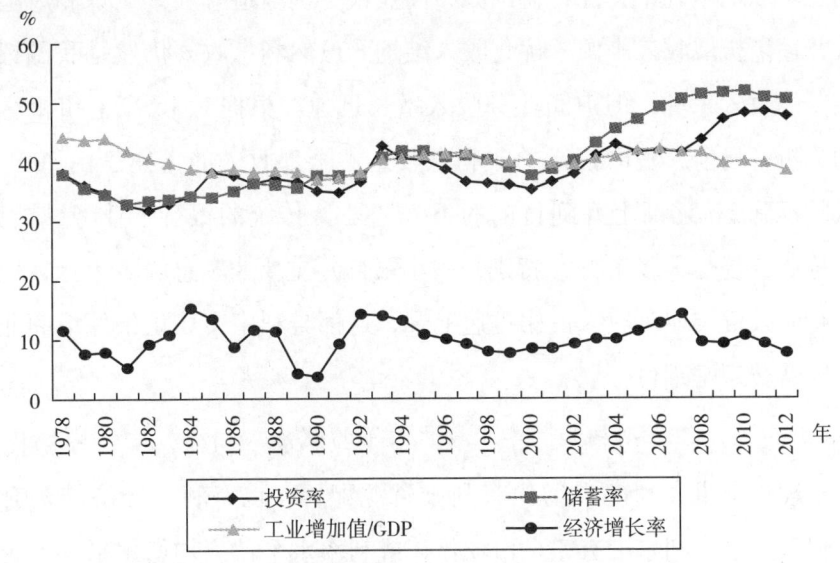

图 6-1 储蓄率、投资率变动情况

不断加深,金融产品不断丰富,正是在此过程中,利率市场化改革不断推进,我国较好地处理了利率市场化改革与金融发展、金融稳定的关系。以银行业的发展为例,1994年到2000年间,中国许多银行由于体制性原因出现资不抵债濒临技术性破产。虽然经过了2003年后以公司治理为核心的国有商业银行股份制改革、通过外汇储备注资等方式向商业银行补充了大量资本金,但银行的基础与实力仍非常薄弱。正是由于采取渐进式利率市场化改革策略,通过放开贷款利率上限和存款利率下限实行利差管理方式,保证了商业银行一定水平的合理利差,使商业银行能够通过盈利补充资本金,因此大大提高了中国银行业的实力。这使得中国银行业在国际金融危机中不仅有能力支持中国经济增长,还能使自身稳步发展。目前,全球盈利能力最强的前十家银行中,来自中国的银行占据了大多数。应该说,这与中国较好地处理了金融改革、发展与稳定的关系是分不开的。

还值得注意的是,渐进式的利率市场化改革并不只是保护了银行,扶持了银行的发展,也促进了银行经营方式转变和效率提高。正是由于利率管制逐步取消，利率弹性日益加大，商业银行逐渐适应利率竞争和风险管理，并逐渐扩展收入来源，优化收入结构。虽然利息收入仍然是我国银行最主要的收入来源，但中间业务收入增长迅速。根据对16家上市银行数据的分析，目前，我国银行的非利息收入占全部收入的占比已由2001年最低的不到2%逐渐上升到目前的10%左右。传统的银行卡业务、结算、代理等业务仍是很多银行（特别是中小银行）主要非利息收入来源，但大型银行的投资类业务收入占比迅速上升，这都与利率市场化条件下商业银行的经营转型密不可分。

（三）关于经济结构和利率市场化改革的关系

从理论上讲，利率市场化有利于资源配置，也有利于经济结构合理化。但反过来，利率没有完全市场化，或利率水平偏离均衡水平，是否就会导致经济结构失衡、或导致什么样的结构失衡，仍是需要证明的问题。

从全球范围看，我国的结构失衡问题不是孤立现象，而是全球经济失衡问题中的一部分，与美国经济结构的失衡存在较强的对偶关系。很多研究说明，造成这种现象的原因是中国的高储蓄、美国的高消费及由此导致的高负债。同时也有很多研究说明，美国在"9·11"事件后较长时间内利率水平偏低、货币政策失当，低利率导致消费过度增长。如果说美国的低利率政策导致消费过度，而中国的低利率政策导致消费不足，那么单用利率解释消费率和储蓄率可能是说不通的。这也说明中国结构失衡问题的出现有其国际背景，全球化背景下的国际分工对一国经济结构的影响是不可忽视的问题。

从我国国内看，高储蓄与高投资现象的产生有制度、经济和文化等多方面的原因。从储蓄率看，高储蓄有文化背景，中国人的储蓄倾向高；同时储蓄率还受人口结构、收入分配、养老和社会保障制度等因素影响；当然利率对储蓄的作用也是不可忽视的，但到底是低利率有利于储蓄增加还是高利率有利于储蓄增加，还有待进一步论证。从投资率看，工业化和城镇化带来巨大的投资需求，特别是我国在全球分工中形成的制造业大国地位使得工业化率非常高，因此造成投资率非常高；而政府的作用、投融资机制、汇率制度、金融政策、财税政策、收入分配、要素价格、土地政策等等一系列制度及政策安排保证了投资的高增长。其中，财政体制、地方政府的作用对高投资的影响不可忽视。大量文献表明，在中国特有的财政分权和行政集权体制下，以经济增长为主要导向的地方"晋升锦标赛"的强激励（High Powered Incentives）模式，是理解改革开放以来中国增长奇迹的重要理论线索之一（周黎安，2007）。在 GDP 导向下，为了发展经济，地方政府主要就是进行基础设施建设、房地产开发或发展重化工业等中长期投资（张军、高远、傅勇、张弘，2007；张晏、夏纪军、张文瑾，2010）。因此，关于利率对经济结构的影响，应在多因素分析的框架中去衡量。

应当看到，随着利率管制的逐步放松，利率价格杠杆在优化资源配置中的作用明显提高。利率放开和贷款利率上升，将使信贷需求得到一定程度的抑制，特别是随着经济结构的调整和潜在产出增速下降，企业有效贷款需求增速也随之下降，这迫使银行不得不努力甄别贷款项目，将资金投向真正具有高回报、高效率和良好成长前景的行业，并进一步做好贷款风险收益的平衡。长期占据大量资金的低效率产能过剩行业企业的信贷约束进一步增强，银行也开始对具有较大风险的房地产行业和地方融资平台贷款保持更为审慎的态度。具有较高回报率和发展较快的高新技术行业企业获得银行的青睐，中国服务业（特别是现代服务业）发展存在较大的空间，银行贷款也将进一步向该领域倾斜。随着我国产业结构的进一步优化和经济增长质量的提高，信贷资金配置效率将明显提升。近年来，中长期贷款中，服务业贷款增速明显高于工业贷款增速，工业贷款中轻工业中长期贷款增速显著高于重工业贷款增速，小微企业信贷环境明显改善。2014年第三季度，中长期贷款中服务业贷款增长 12.6%，较工业贷款增速高近

6个百分点；轻工业中长期贷款增速高达12.3%，较重工业高近6个百分点；小微企业贷款增速高达13.5%，分别比中型企业和大型企业增速高4个和1.8个百分点。这些情况反映了利率手段在经济结构调整中的作用。

## 第三节 加快推进利率市场化改革的政策建议

按照国务院精神，我国的利率市场化改革将坚持"立足国情、服务发展，市场取向、重在机制，总体设计、循序渐进，统筹安排、配套推进，风险可控、守住底线"的基本原则，以建立健全由市场供求决定的利率形成机制为总体方向，以完善市场利率体系和利率传导机制为重点，以提高中央银行宏观调控能力为基础，加快推进利率市场化改革进程。在利率管制已基本放开的情况下，下一步改革的目标是建立健全与市场相适应的利率形成和调控机制，提高中央银行调控市场利率的有效性。中央银行有关负责人在就降息降准以及放开存款利率上限进一步答记者问时指出："具体而言，就是要构建和完善中央银行政策利率体系，以此引导和调控整个市场利率。同时，加快培育市场基准利率和收益率曲线，使各种金融产品都有其市场定价基准，在基准利率上加点形成差异化的利率定价。以此为基础，进一步理顺从中央银行政策利率到各类市场基准利率，从货币市场到债券市场再到信贷市场，进而向其他市场利率乃至实体经济的传导渠道，形成一个以市场为主体、央行为主导、各类金融市场为主线、辐射整个金融市场的利率形成、传导和调控机制，使市场机制在利率形成和资源配置中真正发挥决定性作用。"这清晰地指出了未来利率市场化改革需要完成的任务。我们认为，要完成以上任务，需要重点做好以下工作。

## 一、建立一套完整的中央银行利率调控框架

一是优化货币政策目标。结合推动大国开放经济转型需要，进一步处理好控物价、调结构、稳增长和防风险之间的关系，突出价格稳定目标并关注更广泛意义上的价格水平稳定。二是进一步完善货币政策决策机制。发挥好货币政策委员会在政策制定和调整中的作用。三是健全货币政策操作体系。应根据经济金融形势和推动转型的需要，合理安排货币政策工具组合、期限结构和操作力度，加强货币政策工具之间的协调配合，着力增强流动性管理主动性。四是可以参考利率走廊机制建立一个以均衡利率水平为中心的利率走廊机制。五是建立健全有效的政策信息沟通机制，提高货币政策透明度，积极引导公众预期。

## 二、强化金融市场基准利率培育，健全市场基准利率体系

一方面，借鉴和吸收国际有关经验教训，进一步优化 Shibor 报价生成机制，加强对报价行的监督管理，扩大 Shibor 应用范围，促进以 Shibor 为基准的产品创新，切实增强 Shibor 的基准性和公信力；另一方面，加快研究完善 LPR 报价质量考核评估指标体系，按年对报价行进行监督评估，提升 LPR 的报价质量，继续扩大 LPR 应用范围。同时，进一步完善国债收益率曲线，充分发挥其对债券等中长期金融产品定价的参考作用。通过上述措施，建设培育较为完善的市场基准利率体系，形成一条以货币市场的 Shibor、债券市场的国债收益率和信贷市场的 LPR 等市场基准利率为主线的利率传导渠道，健全涵盖各金融市场的利率体系，为中央银行利率调控政策通过货币市场向债券市场、信贷市场乃至实体经济的传导创造有利条件，并为未来中央银行取消公布存贷款基准利率奠定基础。

## 三、完善金融机构定价能力，提高微观经济主体的利率敏感性

完善金融机构定价能力，推动商业银行按照现代银行制度的要求，建立以股东利益为核心的公司内部制衡机制和完善的内控机制，通过完善公司治理结构为提高定价能力提供制度保障。逐步实施和优化内部资金转移定价系统和风险定价系统，为利率定价提供技术支持，提高识别、量化和消除风险的能力。加快政府职能转变，着力解决政府过多干预资源配置和政企信用不分等问题，实现"谁用钱、谁举债"，使债务主体和信用主体相一致，使各类市场主体合理回归依财务业绩确立信用等级的本位，享有平等的投融资权利，以此促进投融资效率提升。

## 四、加快推进配套改革

（一）着力转变经济发展模式，加快转变政府职能，强化企业财务硬约束

我国政府主导的经济赶超型发展战略下高投入、高消耗、高出口的粗放型增长方式，为改革开放以来30多年的长周期、高速的经济增长提供了基础，但也造成经济运行中生产要素（土地、劳动力、资金等）供求关系的不平衡。这正是造成资金供求失衡和利率水平失衡最重要的原因。当前，经济增长的动力仍主要依赖于投资，而投资主要依赖于基础设施投资和房地产开发投资，特别是在国内投资方面，各级政府及由政府控制的国有企业在一定程度上占据了主导地位，带来了重复建设、产能过剩等问题，也影响了资源配置效率。近年来，国有企业和地方融资平台贷款快速上升，由此带来的风险已引起社会广泛关注。由于国有企业和地方融资平台具有财务软约束、利率敏感性弱等特点，市场机制在利率形成中的决定性作用无法真正得到发挥。因此，需要加快形成符合科学发展要求的发展

方式和体制机制，处理好政府和市场的关系，更加尊重市场规律，更好发挥政府作用，并不断强化国有企业等的财务硬约束，从而推动经济更加有效率、更加公平、更可持续地发展。

（二）完善存款保险制度，健全金融机构市场准入与退出机制

进一步健全存款保险制度，与现有金融稳定机制有机衔接，及时防范和化解金融风险，维护金融稳定。完善金融机构破产处置制度，强化市场化的金融风险防范和处置机制，以及有效的系统性风险防控体系，通过明确金融机构经营失败时的退出规则，包括风险补偿和分担机制，加强对存款人的保护，有效防止银行挤兑。推动存款类金融机构逐步实现财务硬约束，避免其非理性的价格竞争，并培育更多具备正当公平竞争能力的市场主体。进一步厘清政府和市场的边界，加强市场约束，防范道德风险，从根本上防止金融体系风险的累积。

（三）树立科学发展观，推动商业银行经营理念和增长方式持续转型

中国银行业改革开放三十余年的历史告诉我们，理性、审慎的经营是实现可持续发展的重要保证。在利率市场化改革的背景下，商业银行要建立完善科学的内部治理结构和有效的内部治理机制，树立科学的发展观，切实转变经营理念和发展方式，倡导规范、谨慎、理性的经营行为，进一步强化资本、成本和风险约束的意识，注重发展速度、规模、质量、效益的协调统一，强调成本与收入、风险与效益、短期利益与长远利益的统筹平衡，真正树立资本约束、价值导向、兼顾长远的科学发展观念。推动业务经营转型，构建资本节约型发展模式，不断推进业务创新和技术创新，优化经营结构和收入结构，实现稳健和可持续发展。

（四）发展多层次金融市场，构建更具竞争性和包容性的金融市场体系

随着市场化程度的逐步提高，金融机构利率风险敞口将会有所加大。金融市场发育成熟，特别是适合金融机构管理利率风险的金融工具创新发展，既可为金融消费者开辟新的投融资渠道，促使金融机构加快转变经营

模式，积极参与市场竞争，又能为金融机构管理利率风险，有效应对风险提供必要途径。此外，通过进一步深化各金融市场的互联互通，推动形成更为有效的市场基准利率，可为市场均衡利率的形成和货币政策的传导创造有利条件。

（五）协调推进汇率形成机制改革和资本项目可兑换，以及其他要素价格改革

利率市场化、汇率形成机制改革、资本项目可兑换是金融领域最核心改革的组成部分，对于在更高层次上利用两个市场、两种资源，全面提高对外开放水平，促进经济转型升级，保持经济持续健康发展具有重要意义。三项改革之间有着很强的关联性，必须循序渐进、协调配合、相互促进地加以推进。此外，作为生产要素价格的重要组成部分，利率市场化也应与资源、能源等其他生产要素价格改革协调推进，以更大程度更广范围地发挥市场机制在资源配置中的决定性作用。

# 参考文献

[1] 丁剑平、王婧婧:《中国制造业企业对利率和融资约束敏感度的检验》,载《当代财经》,2013(7)。

[2] 洪平凡:《为什么要实现利率市场化》,新浪财经,2012-05-08。

[3] 黄金老:2013,《存贷比上限监管的改进》,CF40,www.cf40.org.cn,2013-03-05。

[4] 科尔奈:《财务软约束综合症与全球金融危机》,载《新财富》,2009(6)。

[5] 连平:《利率市场化对我国金融与国民经济的影响》,中信出版社,2014。

[6] 刘胜军:《以利率市场化疏通中国经济的"堰塞湖"》,搜狐财经,2013-07-29。

[7] 尼古拉斯·罗迪:《以利率市场化促进中国经济增长》,载《21世纪经济报道》,2013-05-27。

[8] 世界银行和国研中心课题组:《2030年的中国》,北京,中国财政经济出版社,2013。

[9] 孙会霞、陈金明、陈运森:《银行信贷配置、信用风险定价与企业融资效率》,载《金融研究》,2013(11)。

[10] 万晓西:《管好利率上限是解决融资贵的可行之策》,载《上海证券报》,2014-10-22。

[11] 吴晓灵:《存款利率放开中的六项议题》、《利率市场化的影响和挑

战》，载《中国金融四十人论坛研究周报》，2013（219）。

［12］谢平：《为什么要再启金融改革》，《中国金融改革思路：2013－2020》摘要，北京，中国金融出版社，2013。

［13］徐高：《我国利率市场化的前提条件与推进策略》，载《CF40 青年论坛》，2015（71）。

［14］易纲：《相信市场》，载《新世纪（周刊）》，2013（46）。

［15］易纲：《在 2008 年 Shibor 工作会议上的讲话》，www.pbc.gov.cn，2008－01－18。

［16］易纲：《中国改革开放三十年的利率市场化进程》，载《金融研究》，2009（1）。

［17］易纲、汤弦：《汇率制度"角点解假设"的一个理论基础》，载《金融研究》，2001（8）。

［18］张化桥：《中国人应该感谢影子银行》，网易财经，2013－11－14。

［19］张健华：《中小企业融资国际比较及经验》，载《中国金融》，2011（18）。

［20］张健华、雷曜、祝红梅、王亮亮：《利率市场化的全球经验》，北京，机械工业出版社，2012。

［21］张军、高远、傅勇、张弘：《中国为什么拥有了良好的基础设施》，载《经济研究》，2007（3）。

［22］张明：《未完成的利率市场化》，载《财经》，2013（21）。

［23］张晏、夏纪军、张文瑾：《自上而下的标尺竞争与中国省级政府公共支出溢出效应差异》，载《浙江社会科学》，2010（12）。

［24］郑德龟：《超越增长与分配——韩国经济的未来设计》，北京，中国人民大学出版社，2008。

［25］周黎安：《中国地方官员的晋升锦标赛模式研究》，载《经济研究》，2007（7）。

［26］周小川：《如何理解资本项目可兑换》，载《新世纪（周刊）》，2013a（3）。

[27] 周小川：《新世纪以来中国货币政策主要特点》，载《中国金融》，2013b（2）。

[28] 姜再勇、李宏瑾：《利率期限结构与宏观经济预测》，载《金融评论》，2013（3）。

[29] 康书隆、王志强：《中国国债利率期限结构的风险特征及其内含信息研究》，载《世界经济》，2010（7）。

[30] 李宏瑾：《利率期限结构的远期利率预测作用》，载《金融研究》，2012（8）。

[31] 王志栋：《中国货币市场基准利率选择的实证研究》，载《投资研究》，2012（1）。

[32] 易纲：《易纲副行长在2008年Shibor工作会议上的讲话》，www.pbc.gov.cn，2008－01。

[33] 项卫星、李宏瑾：《货币市场基准利率的性质及对Shibor的实证研究》，载《经济评论》，2014（1）。

[34] 张晓慧：《全面提升Shibor货币市场基准利率地位》，载《中国金融》，2011（12）。

[35] 周小川：《推进利率市场化改革　建立基准收益率曲线》，载《中国金融家》，2004（1）。

[36] 周小川：《新时期以来中国货币政策主要特点》，载《中国金融》，2013（2）。

[37] 朱世武、陈建恒：《交易所国债利率期限结构实证研究》，载《金融研究》，2003（10）。

[38] Allen, F. and D. Gale, 1998, "Optimal Financial Crises", Journal of Finance, 53（4）: 1245－1284.

[39] Dees, B. and C. Pazarbasioglu, 1998, "The Nordic Banking Crisis", IMF Occasional Paper, No. 161.

[40] Frankel J., 1999, "No Single Currency Regime is Right for All Countries or at All Time", NBER Working Paper, No. 7338.

[41] IMF, 1998, "The Asian Crisis: Causes and Cures", Finance and Development, 35 (2).

[42] Krugman P., 1998, "The Eternal Triangle", web. mit. edu/krugman/www/triangle. html.

[43] McKinnon, R., 1991, The Order of Economic Liberalization: Financial Control in the Transition to a Market Economy, Johns Hopkins University Press.

[44] White, L., 1991, The S&L Debacle, New York: Oxford University Press.

[45] BIS, 2005, "Zero – Coupon Yield Curves: Technical Documentation", Monetary and Economic Department, BIS paper, No. 25.

[46] Campbell, J. and R. Shiller, 1987, "Cointegration and Tests of Present Value Models", Journal of Political Economy, 95 (5): 1063 – 1088.

[47] Estrella, A. and G. Hardouvelis, 1991, "The Term Structure as a Predictor of Real Economic Activity", Journal of Finance, 46 (2): 555 – 576.

[48] Fama, E., 1990, "Term – Structure Forecasts of Interest Rates, Inflation and Real Returns", Journal of Monetary Economics, 25 (1): 59 – 76.

[49] Hagan, P. and G. West, 2006, "Interpolation Methods for Curve Construction", Applied Mathematical Finance, 13 (2): 89 – 129.

[50] He, D. and H. Wang, 2012, "Dual – Track Interest Rate and the Conduct of Monetary Policy in China", China Economic Review, 23 (4): 928 – 947.

[51] He, D. and H. Wang, 2013, "Monetary Policy and Bank Lending in China: Evidence from Loan Level Data", HK Institute for Monetary Research, Working Papers, No. 162013.

[52] Murphy, K., A. Shleifer and R. Vishny, 1992, "The Transition to a Market Economy: Pitfalls of Partial Reform", Quarterly Journal of Economics, 107 (3): 889 – 906.

[53] Lau, L., Y. Qian and G. Roland, 1997, "Pareto – Improving Economic Reforms through Dual – Track Liberalization", Economic Letters, 55 (2): 285 – 292.

[54] Lau, L., Y. Qian and G. Roland, 2000, "Reform without Losers: An

Interpretation of China's Dual – Track Approach to Transition", Journal of Political Economy, 108 (1): 120 – 143.

[55] Nelson, C. and A. Siegel, 1987, "Parsimonious Modeling of Yield Curves", Journal of Business, 60 (4): 473 – 489.

[56] Sims, C., J. Stock, and M. Watson, 1990, "Inference in Linear Time Series Models with Some Unit Roots," Econometrica, 58 (1): 113 – 144.

[57] Svensson, L., 1994, "Estimation and Interpreting Forward Interest Rates", NBER Working Paper, No. 4871.